Dr. Mansukh Patel

Die innere Sphäre des Menschen

Das Tor des Herzens öffnen

Verlag Via Nova

Dr. Mansukh Patel

Die innere Sphäre des Menschen

Das Tor des Herzens öffnen

Verlag Via Nova

Übersetzung aus dem Englischen:
Isabella Kowatsch

Originaltitel:
The Inside Story

Erstveröffentlichung in England

Herausgeber:
Life Foundation Publications
Maristowe House
Dover Street
Bilston
West Midlands WV14 6AL
UK

1. Auflage 2000

Verlag Via Nova, Neißer Straße 9, 36100 Petersberg
Telefon und Fax: (06 61) 6 29 73
Internet:
www.verlag-vianova.de
www.transpersonal.com
Satz: typo-service kliem, 97647 Neustädtles
Titelphoto: David Luczyn
Druck und Verarbeitung: Rindt-Druck, 36037 Fulda
Alle Rechte vorbehalten
ISBN 3-928632-72-8

Widmung

Die Liebe und die Lehren, die ich auf den Seiten dieses Buches an Sie weitergebe, sind ein Geschenk meiner Eltern. Wenn irgend jemand meinen Respekt oder meine Hochachtung verdient, dann sind es diese beiden ganz besonderen Menschen, die ihr ganzes Leben damit verbracht haben, mir dieses Wissen zu vermitteln. Ihr Wunsch war es, das weiterzugeben, was ich von ihnen gelernt hatte. Sobald Sie diese Lehren in sich aufgenommen haben, hoffe ich, daß Sie dasselbe tun werden.

Inhalt

Danksagungen	11
Wie dieses Buch entstand	12
Einführung	13
Wie man mit diesem Buch arbeitet	14

Wohin gehen wir? — 15
- Unser Glas füllen — 17
- Akzeptieren — 19
- Im Schoß der Wahrheit — 20
- Jeder Augenblick ist kostbar — 22
- In Wahrheit leben — 23
- Die Blindheit der Ignoranz — 26
- Die Tür öffnen — 28

Sich befreien — 31
- Lebendige Worte — 35
- Sie besitzen ein unermeßliches Potential — 36
- Sorgen Sie dafür, daß jeder Augenblick zählt — 39

Meditation — 43
- Die Technik — 44
- Entspannen Sie sich — 44
- Beobachten Sie Ihren Atem — 45
- Regelmäßig üben — 45
- Konzentration — 46

Machen Sie etwas aus Ihrem Leben — 47
- Taten zählen mehr als Worte — 51
- Ihr wertvollstes Geschenk — 52
- Nutzen Sie jeden kostbaren Augenblick — 56
- Das Wichtigste zuerst — 58
- Folgen Sie Ihrem Herzen — 59

Der Himmel ist Ihr Dach	62
Einheit verleiht Stärke	64
Die gemeinsame Grundlage	66
Meilensteine zum Erfolg	67

Wahres Verständnis — 69

Langfristige innere Einkehr	72
Das Gesetz von Ursache und Wirkung	73
Weisheit entsteht	74
Sanft vorgehen	75
Die Atmung und der Geist	76
Wechselatem	79
Leben Sie bewußter	80
Unsere Tasse läuft über	81

Die Macht der Gedanken — 83

Die Macht des Gebets	85
Wellen schlagen	87
Volle Aufmerksamkeit	88
Verwirklichen Sie Ihre Träume	90
Herausfordernde Begegnungen	91
Die Essenz des Augenblicks	93
Eine Läuterung findet statt	93

Das Wunder der Meditation — 95

Das Geheimnis der Ganzheit	97
Ernährung und Geist	99
Ein Gefühl für Gleichgewicht	100
Was ihr sät, das werdet ihr ernten	101
Die Verbindung zwischen Geist und Körper	102
In Beziehungen investieren	105
Es gibt kein Bedauern	106
Ihre Geisteshaltung	109
Die Rollen, die wir spielen	110
Eine persönliche Herausforderung	112
Das Wunder des Lebens	115

Willkommen in Ihrem Reich 117
  Wir haben die Wahl 119
  Die Suche nach Glück 120
  Wer bin ich? 120
  Der Tanz des Lebens 121
  Eine andere Realität 122
  Die Sprache des Herzens 123
  Die Quelle der Kraft 124
  Die Wahrheit läßt sich nicht verbergen 126
  Der Frieden beginnt in uns 128
  Zünden Sie Ihre Lampe an 129
  Die verborgenen Botschaften des Lebens 131
  Der Wunsch wird erfüllt 132
  Willkommen an diesem Tag 133

Die Schule des Lebens 135
  Der bescheidene Schüler 136
  Eine schwere Lektion 137
  Auf den Schwingen der Gelegenheit 139
  Sinne und Empfindsamkeit 141
  Die Rolle des Lehrers 143
  Kommen Sie mit mir 145

Der zweifelnde Verstand 147
  Das wunderbare Gefühl, etwas geschafft zu haben 149
  Die einzige Möglichkeit 151
  Der Boden ist vorbereitet… 152
  … der Baum ist gepflanzt 153
  Die Ruhepause 153
  Die Neugeburt 126

Gestalten Sie Ihre Zukunft 155
  Gefährliche Alarmzeichen 157
  Ehrliche Freundschaft 158
  Herein, Kinder! 159
  Eine Frage der Beziehung 160

Das Ego . . . 161
Vorstellungen von der Realität . . . 163
Was ist ein Freund? . . . 164
Was wir in unserem Geist besitzen . . . 166
Überdenken Sie Ihr Leben . . . 167
Eine persönliche Bilanz . . . 168

Werden Sie ein „Krieger" . . . 173

Meditation funktioniert . . . 175
Ziehen Sie den größtmöglichen Nutzen daraus . . . 177
Unser Bewußtsein entdecken . . . 178
Wertvolle Gaben – Meditation . . . 179
Die Macht der Dankbarkeit . . . 180
Lassen Sie sich von Ihrem Herzen leiten . . . 180
Der richtige Zeitpunkt . . . 182
„Morgen" kommt niemals . . . 182
Der richtige Ort . . . 183
Nur ein Schritt . . . 184
Leben im Gleichgewicht . . . 185

Der Weg vor uns . . . 187

Die Dinge so sehen, wie sie wirklich sind . . . 188
Das ist das Leben . . . 190
Der vierte der drei Weisen . . . 191
Folgen Sie dem Ruf des Lebens . . . 195
Lernen Sie sich selbst kennen . . . 196
Die Quelle der Zufriedenheit . . . 197
Die Macht der Überzeugung . . . 199
Lassen Sie Ihren Baum Früchte tragen . . . 201
Leben Sie jeden Augenblick . . . 203

Über den Autor . . . 205

Anhang 1 . . . 207
Anhang 2 . . . 209
Anhang 3 . . . 211

Danksagung

Ich möchte all denen meinen herzlichen Dank aussprechen, die dazu beigetragen haben, daß *Die innere Sphäre des Menschen* entstehen konnte. Ganz besonders danken möchte ich der Bardsey Island Retreat Group, deren Offenheit und Begeisterung die Entstehung dieses Buches inspiriert haben; Kate Couldwell, Matthew Wicks und Margaret Nicholls, deren Sorgfalt und Kreativität beim Redigieren das Buch wesentlich bereichert haben; Mahatma Gandhi und meinen Eltern, Echaben und Chhaganbhai Patel, für ihre Kraft spendende Vision und Führung.

Wie dieses Buch entstand

Dieses Buch ist eine Zusammenfassung von Vorträgen und Workshops, die der Autor während einer der viermal jährlich stattfindenden Meditationswochen auf der Pilgerinsel Bardsey vor der walisischen Küste gehalten hat.

Es bietet Ihnen Weisheiten und praktische Methoden an, mit denen Sie Ihr Leben entscheidend verbessern können.

Einführung

Ich erzähle den Menschen gerne die Geschichte von dem Hirsch, der berauscht ist vom betörenden Aroma des Moschusduftes. Immer wenn er den Duft schnuppert, geht er ihm nicht mehr aus dem Kopf, und er verdoppelt seine Anstrengungen, um herauszufinden, woher dieser Duft kommt. Er sucht weit und breit, und er gibt niemals auf. Manchmal hat er das Gefühl, als käme er der Quelle des Duftes näher, aber dann verliert er den Duft wieder. Die Suche wird immer wilder und hektischer, bis er am Ende völlig erschöpft zusammenbricht. Erst da erkennt er, daß der Duft des Parfums in Wahrheit aus seinem eigenen Körper kommt.

In der gleichen Weise versuchen wir Erfüllung zu finden. Bei unserer Suche nach Glück und Erfolg wird unser Leben immer hektischer. Wir häufen Besitztümer und Freunde, Prestige und Status an. Manchmal scheint das Glück fast in unserer Reichweite zu sein, doch nur, um uns dann wieder zu entgleiten. Wenn wir nicht aufpassen, brechen wir zusammen, ehe wir die überraschende Entdeckung machen können, daß keines dieser Dinge uns bleibende Freude verschaffen kann. Der einzige Ort, an dem wir das finden werden, wonach wir so intensiv suchen, befindet sich in uns selbst. Indem wir unsere Aufmerksamkeit nach innen lenken, entdecken wir alles, was wir brauchen.

Es wurden viele Bücher darüber geschrieben, wie man seine Beziehungen besser gestalten und ein freudvolles und sinnerfülltes Leben führen kann. Wenn Sie sich auf die innere Reise begeben, dann werden Sie den einzig wahren und dauerhaften Schlüssel zum Erfolg für jeden einzelnen Bereich Ihres Lebens entdecken, denn dadurch wird Ihnen offenbart, wer Sie wirklich sind. Sie müssen nicht warten, bis sie kurz vor dem Zusammenbruch sind, ehe Sie nach innen schauen. Sie können es jetzt tun. Darum geht es in diesem Buch. Es führt Sie unmittelbar zur Quelle Ihres Seins. Wenn Sie einmal dort angekommen sind, dann werden Sie niemals mehr woanders suchen müssen – nach nichts. Alles, was Ihnen zu tun bleibt, wird sein, Ihr Leben reich zu machen.

Wie man mit diesem Buch arbeitet

Dies ist in erster Linie ein Praxisbuch. Es ist nicht dazu gedacht, schnell gelesen und dann wieder ins Regal zurückgestellt zu werden, sondern es soll vielmehr studiert und benutzt werden. Das in ihm enthaltene Wissen, klug angewendet, hat wirklich die Macht, Ihr Leben zu transformieren.

Nachdem Sie das Buch einmal durchgelesen haben, beginnen Sie den Prozeß bitte noch einmal von vorn. Konzentrieren Sie sich diesmal jeweils immer nur auf einen kurzen Abschnitt. Geben Sie sich selbst mindestens vierundzwanzig Stunden Zeit, um diesen Abschnitt zu verinnerlichen und einzuschätzen, auf welche Weise die darin enthaltenen Einsichten Ihr Leben beeinflußt haben. Dann werden Sie bereit sein, zum nächsten Abschnitt weiterzugehen.

Alle in diesem Buch beschriebenen Techniken sind sicher und effektiv. Sollte Ihr körperlicher Gesundheitszustand jedoch Anlaß zur Sorge geben, wenden Sie sich bitte an Ihren Arzt oder Ihren Yogalehrer, ehe Sie die Übungen durchführen.

Wohin gehen wir?

Beginnen wir mit einer Geschichte – einer Geschichte über Sie und mich und wie wir uns getroffen haben ...

Ein junger Mann reiste mit seinem Lehrer. Die Reise war lang und anstrengend, führte durch Wälder, über Berge und Flüsse. Die beiden Männer wechselten nur wenige Worte, trotzdem waren sie sich der tiefen stillen Bindung bewußt, die schon immer zwischen ihnen bestanden hatte.

Nachdem sie viele Wochen lang gewandert waren, ließen sie sich schließlich auf dem Gipfel eines Hügels zur Rast nieder. Als sie nach unten schauten, erblickten sie ein wunderschönes, üppiges Tal. An den Fuß des Hügels schmiegte sich ein kleines, aber zauberhaftes und friedliches Dorf. Der Lehrer wandte sich an den jungen Mann und sagte: „Ich bin durstig. Bitte geh hinunter ins Dorf, und hole mir etwas zu trinken." Erpicht darauf, den Durst seines Lehrers zu stillen, machte sich der junge Mann auf den Weg hinunter in das Dorf. Als er näher kam, war ihm beinahe so, als ob er die Straßen und Häuser kenne, und er war überrascht, wie vertraut ihm alles vorkam. Die Menschen erschienen ihm wie alte Freunde. Sie hießen ihn eifrig willkommen und boten ihm Essen und Unterkunft an.

Durch die Wärme ihrer Gastfreundschaft vergaß er immer mehr seinen Auftrag, den er für seinen Lehrer ausführen wollte, und wurde mehr und mehr in das Dorfleben integriert. Es dauerte nicht lange, und er war verheiratet und hatte seine eigenen Kinder. Er war nicht nur zu einem untrennbaren Teil des Dorflebens geworden, sondern zählte bald zu den angesehensten Bewohnern.

Eines Nachts gab es ein besonders schlimmes Unwetter, und das ganze Tal wurde überflutet. Gemeinsam mit den anderen Dorfbewohnern flüchtete unser junger Freund mit seiner Frau und seinen Kindern auf höhergelegenes Gebiet, wobei sie gegen die starke Strömung der Fluten ankämpften.

Verzweifelt versuchte er seine Kinder festzuhalten, doch seine Kraft ließ nach, und er konnte sie nicht mehr halten. Eins nach dem anderen wurden seine Kinder und dann seine Frau vom mittlerweile reißenden Strom mitgerissen. Allein und erschöpft gelang es dem jungen Mann schließlich, sich aus dem Wasser zu befreien, und auf trockenem Boden brach er zusammen.

Nach einiger Zeit wachte er auf, als er die warme Sonne spürte, die ihm auf den Rücken brannte. Als er merkte, daß sein Gesicht auf feuchtem Sand lag, spürte er, wie jemand sanft auf seine Schulter klopfte. Langsam erhob er sich. Als er sich umdrehte, sah er das vertraute Gesicht seines Lehrers. Er bemühte sich darum, sich an etwas zu erinnern, das er vage in seinem Gedächtnis hatte. Es war, als ob er in der Ferne eine sanfte Stimme hörte, die immer wieder dieselben Worte wiederholte. Als er hinhörte, wurden die Worte und ihre Botschaft nach und nach klarer ...

„Wo ist ...? Wo ist ...? Wo ist mein Wasser?"

Warum sind wir hier, und wohin gehen wir? Was machen wir mit unserem Leben? Wir betreten diese Welt mit einem leeren Glas, und unsere einfache Aufgabe ist es, dieses Glas mit Wasser zu füllen. Wenn unser Gefäß mit dieser kostbaren Flüssigkeit gefüllt ist, dem Wasser des Lebens, dann labt und nährt es uns, jene, die mit uns gehen, und jene, die nach uns kommen. Das ist unser Vermächtnis an die Erde.

Wenn wir am Ende unseres Lebens in unser Glas schauen, was werden wir dann sehen? Wird es voll sein? Werden wir zufrieden sein mit unserer Gabe an die Welt?

Unser Glas füllen

„Papa, wohin gehst du?"
„Ich sterbe."
„Aber wohin gehst du?"
„Ich weiß es nicht."
„Aber du hast immer gesagt, du weißt, wohin du im Leben gehst."
„Ja, das habe ich. Aber jetzt wird mir klar, daß ich es nie wußte."
„Ich werde dir lieber beim Packen helfen. Wenn du nicht weißt, wohin du gehst, solltest du vielleicht lieber alles mitnehmen. Kannst du mich mitnehmen?"
„Nein, das kann ich nicht."
„Warum nicht? Du sagtest, ich wäre das Kostbarste in deinem Leben."
„Das bist du. Aber ich kann dich nicht mitnehmen."
„Warum nicht?"

„Ich weiß nicht, warum. Ich kann es einfach nicht. Ich weiß nicht, wie. Ich weiß nicht, wieviel Platz auf meinem Surfbrett ist. Wußtest du, daß ich ein Surfbrett habe?"

„Ja. Ein Mann hat mir einmal erzählt, daß ich ein Surfbrett habe, und wenn ich hier weggehe, dann werde ich mit ihm durch das Universum fliegen. Wie groß ist ein Surfbrett, Papa?"

„Ich weiß es nicht."

„Aber du weißt doch sicher etwas über dein Surfbrett. Du mußt deine Reise doch geplant haben?"

„Ich weiß es nicht, ich weiß es nicht, ich weiß es nicht. Bitte stell mir nicht so viele Fragen."

„Gut, Papa, da ist nur noch eines. Bevor du gehst, sag mir etwas, das mir in meinem Leben helfen wird."

„Ich weiß nicht, was ich dir sagen kann, mein Sohn, denn in all den Jahren habe ich nie wirklich entdeckt, wie man glücklich ist."

„Kannst du nicht wenigstens noch einen Tag lang bleiben, Papa?"

„Kann ich nicht. Ich weiß nicht, wie ich mein Leben auch nur um einen Tag verlängern kann."

„Wie hast du dann all die Jahre gelebt?"

„Ich habe keine Ahnung, wie oder durch wessen Gnade ich gelebt habe. Alles, was ich weiß, ist, daß ich mit einem leeren Glas gekommen bin, und es ist noch immer nichts drinnen. Was du auch machst, sorge dafür, daß dein Glas nicht leer bleibt. Beginne jetzt gleich damit, es zu füllen."

Fühlen wir uns so am Ende des Lebens? Wird unser Glas leer sein, oder wird es uns gelungen sein, in der scheinbaren Wüste eine Oase zu schaffen, die unseren Mitreisenden als Leitstern dienen kann?

Zeit ist kostbar. Jeder Augenblick vergeht, und die Möglichkeiten, die er mit sich bringt, werden nie mehr in genau derselben Weise auftreten. Strecken Sie die Hand aus, und probieren Sie, was das Leben in jedem einzelnen Augenblick zu bieten hat.

Nutzen Sie Ihre Zeit gut. Lassen Sie sie für sich arbeiten. Suchen Sie nach einer sinnvollen Antwort auf Ihre Fragen.

Akzeptieren

Das Leben ist ein enormes Abenteuer, eine Entdeckungsreise. Wenn wir vorhaben, sicher an unserem Ziel anzukommen, müssen wir diese große Reise damit beginnen, uns selbst aufrichtig zu respektieren.

Zuerst müssen wir lernen, den Körper, der uns gegeben wurde, zu respektieren und uns darin wohlzufühlen, ohne uns durch seine Fehlfunktionen oder Mängel überfordert oder belastet zu fühlen. Unser Körper ist das Medium, durch das es uns möglich ist, das Leben zu erfahren. Die meisten von uns akzeptieren vereinzelte Rostflecken an unserem Auto. Warum also können wir nicht die Auswirkungen des Alltagslebens auf unseren Körper auf dieselbe Weise akzeptieren? Akzeptieren ist der Schlüsselbegriff.

Der nächste Schritt, uns selbst zu akzeptieren – Sie werden es kaum glauben –, besteht darin, unseren Verstand zu verstehen. Wir müssen dieses sich ständig verändernde Gebilde mit all seinen Höhen und Tiefen, seinem Mangel an Disziplin und seinen Widersprüchen als etwas Schönes, etwas perfekt Koordiniertes und als einen persönlichen Ort der Zuflucht sehen. Wir sind wieder zurück beim Akzeptieren. Sobald wir unseren Geist besser verstehen, können wir ihn bewußt jeder Erfahrung, die uns das Leben bietet, öffnen. Dann können wir alle Ereignisse, alle Menschen unglaublich offen und dankbar betrachten. Jede Erfahrung stellt sich dann als eine Gelegenheit zu wachsen heraus. Wir werden darauf noch später näher eingehen.

Schließlich kommen wir zum Kern der Sache – zum Herzen mit seinem grenzenlosen, alles umfassenden und unzerstörbaren Wesen. Wir versuchen verzweifelt, seine gewaltige Macht zu verstehen, und erkennen, daß uns unser eigenes Herz fremd ist. An dieser Stelle öffnen wir uns für alles. Während wir also erblühen, kommt das Kind, das in jedem von uns vorhanden ist, zum Vorschein, ein unschuldiges, fröhliches und verspieltes Kind, das nur darauf wartet, sich zu entfalten und sich auf die abenteuerliche Reise des Lebens zu begeben.

Wenn das geschieht, stellen wir fest, daß plötzlich alles einen Sinn ergibt. Alle unsere vergangenen Erfahrungen werden losgelassen, und unsere Vergangenheit fügt sich in der Gegenwart zu einem ganzen Bild zusammen. Durch diese Neugeburt unserer Gegenwart können wir unsere eigene einzigartige und spezielle Mission erkennen. Wir akzeptieren die Phase, in der wir uns in unserem Leben befinden – und ist sie nicht geradezu phantastisch? Wir sind bereit, unsere Erfahrungen mit anderen zu teilen. Wenn wir soweit sind, daß wir uns selbst völlig akzeptieren und respektieren, dann sind wir bereit, das Leben wirklich zu feiern. Ein herrliches Wunder offenbart sich uns und lockt uns unwiderstehlich an. Wer kann ein solches Ereignis aufschieben? Können Sie das?

Im Schoß der Wahrheit

Zum ersten Mal sprechen aus uns selbst nur Akzeptanz und Demut. An diesem Scheideweg sehen wir unsere Freunde und unsere Familie in einem völlig neuen Licht. Wir entdecken, daß wir alle eine gemeinsame Bestimmung haben. Uns wird klar, daß wir die Träume, Gebete und Sehnsüchte der anderen nicht kennen, die vielleicht im fernen, vergangenen Bewußtsein vergraben und verborgen liegen. Aber durch ein seltsames Geschehen, das wir vielleicht als Zufall betrachten, wurden wir hierher gebracht, wo wir uns jetzt befinden. In diesem Augenblick können wir unser eigenes Leben unverhüllt sehen, und nachdem wir uns selbst gegenübergetreten sind, können wir den anderen frei gegenübertreten. Jetzt haben wir die Gelegenheit, unserer Absicht, für andere zu arbeiten, nachzukommen. Wenn wir unsere Zeit dazu nutzen, jeden Menschen, den wir treffen, zu ehren und zu respektieren, schaffen wir eine sichere, förderliche Umgebung, in der sie sich entfalten können. Unsere Träume werden wahr.

In gewisser Weise beginnen wir dann, aus unserem intuitiven Herzen heraus zu handeln. Wir werden zu einer Quelle der Hoffnung und Inspiration und begrüßen jeden Augenblick mit einem Lächeln, selbst im Angesicht der Verzweiflung. Die Wurzeln der Perfektion sind schließlich darin zu finden, daß wir ehrlich und sensibel sind und völlig frei von Ängsten und Phobien. Anders ausgedrückt, wenn aus unseren Worten, Gedanken und Gefühlen die Wahrheit spricht, entsteht nur Gutes in uns. Etwas viel Größeres und Bedeutsameres, als wir jemals für möglich hielten, beginnt sich rund um uns zu manifestieren. Das ist nichts, was man in Worte fassen kann, das muß jeder für sich selbst erleben. In diesem ungeteilten und untrennbaren Daseinszustand beginnen wir wirklich zu sein.

Was für eine Freude, in diesem Öffnungsprozeß nicht nur unsere Eltern, Freunde und Lehrer zu spüren, sondern auch jene, von denen wir noch nie gehört haben und die auch hier lebten und über Tausende von Jahren ihre Spuren hinterlassen haben. Ihre Liebe und ihre Sehnsucht haben uns auf unbemerkte und vielleicht ungeahnte Weise geleitet. Ihre Sehnsucht ist es, die es uns ermöglicht, diese Zeit miteinander zu verbringen. Das scheint eine so einfache Vorstellung – beinahe trivial –, und doch ist sie von entscheidender Bedeutung, wenn es darum geht, unserem Leben einen Sinn zu geben. Diese gewaltige Erfahrung stellt für uns alle eine neue Dimension dar – eine persönliche Herausforderung, die weit über unsere gegenwärtigen Denkmuster und Vorstellungen hinausgeht.

Das ist so interessant, weil es bedeutet, daß wir unsere normalen Richtlinien überschreiten, während wir versuchen, mit diesem neuen Spielzeug in einer neuen Umgebung zu jonglieren. Sobald wir das Ausmaß all dessen erkennen, das zu diesem gegenwärtigen Augenblick beigetragen hat, betrachten wir uns selbst und die Erde nicht mehr als Felsbrocken. Wie oft versuchen wir uns wirklich mit der Erde zu verbinden? Meistens bleiben wir von ihr abgeschirmt und abgetrennt, geschützt durch Wände und Böden, Schuhe und Autos.

Wenn wir nur eine Nacht unseres Lebens draußen in der Dunkelheit verbringen und allein auf der Erde unter den Sternen schlafen müßten, würde uns bewußt werden, wie kostbar sie doch ist. Wir würden wieder einmal unsere Hand ausstrecken – diesmal zur Erde selbst. Und in diesem Verlauf würde sich etwas sehr Starkes in uns regen und einen ungeheuren Respekt für unseren Planeten wachrufen. Wir würden uns mit den Jahreszeiten der Erde ändern und die Schönheit der Gezeiten des Lebens entdecken.

Jeder Augenblick ist kostbar

Lassen Sie Ihre Zeit hier nicht so rasch vorbeirauschen, daß in Ihren Gefühlen und in Ihrem Herzen die Ewigkeit nicht zum Ausdruck kommt. Wir sind auf jeden Fall für mehr hier! Vertreiben Sie sich nicht einfach die Zeit, sondern leben Sie das Leben so intensiv, daß Sie in jedem Augenblick die Ewigkeit leben. So wie eine Eichel das Potential einer Eiche in sich trägt, enthält der gegenwärtige Augenblick die Möglichkeit, die Ewigkeit zu erfahren. Den ganzen Tag verbringen wir damit, uns die „Zeit zu vertreiben", ohne wirklich darüber nachzudenken, was eigentlich passiert. Damit verschwenden wir nur unsere Zeit.

Ich möchte Ihnen ein Beispiel geben. Unnötig zu reden heißt Atem verschwenden, und der Atem ist gleichbedeutend mit der Zeit im Leben. Wie oft verbringen wir Stunden mit sinnlosem Gerede, wenn wir jemanden treffen, besprechen immer wieder dieselben Dinge, ohne wirklich gründlich auf das zu hören, was gesagt wird! Es stimmt schon, daß Reden dazu dient, Kontakte zu knüpfen und Brücken zwischen uns und anderen zu bauen, aber überlegen wir gut, welche Gespräche notwendig sind. Vielleicht ist es an der Zeit für uns zuzugeben, daß wir eventuell schon genug für ein ganzes Leben geredet haben – oder vielleicht sogar für fünf Leben! Und wenn wir ehrlich zu uns sind, dann kommen wir wahrscheinlich zu dem Schluß, daß wir nicht nur für uns, sondern für die ganze Familie genug für fünf Leben geredet haben!

Ist es nicht schmerzhaft, dem unnötig Gesagten zuzuhören? Schweigen ist ein wichtiger Teil unseres Lebens. Denken Sie daran, daß Mahatma Gandhi dafür eintrat, einen Schweigetag pro Woche einzuhalten. Und wir können doch gar nicht anders, als die Dynamik und die Hingabe, den Idealismus und die einfache Menschlichkeit, die von diesem Mann ausgingen, zutiefst zu respektieren!

Nehmen wir den Schmetterling. Seine Lebensspanne ist nicht so lang wie unsere. Er lebt nur ein paar Stunden oder ein paar Tage lang. Stellen Sie sich vor, er hielte alle paar Minuten an, um ein Schwätzchen zu halten! Sein halbes Leben wäre vorüber. Den Rest seines Lebens würde er damit verbringen, sich von seinen Ängsten zu erholen. Alles, was er am Ende erreicht hätte, wäre sinnloses Geschwätz!

Wenn Sie jemanden treffen, lassen Sie sich Zeit. Alles, was notwendig ist, ist ein Lächeln und vielleicht eine Umarmung. Das reicht, um diesen Augenblick bis in die Ewigkeit reichen zu lassen. Dabei werden Sie etwas weit Bedeutenderes berühren. Und indem Sie mit der Kunst des Lebens in Verbindung treten, zapfen Sie ein enormes Energiereservoir an. Sobald Sie sich diese Macht nutzbar gemacht haben, eröffnet sich Ihnen eine völlig neue Realität. Sie werden an einem sehr kostbaren Gut namens Leben teilhaben. Die meisten von uns leben, aber nur wenige sind im ursprünglichen Sinn des Wortes am Leben. Nachdem Sie dieses neue Wunder entdeckt haben, stellen sich unwillkürlich die folgenden Fragen: „Wie kann ich das Leben für mich arbeiten lassen?" und „Wie kann ich mit ihm fließen und ihm treu bleiben?" Und die Antwort lautet einfach, daß Sie das Leben nicht ablehnen oder sich ihm widersetzen sollten, sich nicht davor fürchten sollten, Ihrer Intuition zu folgen, sondern sich erlauben sollten, sich selbst auf sehr natürliche und schöne Weise zu entfalten. Bei diesem Entwicklungsprozeß gibt es keine Halbheiten, denn sonst verlieren wir das Gleichgewicht. Wir müssen den ganzen Weg zu Ende gehen. Das ist wie ein Drahtseil- oder Trapezakt. Jemand, der diese Kunst beherrscht, wird gewandt und geschickt auf die andere Seite gleiten. Um das Auge des Vogels zu sehen, müssen wir damit aufhören, auf seinen Körper zu schauen. Das ist unser Ziel: unser ganzes Potential zu nutzen, um unseren Traum zu verwirklichen. Mit weniger geben wir uns nicht zufrieden.

In Wahrheit leben

Es ist mir eine große Freude und ein Privileg, jemandem begegnet zu sein, der diesen Traum eines offenen und furchtlosen Lebens verkörpert. Ich hatte das Vergnügen, einen solchen Menschen zu treffen, nämlich eine wunderbare Frau, die seit zwanzig Jahren in fast völliger Abgeschiedenheit und äußerst einfach lebt. Sie ist jetzt in den Siebzigern, wirkt glücklich und vital und ist unglaublich empfänglich für alles, was um sie herum vorgeht. Sie ist untrennbar mit uns allen verbunden. Es ist ein wahrer Segen, der Gnade ihrer Gegenwart teilhaftig zu werden.

Als ich ihr zum ersten Mal begegnete, war sie zwar recht bewandert in den christlichen Schriften, wußte aber nichts über die Upanishaden, die Veden oder irgendwelche anderen heiligen indischen Schriften. Sie befragte mich also darüber – nur eine einfache Frage: „Gibt es in eurer Religion eine Dreieinigkeit?" Ich erklärte ihr die Vorstellung von der Dreieinigkeit im Hinduismus und brachte dabei Worte ins Spiel, die ihr recht fremd waren. „Das muß ich irgendwann nachlesen", erwiderte sie auf diese Herausforderung.

Als ich sie ein paar Monate später wiedersah, hatte sie es zu meinem Erstaunen geschafft, ein Exemplar aller Upanishaden und eine Übersetzung aufzutreiben. Die Upanishaden sind nicht einfach zu verstehen, nicht einmal für einen Inder. Sie hatte sie jedoch nicht nur gelesen, sondern einen beträchtlichen Teil davon verarbeitet und auswendig gelernt. Als ich sie besuchte, begrüßte sie mich mit den Worten: „Was halten Sie von Samaveda?" Ich war erstaunt. Das entspricht in etwa der Leistung, wenn einer von uns, der kein einziges Wort Hebräisch versteht, innerhalb weniger Wochen alles über die hebräischen Schriften lernt. Es erfordert eine ungeheure Faszination und Intensität und das Verlangen, am Puls des Lebens zu bleiben.

Es ist dieses Verlangen, zu forschen und zu entdecken, das sie dazu antreibt, in Einsamkeit zu leben, das sie bei ihrer Suche anspornt und das auch mir als eine Quelle der Inspiration erhalten bleibt, wenn ich sie wieder verlasse.

Was behindert uns am meisten bei unserer Suche nach Perfektion? Wie kommt es, daß wir uns von unserer wahren Natur entfernen, uns unserem rechtmäßigen Erbe entfremden? *Das einzige, wovor wir uns niemals fürchten sollten, ist zu leben.*

Es gab eine Zeit in unserem Leben, als uns nichts behinderte, als wir keine Furcht kannten und einfach jeden Augenblick akzeptierten und voller Freude und Liebe lebten, weil er ein wunderschönes Geschenk war. Wie können wir diese kostbaren Augenblicke wiedererlangen, in denen nichts auf der Welt unsere ursprüngliche Stärke und Frische erschüttern konnte?

Schließen Sie einen Augenblick lang Ihre Augen, und gehen Sie zurück in Ihre Kindheit. Versuchen Sie sich an das allererste Gebet zu erinnern, das Sie je sprachen – ein Gebet, das Sie von Ihrer

Mutter oder vielleicht in der Schule lernten. Welches starke Gefühl entsteht, wenn Sie dieses Gebet sprechen? Wie verändert sich Ihr Gemütszustand, wenn Sie sich diese frühesten Eindrücke wieder wachrufen? Denken Sie daran, daß dieses Gebet bei Ihnen war, bevor Sie irgend etwas anderes lernten, bevor Sie irgend eine Prüfung ablegten. Das ist die erste Lektion, die Sie von Ihrer ursprünglichen Familie erhielten. Mein eigenes erstes Gebet hat noch immer eine starke Wirkung auf mich. Es erinnert mich an etwas Beständiges, an etwas, das nie stirbt; und diese Macht ist in jedem einzelnen von uns vorhanden.

Während Sie ihr eigenes Gebet leise in Ihrem Geist und Ihrem Herzen flüstern, versuchen Sie daraus eine Affirmation zu machen, die den Frieden, das Vertrauen und Ihre eigene Originalität wiederherstellt. Versuchen Sie, sie in etwas Greifbares umzuwandeln, um Ihnen zu helfen, dieses ursprüngliche Gefühl zu konkretisieren. Verlagern Sie es aus der Vergangenheit in Ihre gegenwärtige Realität, und projizieren Sie es in die Zukunft. Wenn wir nicht wissen, wer wir waren, kann es uns sehr schwer fallen festzustellen, wer wir jetzt sind oder wer wir gerne werden möchten.

Um diese Wiedererweckung unseres ursprünglichen Wesens zu bestärken, ehren wir uns auch, indem wir unser wahres Gefühl des Gleichgewichts wiederherstellen, indem wir unsere Handflächen zum Gebet schließen. Dieser einfache, aber wirksame Akt wird das Gleichgewicht zwischen beiden Seiten unseres Selbst herstellen – der rechten und linken Seite, dem Männlichen und Weiblichen, dem Bekannten und dem Unbekannten. Wir erinnern uns daran, daß wir beim Gebet Hände zusammenhalten, die arbeiten, Hände, die geholfen haben, andere Menschen um uns herum zu heilen, ihnen zu dienen, sie zu ernähren, mit ihnen zu teilen, sie zu kleiden und ihnen Schutz zu gewähren.

Wir erinnern uns auch an die Freude und die Begeisterung darüber, als wir erstmals entdeckten, daß wir stehen, gehen und laufen können. Wenn wir ein solches Wunder schätzen und darüber staunen können, statt es als selbstverständlich hinzunehmen, öffnen wir die Tür, durch die wir wieder in diese magische Welt des Staunens und der Freude eintreten können – ein Reich, in dem es keine Angst oder Einschränkungen gab, sondern in dem wir uns nur von Spontaneität und Mut leiten ließen.

Die Blindheit der Ignoranz

Nachdem wir uns von unserem ursprünglichen Zustand der Freiheit weg entwickelt haben, stellen wir fest, daß die meisten unserer Gedanken und Handlungen eher durch eine vorprogrammierte Reaktion gesteuert werden, als daß wir positiv auf eine Situation reagieren.

Nehmen wir zum Beispiel die unzähligen Male, die es uns in die Küche zieht, um ein Hungergefühl zu befriedigen. Das ist etwas ganz Natürliches und Vernünftiges. Aber anstatt den Schrank zu öffnen und zu denken: „Ich muß ein paar Weintrauben essen, ein paar Löffel Joghurt und ein oder zwei Bissen von der Banane", wissen wir selten genau, was den unangenehmen Hunger beseitigen wird. Unsere Auswahl an Nahrungsmitteln wird häufig durch unsere Vorlieben und Abneigungen bestimmt, und oft erkennen wir erst, nachdem wir unseren Magen überladen haben, daß es uns schlechter geht als zuvor! Überrascht Sie das?

Vielleicht haben wir unwissentlich etwas gegessen, das eine allergische Reaktion ausgelöst hat, das eine Reihe von körperlichen Reaktionen nach sich zieht oder das uns deprimiert macht, hyperaktiv oder einfach nur müde. Wenn Sie nicht wissen, was Sie in diesem Augenblick brauchen oder was in Ihnen vorgeht, macht Sie das mehr oder weniger blind.

In der Bhagavad Gita, einer der heiligsten alten Schriften Indiens, gibt es eine wunderbare Geschichte über einen König namens Dhritarashtra, der blind geboren wurde. Er heiratete eine sehr schöne und fromme Prinzessin namens Gandhari. Weil sie die Schönheiten der Welt genießen, aber niemals die Dunkelheit ihres Gatten wirklich teilen konnte, beschloß sie, als Zeichen ihrer Zuneigung und ihres Respekts für ihn ihr Leben in Blindheit zu verbringen. Zu diesem Zweck lebte sie von da an mit verbundenen Augen. Das unglückselige Ergebnis dieser Verbindung war, daß alle Söhne des Königspaares schlecht waren.

Die Symbolik dieser Geschichte ist sehr interessant. Der König stellt den Geist dar, der blind für alles ist, was wir sind. Seine Königin symbolisiert den Intellekt, dem es möglich ist, für alles Wissen und alle Weisheit offen zu sein, der in diesem Fall aber absichtlich beschließt, nicht zu sehen. Man sagt, daß aus der

Blindheit von Geist und Intellekt unweigerlich das Böse geboren wird.

Eine unserer Aufgaben auf dieser Welt ist es also, die Blindheit in uns selbst ausfindig zu machen und auszulöschen. Wir müssen in die unerforschten Bereiche vordringen, die wir immer gemieden haben. Ich bestreite nicht, daß es gewisse Bereiche des Lernens gibt, die wir ignorieren können. Es ist zum Beispiel für die meisten von uns nicht wirklich relevant zu wissen, wie die Schilddrüse eines Tintenfisches funktioniert! Eine Frage, die jedoch äußerst wichtig ist, lautet: Warum passiert es mir so leicht, daß ich meinen Ärger an anderen Menschen auslasse, besonders jenen, die ich liebe? Dabei handelt es sich auf jeden Fall um ein Thema, das unsere Aufmerksamkeit verdient und wert ist, näher untersucht zu werden.

Als ich an der Universität war, verbrachte ich einen Abend pro Woche damit, in einem Verein für behinderte Kinder und deren Eltern auszuhelfen. Den Kindern machte es Freude – und uns auch! Es war eine wunderbare Gelegenheit, nach einer anstrengenden Woche des Studierens Dampf abzulassen.

Ich erinnere mich an einen Tag, an dem wir ein Fest feierten. Jedes der Kinder hatte ein Sandwich und ein Stück Kuchen auf einem Papierteller und ein Getränk in einem Plastikbecher. Ich beobachtete ein Kind, das sein Essen holen wollte, das ihm die Mutter auf dem Klavier hingestellt hatte. Seine Bewegungen waren zu unkoordiniert, und als es danach griff, warf es alles um und verschüttete es über das Klavier. Seine Mutter reagierte sofort. Sie war so wütend, daß sie ohne nachzudenken aufsprang und ihm ins Gesicht schlug. Als sie ihn traf, drehte sich sein Kopf so, daß die Nerven in seinem Genick verletzt wurden und er auf der linken Seite gelähmt blieb.

Die Mutter war völlig vernichtet. „Was habe ich nur getan? Wo kam all diese Wut her?" fragte sie immer und immer wieder.

Ich könnte noch viele Beispiele dafür nennen, wie es zu einem Unfall – sogar mit tödlichem Ausgang – kam, weil jemand unüberlegt oder erregt reagierte. Sie haben vermutlich dieselbe Erfahrung gemacht. Wenn Sie jetzt das Gefühl haben, daß etwas in Ihnen klick gemacht hat und sie unnötigen Plunder aus Ihrem Leben entfernen möchten, dann können Sie Ihr Ziel heute verwirklichen.

Es ist wirklich möglich, Ihr Leben so auszurichten, daß Sie voller Vertrauen auf rationale und vernünftige Weise handeln können.

Die Tür öffnen

Das ist ein gewaltiges Unterfangen. Sind Sie bereit, sich auf eine solche Reise zu begeben – die Suche nach Ihrem offenen, liebenden und spontanen Wesen? Kein Stein kann bei der Suche nach Ihrer eigenen Menschlichkeit auf dem anderen bleiben. Da ist kein Platz, um an den strengen Denk- und Verhaltensmustern festzuhalten, die Sie bisher gefesselt, verwirrt und eingeschränkt haben.

Verwirrt? Und eingeschränkt? Ganz richtig. Das ist genau das, was mit uns geschieht. Und das Interessante dabei ist, daß die meisten von uns gar nicht erkennen, daß sie gefangen sind.

Als ich noch ein Junge war und in Kenia lebte, beobachtete ich Jäger, die kamen, um Löwen zu fangen, für die in ihrer gegenwärtigen Umgebung nicht richtig gesorgt werden konnte. Sie brachten sie dann in einen Nationalpark, der ihnen entsprechende Unterkunft und Schutz gewähren konnte. Die Menschen betäubten diese wunderschönen, mächtigen Geschöpfe und trugen sie dann in riesige Käfige.

Sie wurden in diesen „Gefängniszellen" an Orte gebracht, die ihnen ideale Bedingungen zum Überleben boten. Die Käfigtüren wurden dann geöffnet, aber anstatt hinaus in die Freiheit zu springen, verkrochen sich die Löwen in der hinteren Ecke des Käfigs und mußten sehr geduldig hinaus in ihre neue Umgebung gelockt werden. Es war beinahe so, als ob sie sich in einen Kokon gehüllt hätten und durch ihn hindurch die Schönheit, die sie umgab, nicht sehen konnten.

Das ist das Erschreckende am Leben. Wir bauen Käfige um uns herum mit engen Gittern, damit wir nicht entkommen können. Sie wurden nicht einmal von jemand anderem errichtet – wir bauen sie selbst aus unseren eigenen anerzogenen Verhaltensmustern. Wir sperren uns in unserer Zuflucht ein, wandeln sie in ein Gefängnis um und werfen dann den Schlüssel weg. Wir sind nicht nur unfähig zu entkommen, sondern wir sperren auch andere Menschen aus.

Und das Leben kann natürlich sehr einsam sein, wenn wir uns auf diese Weise abgrenzen. Wenn es dann wirklich schwierig wird, sind wir versucht, unsere Hände durch die Gitter zu strecken und jemanden hereinzuziehen, der uns Gesellschaft leistet. Diese Person mag vielleicht ganz zufrieden mit ihrem Leben außerhalb unseres Käfigs gewesen sein, aber wir haben ihre Freiheit und ihr Glück eingeschränkt und dem Ganzen ein Ende gemacht. Anstatt daß nur ein Mensch auf kleinem Raum gefangen ist, sind es jetzt zwei. Der Käfig ist kleiner geworden.

Das wenigste, was wir hätten tun können, um zumindest den Schein der Freiheit zu wahren, wäre, die zwei Käfige nebeneinander zu stellen und die Türen offen zu lassen. Auf diese Weise könnten beide Partner beliebig kommen und gehen und müßten nicht ständig streiten und kämpfen, wie das in unseren Beziehungen so häufig vorkommt.

Der erste Schritt auf dem Weg zur Freiheit ist der, daß wir uns unseres Käfigs bewußt werden. Ohne diese Erkenntnis können wir uns niemals mit anderen einlassen, ohne sie durch unsere eigenen Einschränkungen zu behindern. Gibt es spezielle Hilfsmittel, mit denen Sie den Kontakt zu dieser absoluten Weisheit in sich wiederherstellen können, aus der alle sinnvollen Taten hervorgehen?

Ja, die gibt es, und das ist etwas, das jeder üben und erreichen kann, wenn er fest dazu entschlossen ist.

Sich befreien

Die erste Voraussetzung, um an sich selbst zu arbeiten, ist Geduld. Seien Sie nachsichtig mit sich selbst, wenn Ihr Geist sich jeder Art von Veränderung widersetzt, die Sie in Ihrem Leben einführen möchten. Denn genau das wird er tun. Meiner hat das immer getan! Er sagte mir immer, das Gegenteil von dem zu tun, was mir zu tun aufgetragen worden war. Wenn also in Ihrem Geist Zweifel und Unruhe aufkommen, verzweifeln Sie nicht, und geben Sie nicht auf. Haben Sie Geduld. Statt diese aufkommenden Emotionen zu bekämpfen, nehmen Sie sie wahr und beobachten Sie, wie eine nach der anderen verschwindet und Ihr Geist klar und frei und friedlich zurückbleibt.

Dann müssen wir lernen, mit unserer eigenen Unwissenheit und unserem Schmerz ungeheuer geduldig umzugehen. Wir alle sind in unserem Leben irgendeiner Art von Leiden und Schmerzen ausgesetzt. Für manche von uns ist körperliches Leiden das Problem Nummer eins. Der Körper tut einfach nicht, was er soll! Er tut weh und schmerzt, er stöhnt und jammert die ganze Zeit. Vielleicht ist er zuckerkrank, oder womöglich funktioniert das Herz oder die Lunge nicht richtig. Dann könnte es natürlich auch ein Problem mit dem endokrinen oder mit dem Nervensystem geben. Wie auch immer, es gibt genügend Möglichkeiten für Fehlfunktionen des Körpers.

Bei anderen könnte es der Verstand sein, der verrückt spielt und es uns schwer macht, die Dinge so zu sehen, wie sie wirklich sind, der uns davon überzeugt, daß schwarz weiß und weiß schwarz ist, und der unseren klaren Blick für die Realität trübt. Schließlich können wir nicht einmal mehr die einfachsten Botschaften verarbeiten, die aus allen Richtungen auf uns einstürmen. Wen überrascht es, daß so viele Menschen heutzutage an Depressionen leiden! Das Geheimnis, mit dem Leiden fertig zu werden, besteht wiederum darin, sich mit ihm zu beschäftigen. Studieren Sie jeden Aspekt, und lernen Sie es wirklich kennen. Akzeptieren Sie es.

Vor einiger Zeit war ich mit meinem Bruder unterwegs. Da es eine lange Reise war, fuhren wir auf einen Rastplatz, um etwas zu trinken und uns die Beine zu vertreten. Plötzlich machte mich mein Bruder auf ein älteres Paar aufmerksam, das einen brandneuen Mercedes in unsere Richtung schob. Wir gingen hin, um zu helfen, und als wir keuchend und schnaufend am Rastplatz ankamen, erfuhren wir, daß sie das Auto erst am Vortag in der Werkstatt hatten reparieren lassen.

Leider war die Reparatur nicht so gut ausgeführt, wie sie gehofft hatten, und das Auto war nur einige Kilometer gefahren, bevor es sie wieder im Stich ließ.

Nun, das war genau etwas für meinen Bruder. Er ist Mechaniker und sehr gut darin, Motoren jeder Art zu reparieren. Er prüfte ein paar Aggregate unter der Motorhaube, besprühte den Vergaser, und innerhalb kürzester Zeit lief der Motor wieder. „Was war denn das für ein Wundermittel in dieser Dose?" fragte der ungläubige Besitzer. „Ach, nur ein Spray", antwortete mein Bruder ... „Nein, kein Haarspray!" sagte er lachend, als die Frau eine Spraydose aus ihrer Handtasche nahm.

Unsere Unwissenheit kann zu weit schwerwiegenderen Folgen führen. Ein anderes Mal kam ich bei jemandem vorbei, der seinen Kopf unter die Motorhaube gesteckt hatte. Als ich zu ihm hinging, um zu sehen, ob ich helfen könnte, entdeckte ich, daß er Benzin in den Kühler goß. Die Folgen solcher Fehler können fatal sein. Und genauso kann uns unsere Unwissenheit ins Verderben stürzen.

Im Fall der Autobesitzer kann ein Fehler dazu führen, daß das ganze Auto stehen bleibt. Wenn aber ein Mensch nicht in der Lage ist, auf sich selbst entsprechend den Gesetzen des Universums aufzupassen, sind es sein Körper und sein Geist, die versagen und ihn der Gnade seiner Umgebung ausliefern – er ist ein Opfer und nicht der Schöpfer seines Lebens.

Meine Mutter pflegte immer zu sagen: „Mansukh, egal, wieviel du gelernt hast, glaube niemals, daß du genug weißt." Das klingt sehr einfach, aber es liegt sehr viel Macht und Bedeutung darin, und das ist eine Regel, nach der ich immer gelebt habe. Der erste Schritt für unsere Errettung besteht darin zuzugeben, daß wir in gewissen Bereichen unseres Lebens nicht genug wissen, und unsere Geduld zu stärken, um uns unseren Weg aus der Finsternis der Unwissenheit in das Licht des Wissens zu bahnen.

So oft quälen wir uns damit, Fehler der Vergangenheit zu bedauern – daß wir falsch gehandelt haben, und all die falschen Entscheidungen, die wir getroffen haben. Aber dieses Bedauern entsteht nur daraus, daß wir das, was wir als falsch erachten, überbetonen und über das, was richtig ist, zu wenig nachdenken.

Erst vor kurzem sprach ich mit jemandem, der völlig darüber am Boden zerstört war, welche Wende sein Leben in letzter Zeit genommen hatte. „Du hast das Gefühl, dich in den letzten paar Monaten so oft verkalkuliert und so viele falsche Entscheidungen getroffen zu haben", sagte ich zu ihm, „aber was ist mit den letzten fünfundvierzig Jahren und den Hunderten von richtigen Entscheidungen, die du in dieser Zeit getroffen hast?" Aber so denken wir nicht, nicht wahr?

Weil die Ergebnisse einiger Entscheidungen schmerzlich sind, halten wir daran fest, und sie übernehmen die Kontrolle über unsere Gedanken und vertreiben die Erinnerung an all die schönen, rücksichtsvollen und kreativen Dinge, die wir getan haben und die uns selbst und andere glücklich gemacht haben.

Dann gibt es da noch eine andere Seite. Wenn wir uns in einer schwierigen Situation wiederfinden, von der wir nicht so recht wissen, wie wir sie bewältigen sollen, heißt das automatisch, daß sie falsch für uns ist? Ich finde, daß eher das Gegenteil der Fall ist. Wenn wir nicht wissen, wie wir uns in einer bestimmten Situation verhalten sollen, dann ist das genau der Punkt, an dem wir uns befinden und an dem wir bleiben sollten. Auf diese Weise lehrt uns das Leben, über die Grenzen unserer gegenwärtigen Ängste und Einschränkungen hinaus zu wachsen und zu gedeihen.

Noch vor gar nicht allzu langer Zeit waren die Menschen relativ seßhaft. Die Menschen zogen kaum von der Stadt oder dem Dorf ihrer Geburt weg. Heutzutage liegen die Dinge allerdings anders, und die Menschen finden nichts dabei, sich selbst und ihre Familie zu entwurzeln und ans andere Ende der Welt zu ziehen.

Das passierte mir im Alter von zwölf Jahren. Aus dem schönen sonnigen Paradies in Kenia, wo ich nach Belieben durch die Wälder streifen konnte und wo ich mit allen Aspekten der Natur – den Pflanzen, den Tieren, den Vögeln – völlig vertraut war, übersiedelte ich in den eisig kalten Betondschungel von London. Obwohl ich mich bemühte, mußte ich wirklich mit mir selbst kämpfen, um mich auf diese veränderte Umgebung einzustellen.

Wenn ich an diesen Abschnitt meines Lebens zurückdenke, ist mir klar, daß sich an den wesentlichen Dingen nichts geändert hatte – ich hatte dieselben Eltern, dieselbe Liebe und Unterstützung, das gleiche Heim, die gleiche Kleidung. Obwohl alle diese grundlegenden Faktoren gleich waren, fühlte ich mich damals verzweifelt. Aber im nachhinein habe ich keinerlei Zweifel, daß ich mich kein bißchen anders verhalten würde, wenn ich jene Zeit meines Lebens noch einmal durchleben müßte. Mir ist nämlich klar, daß ich das Chaos des Umzugs damals brauchte, um mich auf meinem Pfad ein kleines Stück weiter und an die Stelle zu bringen, an der ich heute bin.

Wir kommen also wieder einmal auf die Geduld zurück. Haben Sie Geduld mit Ihren Leiden. Der Schmerz hält nicht für immer an, und wenn Sie aus der Dunkelheit der Verzweiflung auftauchen, werden Sie klar erkennen, wie er Ihnen den Weg zu Ihrer jetzigen Situation geebnet hat.

Lebendige Worte

Kehren wir für einen Augenblick zum Thema Sprache zurück und darauf, wie wir sie auf positive und kreative Weise einsetzen können. Wir sind bereits zu dem Schluß gekommen, daß das Leben durch unnötiges Reden unbewußt an uns vorübergeht.

Wir können diese Idee noch etwas ausbauen und über die Qualität unserer Kommunikation nachdenken. Mit Worten, die oberflächlich und ohne echtes Mitgefühl und Anteilnahme sind, verschwenden wir auch unsere Zeit.

Wenn ich Sie frage: „Wie geht es Ihnen?" und Sie antworten einfach: „Gut", dann ist das ein toter Dialog – es gibt keine Möglichkeit, einen echten Kontakt herzustellen. Denken Sie nur, wie anders Sie das Gespräch eröffnen könnten, wenn Sie sagen würden: „Was Sie gestern abend gesagt haben, hat mich tief bewegt. Wie können Sie diese Ideen noch weiterführen?" Diese Bemerkung hätte etwas Leben in das Gespräch gebracht. Damit können wir die ungeahnten Tiefen unseres Wissens und Potentials, unserer Hoffnungen und Träume gründlicher erforschen.

Ich erinnere mich daran, wie ich unlängst mit einigen Leuten auf einer wunderbaren Feier war. Die Musik war schön, und wir sangen und hatten Spaß, als ein weiterer Freund, der blind war, hereinkam. Er setzte sich hin und machte einfach mit, klatschte und sang aus vollem Herzen. Wenn dieser Mann wie alle anderen hätte sehen können, dann hätte er den Großteil seiner Energie damit verschwendet, sich umzusehen und zu schauen, was da los war. Aber er konnte nicht auf diese Weise abgelenkt werden. Da war nichts, was seine

Aufmerksamkeit minderte, und so konnte er sich voll und ganz dem Singen hingeben.

Genau in diesem Ausmaß müssen wir uns konzentrieren, wenn wir uns auf ein Gespräch einlassen. Unsere ganze Persönlichkeit muß dabei anwesend sein. Und am schönsten und effektivsten bringen wir sie zum Vorschein, indem wir auf unsere Worte achten.

Wenn wir zu einem Blinden auf sensible und mitfühlende Weise sprechen, würden wir nicht einfach sagen: „Was für ein schöner Tag" und es dabei belassen. Wir würden beschreiben, wie schön sich die Sonne auf dem Wasser spiegelt, wir würden ihm erzählen, wie sanft und anmutig die Blumen im Wind tanzen, und wir würden die strahlenden Gesichter der Kinder beschreiben, die draußen auf der Wiese spielen. Wo wir auch sind, mit wem wir auch sprechen, wir müssen uns immer darum bemühen, vor ihnen das Wunder des Lebens lebendig werden zu lassen.

Sobald sich diese zwei Prinzipien in Ihnen gefestigt haben – Geduld mit sich selbst zu haben und auf Ihre Worte zu achten –, werden Sie eine neue Stärke, eine unerwartete Freiheit in sich entdecken. Sie werden stolz und aufrecht dahin schreiten, den Menschen mit offenem Herzen begegnen und Ihre Schmerzen und Ihr Leid mutig akzeptieren. Und das Interessante daran ist, daß Sie nichts Neues in sich schaffen, wenn Sie diese Entdeckung machen. Wenn Sie Ihre Zweifel und Unsicherheiten ausräumen, werden Sie die verborgene Macht und Liebe, die ein untrennbarer Bestandteil von uns ist, wiederentdecken und freilegen. Probieren Sie es, und beobachten Sie, wie sie sich entfalten werden.

Sie besitzen ein unermeßliches Potential

Wie oft sehen wir die Dinge so, wie sie wirklich sind? Nehmen Sie zum Beispiel einen Stein. Die meisten Menschen betrachten ihn nur als eine träge Masse, ein bedeutungsloses Objekt. Wenn wir aber einmal über die Auswirkungen dessen nachdenken, was dieser Stein ist, könnte das unsere ganze Denkweise über den Haufen werfen. Heben Sie einen Stein auf, und betrachten Sie ihn. Ist Ihnen klar, daß er vermutlich drei Millionen Jahre alt ist? Wen könnte man wohl eher als Hüter dieses Planeten betrachten – den drei Millionen Jahre alten Stein oder den siebzig Jahre alten Menschen? Das ist eine sehr interessante Frage.

Betrachten wir die Dinge aus einem anderen Blickwinkel. Wie schnell können Sie laufen? ... fünf Kilometer pro Stunde? ... zehn Kilometer pro Stunde? ... sogar 15 Kilometer pro Stunde? Sehr gut. Aber das kommt nicht annähernd an unsere Autos heran – die im Grunde nichts anderes als aus der Erde gewonnene Metallklumpen sind.

Entsprechend kann ein Flugzeug, wiederum ein Produkt der Erde, fliegen. Können wir das? Heutzutage können wir uns ganz einfach mit unseren Freunden am anderen Ende der Welt unterhalten – aber nicht ohne die Hilfe eines Gerätes, das aus überwiegend Metall und Plastik besteht.

Wenn wir die Dinge aus einer etwas anderen Perspektive betrachten, kann das unsere ganze Welt auf den Kopf stellen. Die Dinge, die wir zuvor als unbedeutend betrachtet haben, können weit größere Bedeutung annehmen als wir Menschen.

Indem wir die Dinge in diesem neuen Licht betrachten, machen wir wirklich Fortschritte dabei, unsere beschränkten Denkmuster zu erweitern. Wenn unser Ego uns sagt, wir sind die Größten, dann denken wir doch noch einmal darüber nach. Drehen wir die Dinge um, und setzen wir das Ego auf konstruktive Weise ein. Wenn Sie sich selbst sagten: „Ich kann fliegen", dann könnten Sie es lernen. Ist diese Vorstellung zu gewagt? Sie mag nicht ganz so weit hergeholt sein, wie Sie anfangs vielleicht denken.

Es ist sehr aufschlußreich, Berichte von hervorragenden Ärzten zu lesen, in denen ihre Patienten über ihre Erfahrungen während einer Operation berichten. Viele Leute beschreiben anschaulich und überzeugend das Gefühl, daß sie während der Narkose durch den Raum schwebten. In dieser Stellung waren sie in der Lage, auf einen Körper hinunter zu schauen, der auf dem Operationstisch lag und den sie als ihren eigenen erkannten. Und das Erstaunliche daran ist, daß sie die Vorgänge im Operationssaal genau beschreiben können.

Leider neigen wir dazu, solche Geschehnisse, wenn wir von ihnen hören, als etwas abzutun, das nur anderen Menschen passiert. Auf diese Weise werden sie zu einer Realität, die für jemand anderen, nicht für uns besteht, und wir verpassen eine weitere Gelegenheit, unser unermeßliches Potential wahrzunehmen und verwirklichen zu können.

Es ist eine erschütternde Tatsache und eine schändliche Verschwendung, daß ein Mensch nur etwa vier Prozent seines tatsächlichen Potentials nutzt. Wenn es uns ernst damit ist, den restlichen Teil unserer kreativen Energie anzuzapfen und zu nutzen, müssen wir die Grenzen der Realität, in der wir es uns so bequem gemacht haben, sprengen. Wenn wir es ihm erlauben, dann erlegt unser Geist unserem grenzenlosen Potential strenge Grenzen auf.

Öffnen Sie sich einen Augenblick lang, und fragen Sie sich: „Wenn ein Telefon ein Gespräch über eine weite Entfernung hinweg führen kann, kann ich das dann auch?" Ist das wirklich so weit hergeholt? Die meisten Mütter erleben, selbst wenn es nur einmal in ihrem Leben geschieht, daß sie telepathisch wahrnehmen, was mit ihren Kindern geschieht. Meine Mutter tat das. Oft kam ich heim, und sie fragte mich: „Hast du dir heute weh getan?" „Wie in aller Welt konnte sie das wissen?" fragte ich mich dann erstaunt.

Ich erinnere mich an einen solchen Fall in Kenia, als ich im Wald war, um Süßholzstäbchen zu sammeln, die wir als Zahnbürsten verwendeten. Ich machte das regelmäßig und wanderte dabei bis zu fünfzehn Kilometer weit, um die Stäbchen zu suchen und zu schneiden. An jenem speziellen Tag kletterte ich bis in die Spitze eines Baums, um die besten Zweige zu finden. Irgendwie verlor ich den Halt und fiel durch die Zweige bis zum Fuß des Baumes. Das war mir schon viele Male passiert, und ich war dabei immer ohne Schaden auf dem Boden gelandet. Aber diese Bäume sind anders. Sie sind besonders dornig, und diesmal fand ich mich von Kratzern übersät am Fuß des Baumes wieder. Kaum ein Zentimeter war verschont geblieben.

Zum Glück kannte ich den Wald und wußte, mit welchen Blättern ich meine Wunden einreiben mußte, um sie zu heilen, und als ich heimkam, sah mein Gesicht nicht so schlimm aus. Aber in dem Augenblick, als Mama mich sah, hörte ich die unvermeidliche Frage: „Hast du dir heute weh getan?" Ihr Instinkt sagte ihr, daß etwas nicht stimmte, und sie nahm mich mit hinein und behandelte meinen Rücken.

Diese Wunder geschehen um uns herum jeden Tag, so daß jeder sie sehen kann. Schulden wir es nicht uns selbst, das Unbekannte zu betreten, unseren Horizont zu erweitern und intensiver an diesem unglaublichen Spiel des Lebens teilzunehmen?

Sorgen Sie dafür, daß jeder Augenblick zählt

Bevor wir unsere Einstellung und unsere Eigenschaften weiter untersuchen, denken wir einen Augenblick darüber nach, warum unsere Art, zu denken und zu handeln, so maßgeblich ist. Oft bezweifeln und widersetzen wir uns den Ereignissen, die unser Leben ausmachen, einfach weil sie uns nicht gefallen. Wir wissen nicht zu schätzen, daß alles – absolut alles – aus einem guten Grund geschieht. Alles passiert, weil es wichtig ist. Die Tatsache, daß wir versuchen, uns von gewissen Entwicklungen zu distanzieren, weil sie uns nicht besonders gefallen, und versuchen, bestimmte andere Geschehnisse anzuziehen, weil wir sie mögen, hat keinen Einfluß darauf, wie wichtig diese Ereignisse sind. Der Fluß des Lebens ist über unsere Vorlieben und Abneigungen erhaben. Dieses Wissen gibt uns einen Hoffnungsschimmer. Es hilft uns dabei zu akzeptieren, daß wir unser Leben zwar schwierig, unbegreiflich und sogar schmerzlich finden mögen, daß es aber einem bedeutenden Zweck dient.

Ich kann wiederum auf meine eigenen Kindheitserfahrungen zurückgreifen, um ein passendes Beispiel dafür zu liefern. Dieses spezielle Ereignis fand in Kenia während des Mau-Mau-Aufstands statt. Wir lebten damals weit draußen im Wald. Mein Vater kehrte eines Tages vom Besuch eines fernen Nachbarn zurück. Wir hatten damals kein Auto – unser einziges Transportmittel war ein Pony! Auf seinem Rückweg mußte er den Fluß überqueren. Als er sich genau in der Mitte der Brücke befand, tauchte am anderen Ende eine Gruppe von Mau-Mau-Guerillas auf und versperrte ihm den Weg. Mein Vater zögerte nicht! Er drehte sich um, um wegzulaufen, aber die andere Seite war auch versperrt. Er war gefangen. Die Guerillas zogen ihre Messer und näherten sich meinem Vater – der dachte, sein letztes Stündchen habe geschlagen!

Und in jenem Augenblick kam ihm ein Gedanke, der alles andere aus seinem Geist verdrängte: „Wozu sonst bin ich am Leben, als die

Menschen zu lieben und mich um sie zu kümmern und dem ganzen Planeten zu dienen?"

Es war ihm immer bewußt gewesen, daß es sein Herzenswunsch war, den Menschen zu helfen, und eine natürliche Folge dieses Wunsches war seine Beziehung zu Gandhi in seinem Kampf um Freiheit gewesen. Doch erst als dieser bedrohliche Augenblick sein ganzes Dasein beherrschte, wurde sein ursprünglicher Wunsch, zu dienen und Leben zu retten, wiedererweckt und unmittelbar in sein Bewußtsein gerufen.

Es ist schon merkwürdig, aber wahr, daß tief in uns verborgen ein riesiges Reservoir an Hoffnung und Zuversicht, Fähigkeiten und Wissen schlummert, bis es langsam aber sicher durch das ständige Rütteln und Schütteln des Lebens wiedererweckt wird. Was für ein Augenblick, unsere Mission im Leben wiederzuentdecken, wenn wir in der Mitte einer Brücke im Dunklen gefangen sind und Bewaffnete von beiden Seiten auf uns zukommen!

Aber genau so schleichen sich solche Erkenntnisse unaufgefordert in unser Leben ein, und in jenem Augenblick war das Papas mißliche Lage. Er stand wie angewurzelt da, als plötzlich eine vertraute Stimme die Nacht durchdrang. „Sind Sie das, Bwana?" Die Angst wurde sofort in Ungläubigkeit verwandelt. Er erkannte die Stimme als die eines jungen Mau-Mau, der manchmal zu uns gekomen war und um Essen, Kleidung und Unterkunft gebeten hatte. Mein Vater war ihm immer behilflich gewesen, und als Gegenleistung hatte Koto – so hieß er – Mama eine Weile im Haus geholfen.

„Bist du das, Koto?" fragte er erstaunt.

Die Stimme erwiderte verärgert. „Ja, ich bin's. Und was in aller Welt tun Sie hier draußen? Wissen Sie denn nicht, daß Sie um diese Tageszeit nicht hier sein sollten? Verschwinden Sie sofort."

Daraufhin folgte eine lebhafte Diskussion zwischen den Guerillas, die meinen Vater töten wollten, und Koto, der ihm gegenüber große Liebe und Loyalität empfand. Schließlich einigte man sich auf einen Kompromiß. Sie zogen meinen Vater aus, nahmen ihm alles ab und ließen ihn völlig nackt die letzten Kilometer heimgehen.

Inzwischen hatte meine Mutter gespürt, daß etwas nicht stimmte, und ein Kerze angezündet. Das sagte mir, daß etwas nicht in

Ordnung war, denn das war nicht die übliche Zeit für unsere Gebete. Schon als Kind wollte ich sie immer beschützen, also ging ich zu ihr, wo sie vor ihrer Kerze saß, kletterte auf ihren Schoß und schlief ein, während sie betete.

Als nächstes war ich plötzlich in der Luft, flog durch das Zimmer und landete schließlich auf dem Boden – bums!

Als ich meine Augen öffnete, sah ich Mama, die sich vor diesem nackten Mann verbeugte. In ihrer Freude über Papas sichere Rückkehr war sie aufgesprungen, um ihn zu begrüßen, und hatte völlig vergessen, daß ich noch immer zusammengerollt in ihrem Schoß lag.

Ich bin überzeugt davon, daß die Geschehnisse jener Nacht eine verborgene Botschaft für mich enthielten, die mir damals entging. Alles, woran ich denken konnte, war der Schmerz, den ich für meinen Vater und meine Mutter empfand, und ich betete inständig darum, daß ihnen so etwas nie mehr widerfahren würde. Aber das geschah. Es mußte noch zwei weitere Male passieren, bis ich schließlich verstand, was mir das sagen sollte.

Das ganze Ausmaß dieser Situation traf mich wie eine Bombe. Ich verstand plötzlich, daß ich meine Lektionen im Leben nicht nur durch meine eigene Not und meinen Schmerz lernen sollte, sondern auch durch das Leid, das meine Familie zu ertragen hatte. Was für eine unglaubliche Erkenntnis! Aber wenn das der Fall war und andere Menschen meinetwegen so sehr leiden mußten, dann durfte ich keine Gelegenheit im Leben verpassen. Ich muß dafür sorgen, daß jeder Augenblick auf sehr positive Weise zählt. Das war der einzige Weg, der mir offenstand.

Wir haben gerade einen Fall betrachtet, in dem drei Menschen durch einen äußeren Anlaß zu einer inneren Wahrheit fanden. Meine Mutter, mein Vater und ich mußten, jeder auf seine Weise, die universelle Wahrheit entdecken, daß es im Leben um weit mehr geht, als in die Schule – zuerst in die Grundschule, dann in die Oberschule und die Universität – zu gehen, ein Haus zu kaufen, ein paar Kinder zu zeugen, die Hypothek abzubezahlen und schließlich in einem Büro zu arbeiten. Da ist noch etwas anderes, das für uns Menschen ganz wesentlich ist, und wenn wir das nicht erkennen, dann kann es sein, daß wir mit einer großen Leere in unserem Leben enden.

Aber wo finden wir diese magische Substanz, die den wahren Kern unseres Lebens ausmacht? Wie entdecken wir den echten Sinn unseres Daseins? Das ist die Aufgabe der Meditation. Durch die Meditation entsteht Klarheit, und alles fügt sich wie von selbst.

Meditation

Ich kann gar nicht genug betonen, wieviel Freude und Nutzen das Meditieren bringt. Zu meditieren ist die bedeutsamste und schönste Erfahrung in Ihrem Leben, und auch die subtilste. Ich könnte Ihnen diese Erfahrung stundenlang beschreiben, aber das würde Ihnen nicht dabei helfen, sie zu verstehen und selbst zu erleben. In diesem Buch geht es nicht um Meditationstechniken. Um Ihnen jedoch die in späteren Kapiteln dargelegten Ideen besser verständlich zu machen, biete ich Ihnen hier eine einfache Technik an, die sowohl von Anfängern als auch von Fortgeschrittenen angewandt werden kann.

Die Technik

Setzen Sie sich hin, und zwar entweder auf einen Stuhl oder auf den Boden, und machen Sie es sich bequem – aber nicht zu bequem, sonst schlafen Sie am Ende noch ein! Prüfen Sie, ob Ihr Rücken aufrecht, aber nicht steif ist, Ihre Schultern sollten schön entspannt, der Kopf gerade und Ihre Augen geschlossen sein.

Entspannen Sie sich

Atmen Sie ein, und atmen Sie ganz aus, wobei Sie daran denken, daß Sie beim Ausatmen all die Sorgen und Belastungen, die Sie mit sich tragen, loslassen. Machen Sie das ein paar Mal, bis Sie das Gefühl haben, daß Ihr Geist ruhig und gelassen ist.

Fahren Sie fort, wobei Sie diesmal beim Ausatmen die körperlichen Anspannungen loslassen. Entspannen Sie Ihre Füße und Beine; Ihre Hände und Arme; Ihren Bauch und Ihren Brustkorb; Ihren Rücken und Ihre Schultern; Ihren Hals und Ihr Gesicht. Setzen Sie diese Atemtechnik so lange fort, bis sich Ihre Gliedmaßen lockern und leicht und friedlich werden.

Beobachten Sie Ihren Atem

Lenken Sie Ihre Aufmerksamkeit jetzt auf Ihre Atmung. Atmen Sie ganz natürlich, ohne Ihre Atmung auf irgend eine Weise zu beeinflussen, und folgen Sie geistig dem Ein- und Ausatmen. Spüren Sie das Gefühl der Kühle und der Wärme, wenn der Atem in Ihren Körper eintritt bzw. ihn wieder verläßt. Konzentrieren Sie Ihre ganze Aufmerksamkeit auf diesen Vorgang, und lassen Sie sich durch nichts ablenken. Es gibt nichts anderes zu tun, als Ihre Atmung zu beobachten.

Wenn Sie bereit sind, die Meditation zu beenden, atmen Sie ein paar Mal tief durch, und werden Sie sich dabei Ihres Körpers wieder bewußt. Heben Sie Ihre Hände über Ihren Kopf, und strecken Sie sich genüßlich. Massieren Sie sanft Ihr Gesicht, und legen Sie schließlich Ihre Handflächen auf Ihre geschlossenen Augen. Öffnen Sie Ihre Augen unter den Handflächen, und senken Sie langsam und vorsichtig Ihre Hände, so daß das Licht nach und nach zwischen Ihren Fingern hindurchdringt.

Sitzen Sie noch einen Augenblick oder zwei still. Wie fühlen Sie sich? Ist Ihr Körper entspannt? Ist Ihr Geist ruhig? Versuchen Sie, diese Ruhe und Gelassenheit nicht zu verlieren, während Sie langsam aufstehen und die Welt mit neuen, sanften Augen sehen.

Regelmäßig üben

Nachdem Sie nun erlebt haben, wie einfach und effektiv diese Technik ist, werden Sie sie regelmäßig ausüben wollen. Regelmäßiges Üben ist schließlich der Schlüssel zum Erfolg. Legen Sie jeden Tag eine bestimmte Zeit fest, vorzugsweise gleich am Morgen oder am Abend vor dem Schlafengehen, die nur Ihnen gehört. Treffen Sie eine Verabredung mit sich selbst, und versuchen Sie, diese Zeit einzuhalten, denn Sie werden enorm davon profitieren. Am Anfang mögen fünf Minuten für Sie genug sein, doch je geübter Sie werden, desto weiter werden Sie diese Zeitspanne ausdehnen können, ohne daß es unangenehm wird.

Konzentration

Konzentrieren Sie sich während der ganzen Übung allein auf diese Aufgabe. Wenn es darum geht, Ihren Körper zu entspannen, tun Sie nur das. Wenn es darum geht, Ihre Atmung zu beobachten, lenken Sie Ihren Geist dorthin. Sitzen Sie vollkommen still. Wenn es irgendwo juckt, bewegen Sie sich nicht. Nehmen Sie einfach das Gefühl wahr, und beobachten Sie, wie es wieder vergeht. Wenn Gedanken aufkommen – und das werden sie –, lassen Sie sich nicht darauf ein. Seien Sie sich dessen bewußt, daß sie da sind, und sehen Sie dabei zu, wie sie wieder verschwinden. Welche Ablenkung auch auftaucht, akzeptieren Sie, daß sie da ist, beobachten Sie, wie sie wieder verschwindet, und konzentrieren und sammeln Sie sich wieder.

Ich wünsche Ihnen Freude und Erfüllung bei Ihrer Meditation. Üben Sie geduldig, ausdauernd und regelmäßig, und Sie werden eine unerwartete Tiefe, Fülle und Schönheit in sich und der Welt entdecken. Lassen Sie zu, daß diese sich entfalten.

*Machen Sie etwas aus
Ihrem Leben*

Sobald die Meditation ein Teil unseres Lebens wird, beginnen wir etwas zu verstehen, das nur durch die eigene Erfahrung sich manifestieren kann. Trotzdem versuche ich jetzt, es in Worten auszudrücken, damit Sie eine ungefähre Vorstellung davon bekommen, was vor Ihnen liegt und wo Sie zu suchen beginnen können.

Wie betrachten wir all die Ereignisse, die in unserem Leben stattfinden? Nehmen wir die meisten davon nur auf oberflächliche Weise wahr, oder sind wir so mit unseren vorprogrammierten Reaktionen auf das, was geschieht, beschäftigt, daß wir den Wald vor lauter Bäumen nicht mehr sehen? Oder ... besitzen wir die Weisheit, vor jedem neuen Schritt in unserem Leben einen Augenblick lang innezuhalten und ein wenig über unsere normale Fähigkeit, die Welt wahrzunehmen und zu verstehen, hinauszugehen und wirklich den Kern dessen zu erfassen, was uns da angeboten wird?

Wenn wir bereit sind, das zu tun, dann entdecken wir, daß seine Bedeutung weit größer ist als unsere Vorlieben und Abneigungen, weit profunder als unser Begriff von Ehre und Unehre und weit realer als unsere persönliche, ichbezogene Vorstellung davon, was uns widerfahren sollte und was nicht. Wir entdecken die Realität des Ereignisses, und das könnte als die bedeutendste Entdeckung betrachtet werden, die wir je machen werden. Warum? Weil es bedeutet, daß etwas Dauerhaftes geboren wurde.

Hört sich das etwas seltsam an? Sind nicht all die Ereignisse in unserem Leben dauerhaft gewesen? Sie erscheinen im Augenblick als sehr real, und die Nachwirkungen – egal, ob wir sie für angenehm halten oder nicht – scheinen uns ständig erhalten zu bleiben. Den größten Schock erleben wir vielleicht, wenn wir entdecken, daß alles vergänglich ist. Das kann uns für eine Weile ziemlich aus der Bahn werfen. Aber von da an haben wir das Glück zu erfahren, daß es im Leben schließlich doch etwas Beständiges gibt.

Diese Entdeckung ist von entscheidender Bedeutung, denn wenn im Leben nichts beständig ist, was bringt es dann, Hoffnung in unserem Herzen zu haben, und was können wir unseren Kindern und Lieben weitergeben? Es hat keinen Sinn, ihnen etwas zu geben, das ihnen aus den Händen gleitet. Das ist so, als ob man ihnen Feuer gibt. Sie können es nicht festhalten, weil es zu heiß ist und es ohnehin bald zu Asche verbrennt. Was für einen Sinn hat es, den

Menschen so etwas zu schenken? Früher oder später werden sie entdecken, daß das, was Sie ihnen gegeben haben, weh tut und nicht von Dauer ist. Und sie werden sich auf dieselbe Weise betrogen fühlen wie wir, wenn wir in den Supermarkt gehen und mit einem Korb voller Sachen herauskommen, die wir eigentlich gar nicht wollten. Irgendwie haben wir das Gefühl, daß wir uns zum Narren halten und verleiten ließen.

Untersuchen wir doch diese Frage der Beständigkeit und der Vergänglichkeit etwas näher. Worauf will ich hinaus? Betrachten wir einmal Ihren Geist. Ist Ihr Geist beständig oder unbeständig? Betrachten Sie doch das folgende Beispiel für einen unbeständigen Geist, und prüfen Sie, ob es auf Sie zutrifft.

„Ah, guten Morgen, Welt. Es ist sieben Uhr, und ich habe ganze zwanzig Minuten für mich selbst, um meine Aufmerksamkeit auf diesen Stein vor mir zu konzentrieren. Keine anderen Gedanken, um mich abzulenken. Los geht's ..."

„Autsch ... hätte ich bloß daran gedacht, noch ein Kissen unter meine Knie zu legen ... oh, zurück zum Stein ..."

„Mein Rücken tut mir wieder weh – ich muß wirklich daran denken, diese Übungen zur Stärkung des Rückens zu machen ..."

„Ich hoffe, die Kinder haben ihren Wecker gestellt, sonst kommen sie zu spät zur Schule..."

„Ich frage mich, ob mir das wirklich etwas bringt? ... Eigentlich ist es mir vorher auch ganz gut gegangen, bevor ich davon gehört habe ..."

„Aber zurück zum Stein ... hoppla, keine Zeit mehr. Ich muß zum Bus ..."

Wir entdecken mehr und mehr eine Ruhelosigkeit in uns, wenn wir uns auf alles, was unbeständig ist, konzentrieren. In diesem unbeständigen Geist taucht das Gefühl des Todes auf, und wenn etwas in uns stirbt, dann fühlen wir uns äußerst unglücklich. Wo ist diese Beständigkeit, die Ihnen Zufriedenheit verschafft? Wie gelingt es uns zu vermeiden, sie in den fünfzehn bis zwanzig Jahren unserer Erziehung zu finden?

Schauen wir uns die Geschichte von Shvetaketu an, einem Jungen, der von seinem Vater an die angesehenste Schule des Landes geschickt wurde. Als er nach sieben oder acht Jahren heimkehrte, fragte ihn sein Vater: „Hast du eine Menge gelernt?"

„Ja Vater, wir haben alles gelernt, was es zu lernen gibt."

Sein Vater sagte also zu ihm: „Setze dich zu mir her mein Sohn, und sage mir, ob du das eine gelernt hast, zu wissen, wodurch dir alles Wissen zuteil wird?"

Shvetaketu schaute ihn an.

„Wiederhole das bitte, Vater."

Und so wiederholte er: „Hast du das eine gelernt, zu wissen, wodurch dir alles Wissen zuteil wird?"

Da Shvetaketu nichts sagte, begann sein Vater die Frage zu erklären.

„Siehst du den Baum dort im Garten?"

„Ja."

„Was wächst auf dem Baum?"

„Die Früchte und die Blüten."

Sein Vater ging also nach draußen, pflückte eine Frucht vom Baum und brachte sie herein. Er forderte seinen Sohn Shvetaketu auf, die Frucht in der Mitte durchzuschneiden.

„Was siehst du drinnen?" fragte sein Vater geduldig.

„Da sind Samen."

„Was machen die Samen?"

„Sie erschaffen einen neuen Baum."

„Wie viele Samen sind da?"

„Viele."

„Nimm einen der Samen," sagte sein Vater. „Du sagst, diese Samen erschaffen einen Baum?"

„Ja."

„Öffne den Samen." Shvetaketu zerschnitt den Samen in zwei Hälften.

„Was siehst du drinnen?"

„Nichts."

Shvetaketus Vater sagte: „Willst du mir damit sagen, daß aus diesem Nichts ein neuer Baum entsteht?"

„Was ist dieses Nichts, Vater?"

Das ist eine sehr interessante Frage. Aus dem Nichts des Samens entsteht etwas so Riesiges und Reales.

Das ist wohl die wichtigste Suche, die wir jemals unternehmen werden; der Versuch, dafür zu sorgen, daß unser Leben funktioniert. Dabei handelt es sich nicht nur um das bedeutendste, sondern auch um das schönste und heilsamste Unterfangen, das es gibt. Wenn wir uns nicht auf diese Reise begeben, werden wir nie Frieden finden. Buddha fand ihn, Mahatma Gandhi fand es, selbst Menschen wie J. F. Kennedy entdeckten etwas Einzigartiges. Sie müssen kein Einsiedler oder Mystiker sein, um mit ihm in Berührung zu kommen, denn selbst viele gewöhnliche Menschen bekunden dies in ihren Büchern. Aber ihre Erkenntnis enthüllt uns diese Schätze nicht automatisch. Sie können uns die richtige Richtung weisen, aber die Entdeckung müssen wir schon selbst machen.

Taten zählen mehr als Worte

Die meisten von uns sind in der glücklichen Lage, einen einigermaßen gesunden Körper, ausreichend Nahrung, Kleidung und Unterkunft zu haben und vielleicht sogar etwas Raum und Zeit für sich. Einigen von uns ist vielleicht nur allzu bewußt, daß sie alles erreicht haben, was sie sich vorgenommen haben – sie haben ihre Ausbildung erfolgreich abgeschlossen, haben Kinder bekommen, fahren ein Auto, haben die Hypothek abbezahlt, sind ihren Hobbys nachgegangen. Alles ist erledigt. Aber was nun? Vielleicht wird Ihnen auf beunruhigende Weise klar, daß sich vor Ihnen eine bedrohliche Leere auftut, von der Sie nicht genau wissen, wie Sie sie füllen sollen. Statt diese Leere als ein Problem zu betrachten, vor dem Sie sich fürchten müssen, sehen Sie sie als eine willkommene Gelegenheit – und begrüßen Sie sie mit offenen Armen. Nutzen Sie Ihre ganze Zeit, nutzen Sie all Ihre Ressourcen, nutzen Sie Ihre gesamte Energie für diese Entdeckungsreise.

„Er hat leicht reden, als ob das so einfach wäre", kann ich Sie jetzt sagen hören. „Ich weiß, daß es stimmt, aber wie in aller Welt kann ich damit Erfolg haben, wenn meine Familie, Freunde oder Kollegen nichts davon halten? Alles, was sie tun, ist, mich zu verspotten, wenn ich auch nur andeute, daß es im Leben mehr gibt, als ein größeres Haus zu kaufen oder für einen längeren und besseren Urlaub zu sparen. Wie kann ich das in meinem Leben umsetzen, ohne daß ich mich durch meinen ständigen Kampf gegen die Mehrheit erschöpft fühle?"

Meine Antwort darauf ist ganz einfach: Tun Sie es leise und subtil. Reden Sie nicht darüber, was Sie tun, machen Sie kein großes Theater darum, leben Sie einfach danach.

Wenn Sie zum Beispiel versuchen, nach dem Prinzip der Großzügigkeit zu leben, und Sie möchten jemandem ein Geschenk machen, wird er sich darüber ärgern oder aufregen, weil Sie ihm einen Blumenstrauß oder eine Torte schenken? Das glaube ich nicht; im Gegenteil, derjenige wird sich wahrscheinlich sehr darüber freuen. Wenn Sie natürlich viel Aufhebens um das Geschenk machen und erklären, daß Sie „vom Großen Geist des Lebens auserwählt wurden, im Einklang mit den heiligen Gesetzen des Universums dieses höchst kostbare Geschenk zu überbringen, um den Empfänger mit Liebe und Frieden zu erfüllen", dann sieht die Sache etwas anders aus. Aber das brauchen Sie gar nicht zu sagen, wenn „Hier ist ein Stück Torte für dich" auch vollkommen genügt.

Auf diese Weise leben Sie das Prinzip, anstatt es zu predigen. Sobald Sie Worte benutzen, gehen die Menschen immer in die Defensive. Warum? Nicht, weil Sie etwas Falsches gesagt haben, sondern einfach, weil Sie etwas gesagt haben.

Ihr wertvollstes Geschenk

Wie verhalten Sie sich, wenn Sie jemand mit der Frage „Warum ist es richtig zu meditieren?" aus der Reserve locken will. Es ist hilfreich, daran zu denken, daß man diese Frage bei allem, was jemand tut, stellen könnte, und deshalb könnten Sie als Antwort genauso gut die Lebensweise jener Person in Frage stellen. „Warum ist es richtig zu rauchen?" „Warum machst du deine Arbeit?" „Weil es mich interessiert hat, also habe ich es gelernt." „Warum hat es dich interessiert?" ... Sie können in einen eigenartigen Kreislauf geraten, wenn Sie solche Fragen stellen und herauszufinden versuchen, warum die Dinge so ablaufen, wie sie es tun.

Es ist wunderschön, wenn ein Mensch, gleich, welche Schockerlebnisse auf ihn zukommen, immer strahlend daraus hervorgeht. Das ist die Art von Mensch, die sagt: „Es ist egal, welchen Beruf ich ausübe, ich mache einfach das Beste daraus." Er erweitert seinen

Horizont, indem er als Ausgleich zu seinem Beruf interessanten Hobbys nachgeht und damit seinem Leben mehr Sinn gibt. Er versucht, in dem, was ihm aufgezwungen wurde, einen Sinn zu entdecken. Es ist so, als ob der Beruf das Enzym und das Hobby das Ko-Enzym ist. Er nutzt das Ko-Enzym als Katalysator. Ohne dieses würde das Enzym nicht richtig funktionieren.

Haben Sie jemals jemanden dabei beobachtet, der am Telefon darauf wartet, daß am anderen Ende jemand den Hörer abnimmt? Sie scheinen einfach nicht in Ruhe warten zu können. Sie nehmen sofort einen Stift in die Hand und fangen an herumzukritzeln. Die Menschen fühlen sich heutzutage so unwohl, wenn Sie das Gefühl haben, nichts zu tun. Es scheint, als ob sie irgend etwas tun müßten, damit ihre Existenz gerechtfertigt ist. Herumkritzeln ist eine Angewohnheit, die das Gefühl bestärkt, daß wir immer etwas „tun" müssen, immer beschäftigt sein müssen. Und das Interessante daran ist, daß uns gar nicht klar ist, daß viele unserer Gewohnheiten in die Kategorie „Herumkritzeln" fallen. Wir vertrödeln einfach die Zeit. Wäre es nicht wunderbar, wenn wir uns alle vornehmen könnten, unsere Zeit nie mehr durch unproduktives Herumkritzeln zu verschwenden? Statt dessen lassen wir unser Leben und unsere Zeit für uns arbeiten. Jede einzelne Tat, die wir vollbringen, wird einen positiven, konstruktiven Sinn haben.

Betrachten Sie einmal den Unterschied zwischen einem Hobby, das eigennützig, und einem, das uneigennützig ist. Es gibt Hobbys, welche die Menschen nur zu ihrem eigenen Vorteil ausüben, und Hobbys, die anderen Menschen helfen. Beide sind Ko-Enzyme, aber der Unterschied besteht darin, daß eines eine einengende und eines eine erweiternde Rolle spielt. Im ersten Fall lautet die Botschaft: „Ich möchte meine Zeit nicht mehr verschwenden, aber ich möchte etwas tun, das mir Spaß macht." Im zweiten Fall haben wir jemanden, der sagt: „Ich möchte meine Zeit weise nutzen, aber gleichzeitig möchte ich andere und auch mich selbst damit glücklich machen."

Als ich jung war, übte ich das Meditieren, um meinen Geist zu schulen. Allmählich erreichte ich ein Stadium, in dem ich meine Konzentration eine beträchtliche Zeit aufrecht erhalten konnte. Ohne dieses anfängliche Training hätte ich niemals die Klarheit und Hartnäckigkeit entwickeln können, um mit meiner Arbeit voranzukommen. Nun, da ich diese Konzentrationsfähigkeit entwickelt habe, kann mich nichts aus der Bahn werfen oder meinen Blick trüben.

Ich habe wie Sie begonnen, durch Gedanken zu leben. Die Welt des Geistes ist eine Welt der Gedanken. Mit Geduld und Ausdauer lernen Sie nach und nach diese Gedanken zu besänftigen, bis Sie in der Lage sind, eine Welt wahrzunehmen, die von Gefühlen beherrscht wird. So wie am Ende der Eiszeit das Eis schmilzt, wird eine Kommunikation, die von Gedanken beherrscht wird, durch eine neue Ära der Kommunikation abgelöst, die von Gefühlen beherrscht wird. Wir bezeichnen das häufig als Intuition, aber diese Beschreibung stimmt nicht ganz; es geht vielmehr um ein „Fühlen". Ich werde oft gefragt, wie ich mir Gott vorstelle. Alles, was ich dazu sagen kann, ist, daß Gott nicht „Denken", sondern „Fühlen" ist. Genauso bin ich beim Meditieren in einem Zustand des „Fühlens". Ich fühle und reagiere auf das Fühlen.

Die meiste Zeit leben Sie wahrscheinlich durch Ihre Gedanken – oder besser gesagt, die Gedanken leben durch Sie! Mit etwas Ausdauer können Sie das allerdings ändern. Es gibt vielleicht schon Zeiten, in denen Sie einen gewissen Grad an Stille erleben, obwohl Sie sie noch nicht zur Gänze wahrnehmen. Sobald Sie das tun, werden Sie nie mehr unglücklich sein. Traurig werden Sie nur, wenn Sie nicht verstehen, was um Sie herum vorgeht. Sobald Sie Klarheit gefunden haben, kann jede Situation, egal, wie schwierig oder schmerzlich sie auf den ersten Blick erscheinen mag, in etwas Positives und Konstruktives umgewandelt werden.

Ich bin mein ganzes Leben lang kritisiert worden. Man beschuldigt mich, nicht die Dinge zu tun, die ich tun sollte, und die Dinge zu tun, die ich nicht tun sollte. Jedesmal, wenn das passiert, verwende ich die Kritik als Schlüssel zu dem, was in dieser Person vorgeht. Wenn mir jemand sagt, daß er mich haßt, dann deutet dies darauf hin, daß er gerade selbst eine Krise durchmacht. Ein Gefühl des Hasses kommt an die Oberfläche und färbt auf alles ab, was er sieht. Statt die Welt durch eine rosarote Brille zu betrachten, sieht er alles durch einen Nebel aus Wut und Haß. Alles, was ich dann tun muß, ist herauszufinden, was vorgeht, um helfen zu können.

Ich führte unlängst auf einem meiner Seminare mit einer Frau ein solches Gespräch. Sie kam anschließend zu mir und sagte mir, wie unzufrieden sie mit dem, was ich vorgetragen hatte, mit dem Raum und überhaupt mit dem ganzen Tag war. Selbst das Essen, das ich ihr angeboten hatte – der beste Käsekuchen, den ich seit langem gegessen hatte! –, schmeckte ihr nicht. Schließlich entdeckte ich, was all diese Wut heraufbeschworen hatte, als sie mir erzählte, daß sie gerade ihren Sohn verloren hatte. Meine Aufgabe war es dann, das Gespräch in eine ganz andere Richtung zu lenken, so daß sie ihren Schmerz herauslassen und eine Heilung stattfinden konnte.

„Wie alt war er?" fragte ich sie.
„Er war Mitte dreißig."
„Haben Sie ihn geliebt?"
„Ja, sehr. Er war mein einziger Sohn."
„Können Sie sich vorstellen, daß er zu Ihnen zurückkommt?"
„Nein. Wie sollte ich mir so etwas vorstellen können."
„Was wäre, wenn er ohne Arme zurückkäme?"
„Ich würde ihn nehmen."
„Ohne Augen?"
„Ich würde ihn nehmen."
„Ohne sprechen zu können?"
„Ich würde ihn nehmen."
„Ohne Beine?"
„Ich würde ihn nehmen."
„Was wäre, wenn er als Chinese zurückkäme?"
„Ich würde ihn nehmen."
„Oder als Eskimo?"
„Ich würde ihn nehmen."
„Wie wär's mit einem Inder?"
„Ich würde ihn nehmen."

„Von diesem Tag an können Sie mich als Ihren Sohn betrachten", sagte ich ganz einfach ... und sie weinte nur.

Das war der Wendepunkt. Wenn ich darauf reagiert hätte, als sie so wütend auf mich war, woher würden Weisheit und Ruhe kommen? Nirgend woher. Deshalb sage ich, daß diese Ruhe für Sie genauso real werden muß, wie sie es für mich ist, damit alle Ihre Taten und alles, was Ihnen wichtig ist, lebendig und pulsierend wird.

Über die Alternative braucht man gar nicht erst nachzudenken. Sie hören auf, richtig zu funktionieren. Sie verhalten sich wie ein springender Ball, der auf die Taten und Aussagen seiner Mitmenschen reagiert. Sie springen vor und zurück, vor und zurück, ohne irgendwo hinzukommen, ohne jemals etwas zu erreichen, und Sie fühlen sich total frustriert. Und um die Dinge noch schlimmer zu machen, wird die andere Person genauso wie Sie reagieren. Sie sind auf einem Karussell gefangen und können nicht absteigen.

Es gibt aber einen Ausweg – Sie können Ihr Verhalten ändern, indem Sie Übungen durchführen, die Ihren Geist beruhigen. Die bei der Meditation eingeübten Konzentrationsübungen machen wir nicht ohne Grund; sie sind wirklich wertvoll, wenn Sie sie weise einsetzen. Das Wissen, das ich jetzt an Sie weitergebe, ist das einzige Geschenk, das es wert ist, gegeben oder empfangen zu werden. Es wird Ihnen Zutritt zum Zustand der Stabilität und des Wissens gewähren.

Wenn ich morgen sterbe, werden sich die Menschen nicht wegen meines Reichtums an mich erinnern. Sie werden sich daran erinnern, was ich weitergegeben habe. Dasselbe gilt für meine Mutter. Was fällt mir bei ihr ein? Sie war einfach ein wunderbarer Mensch, der weder lesen noch schreiben konnte.

Manchmal sind die weisesten Menschen jene, die nie etwas gelesen oder auch nur ein Wort geschrieben haben. Das sind diejenigen, die fest entschlossen sind, ihre Übungen konsequent zu praktizieren, und sie sind zuerst in der Lage, ihren Geist zehn Minuten lang zu beruhigen, dann zwei Stunden ... und schließlich einen ganzen Tag lang.

Nutzen Sie jeden kostbaren Augenblick

Lassen Sie sich also nicht von Ihren Reaktionen mitreißen. Beobachten Sie sich selbst genau, und wenn Sie manchmal beginnen, wie ein Ball zu springen, fangen Sie sich selbst wieder auf. Achten Sie darauf, wie Sie gehen; achten Sie darauf, wie Sie stehen; spüren Sie ... jeden Schritt, spüren Sie ... jeden Atemzug, spüren Sie ... jede Tat; sorgen Sie dafür, daß es funktioniert. Nehmen Sie nicht einmal Essen in Ihren Mund, ohne es wirklich wahrzunehmen. Es ist keine gute Idee, das Essen gedankenlos einen Bissen nach dem anderen in sich hineinzuschaufeln, denn das schwarze Loch ist endlos. Lassen Sie sich Zeit.

Wenn man Ihnen Süßigkeiten anbietet, nehmen Sie nur ein Stück, und wissen Sie es wirklich zu schätzen. Was ist es? Wer hat es gemacht? Woher kommt das Papier? Es stammt von Bäumen. Wer pflanzte diese Bäume? Vielleicht war es ein besonderer Mensch. Was ist mit dem Mann, der den Baum fällte? Er hat eine Familie und Kinder. Denken Sie über den Sinn des Papiers nach, denn es hat einen. Was befindet sich im Papier?

Es ist etwas Süßes, etwas Köstliches und Süßes. Wer machte es? Was geschah danach? Wie wurde es verpackt? Wie wurde es zu Ihnen transportiert? Und nach dem Transport, nach all der Energie ist es schließlich hier in einer Schachtel vor Ihnen angekommen und wird gleich in Ihrem Mund landen. Für seine Herstellung war ein enormer Aufwand notwendig, und wenn es jetzt ohne Würdigung in Ihrem Mund verschwindet, dann ist es verschwendet!

Betrachten Sie diese Frage aus einer anderen Perspektive. Sie möchten doch, daß Sie von allen geschätzt werden, nicht wahr? Nach all dem Aufwand, den Sie in Ihr Leben gesteckt haben, meinen Sie, das zu verdienen.

Als ich ein Kind war, saß ich bei meiner Mutter, wenn sie Chapattis (indisches Fladenbrot) machte. Als sie fertig waren, hielt ich sie in meiner Hand und konnte wirklich ihr Gesicht darin spüren, dann konnte ich ihr Herz darin spüren. Zuletzt machte sie immer einen besonderen kleinen Chapatti nur für mich. Es war nicht die Größe des Chapatti, die den Unterschied ausmachte, es war die Liebe, die sie hineinsteckte. Ich sparte ihn immer bis zum Schluß auf, denn er war etwas ganz Besonderes. Und während ich dieses wertvolle Geschenk hielt und aß, erneuerte ich meine Verbindung zu meiner Mutter, die für mich die Mutter des Universums war. Durch ihre Liebe und Führung lernte ich, worum es im Leben wirklich geht.

Und das Leben bietet uns so viele Gelegenheiten, um jeden kostbaren Augenblick zu nutzen und zu erkennen, daß der fundamentale Grund, aus dem wir auf der Erde sind, darin besteht, den Menschen zu helfen, sich weiterzuentwickeln, um ein glücklicheres und friedlicheres Leben zu führen. Wenn in unserem Herzen und unserem Geist Klarheit herrscht, werden wir entdecken, daß wir nicht hier sind, um Reichtümer anzuhäufen. Wenn das dennoch geschieht, dann laß sie uns weitergeben und mit anderen teilen. Wenn wir Wissen anhäufen, laß uns auch das mit anderen teilen. Aber all das ist erst dann möglich, wenn wir in unserem Herzen und Geist Zufriedenheit kennen.

Auf diesen Seiten werden Ihnen Wissen und Weisheit angeboten, die Ihnen dabei helfen werden, sich selbst zu befreien. Das erfordert Zielstrebigkeit und Übung und vor allem, daß Sie sich selbst akzeptieren. Der Erfolg hängt davon ab, wie offen Sie für die Veränderungen sind, die im Laufe der Zeit stattfinden. Lassen Sie die Vergangenheit beiseite, und vergessen Sie für eine Weile die Zukunft. Verweilen Sie einfach in der Gegenwart ... leben Sie den Augenblick, und lassen Sie sich voll auf ihn ein. Essen Sie langsam und bewußt ... gehen Sie bewußt ... singen, lachen und spielen Sie miteinander voller Freude und Akzeptanz. Gehen Sie freundlich miteinander um. Seien Sie ganz in der Gegenwart anwesend, und Sie werden feststellen, daß sich der ganze Tag in Ihrem Leben wie die Ewigkeit ausnimmt und Ihnen jede Stunde wie ein ganzes Leben vorkommt. Das ist das Geschenk, das ich mit Ihnen teilen möchte. Ich hoffe, Sie werden es annehmen.

Das Wichtigste zuerst

Warum lernen wir in der Schule nichts von all dem? Wieviel Schmerz und Leid hätten wir uns ersparen können! Die Zeit wird kommen, wenn spiritueller Unterricht in den Lehrplan aufgenommen wird, und das wird die Art und Weise, wie unsere Kinder ihr Leben handhaben, revolutionieren. Sie hatten vielleicht nicht das Glück, diese Werte während Ihrer Kindheit vermittelt zu bekommen, aber es ist nicht zu spät. Beginnen Sie damit, Ihre spirituellen Grundsätze in Ihre Arbeit einzubringen.

Als erstes werden Sie feststellen, daß Sie über Ihren Beruf eine Menge Leute beeinflussen können. Das nächste, was Sie nach einer gewissen Zeit bemerken werden, ist, daß sich in Ihnen etwas regt und aufwacht, so daß Ihnen der wahre Zweck Ihres Daseins klar wird. Ihre Karriere wird in den Hintergrund treten, und ein völlig neues Leben wird sich Ihnen auftun, und Sie werden Ihre Bestimmung erkennen. Die Art Ihrer Tätigkeit ist dabei nicht entscheidend; ob Sie für sich selbst oder jemand anderen arbeiten, ob Sie zu Hause sind, in einem Büro, einer Schule oder einer Fabrik, ist belanglos. In einem spirituellen Umfeld kann sich Ihr Leben bis zur Unkenntlichkeit verändern. Und genau dort müssen wir beginnen – bei unserem eigenen Leben.

Es gibt eine Geschichte über einen Mann, der etwa vierzig Jahre lang gebetet hatte: „Herr, gib mir die Stärke und den Mut, die Welt um mich herum zu verändern." Als er über vierzig Jahre alt war, erkannte er, daß etwas nicht ganz stimmte, und er veränderte sein Gebet. „Herr, bitte gib mir die Weisheit und den Verstand, meine Familie und meine Freunde zu ändern." Weitere vierzig Jahre lang war dies sein tägliches Gebet, aber im Alter von achtzig Jahren erkannte er, daß noch immer etwas nicht stimmte. Sein endgültiges Gebet lautete: „Herr, gib mir die Stärke, mich selbst zu ändern."

Folgen Sie Ihrem Herzen

Uns selbst zu ändern ist die größte Herausforderung, der wir gegenüberstehen, und es wäre schade, wenn wir so lange damit warteten, bis es zu spät ist. Jeder von uns ist imstande, den Prozeß der Selbsttransformation einzuleiten. Sobald Sie wirklich erkennen, wie unbeständig das Leben ist, werden Sie keine Minute Ihres Lebens mehr verschwenden wollen. Wenn Ihnen diese Realität klar wird, warten Sie nicht darauf, Ihre Karriere in Ordnung zu bringen, bevor Sie sich auf Ihren Weg begeben.

Ich kenne viele Familien, die einen Trauerfall hatten, und wenn ich mit ihnen spreche, dann höre ich so oft dasselbe. „Wir beide planten, dieses und jenes zu tun, sobald er in Pension gegangen wäre", oder „Im nächsten Sommer wollten wir etwas ganz anderes für unsere Kinder tun ... ich wünschte, wir hätten nicht damit gewartet." Ein weiser Mensch verschwendet keine Zeit und keine Chance. Er quält sich nicht mit nagenden Zweifeln und Fragen, wie „Was wäre, wenn ...?" Er betrachtet sich selbst und erledigt die Dinge.

Ich möchte Ihnen eine wahre Geschichte über einen jungen Mann erzählen, den ich sehr gut kenne. Sie erkennen sich vielleicht sogar selbst darin. Als ich diesen Freund traf – wollen wir ihn Paul nennen –, war er ein gutsituierter Direktor in einem gutgehenden Industriebetrieb in den englischen Midlands. Er war jung und durch und durch ein Workaholic. Er rauchte und trank. Er reiste durch ganz Europa, um Verträge abzuschließen. Er arbeitete Tag und Nacht, kam gegen 3 oder 4 Uhr morgens heim, stand ein paar Stunden später auf und ging wieder zur Arbeit. Das war sein Leben.

Ich befragte ihn über seine Verfassung und über seine Verantwortung als Vater. Seine Kinder hatten bereits Schwierigkeiten und brauchten behutsame und sensible Führung. Wie sollte er seine Lebensweise ändern, so daß er auf aller Bedürfnisse eingehen konnte? „Wie kann ich das?" widersprach er mir heftig. „Ich habe eine Riesenhypothek und eine Frau und kleine Kinder, für die ich sorgen muß."

„Ich kann dir eine Lösung anbieten, die funktioniert", versicherte ich ihm, „aber du mußt bereit sein, darauf einzugehen. Wirst du es versuchen?"

Er zögerte, erkannte dann aber in seinem tiefsten Inneren, daß das stimmte, was ich sagte, und willigte ein. „Aber immer nur einen Schritt auf einmal", bat er mich. Ich hatte ihn sanft in eine Lage hineinmanövriert, in der er einen Ausweg aus dieser Sackgasse sah.

„Wie hoch ist die Hypothek?" frage ich ihn als erstes.

„120.000 Pfund!" Was für eine Hypothek! Ich sah mir also sein Haus näher an. Es war ein sehr schönes Haus, sehr freundlich und geräumig, so daß jedes der Kinder sein eigenes Zimmer hatte. „Brauchst du wirklich so ein großes Haus?" fragte ich.

„Na ja, es ist schon recht angenehm."

„Suchen wir ein anderes." Nur drei Straßen weiter fanden wir ein anderes Haus, das nur einen Bruchteil kostete. Er fragte nach, kaufte es, und innerhalb weniger Wochen hatte er seine Hypothek so weit reduziert, daß er es kaum glauben konnte. Er arbeitete aber noch immer bis spät in die Nacht. „Warum arbeitest du noch immer so lange?" hakte ich nun weiter nach.

„Ich weiß nicht."

Jetzt waren wir also auf den springenden Punkt gekommen. Die Frage tat sich vor uns auf, und wir konnten sie näher untersuchen. Wir mußten uns die Rastlosigkeit ansehen, die so viele Menschen verspüren – die Rastlosigkeit, die sie hier und dort und überall herumhetzen läßt, beinahe so, als ob sie Angst davor hätten stillzustehen. Sobald wir uns in diesem Zustand befinden, trauen wir uns gar nicht, über eine Veränderung nachzudenken.

„Wie kann man überleben, wenn man nicht ständig beschäftigt ist?" „Verliere ich nicht an Charakter und Persönlichkeit?" „Was ist mit meiner Arbeit?" „Ich werde bei meinen Freunden kein Ansehen genießen." „Was soll ich mit meiner Zeit machen?" „Es wird keinen Grund geben, am Morgen aufzustehen." „Ich kann doch nicht den ganzen Tag Däumchen drehen." „Ich kann doch nicht die ganze Zeit meinen Hund tätscheln und ihn fünfmal am Tag ausführen." Solche Sachen höre ich jeden Tag, und Paul war gewiß keine Ausnahme. Aber wir besprachen jede Frage, die er stellte, und beseitigten ein Problem nach dem anderen. Allmählich fand die Transformation statt, und er war bereit, den Quantensprung zu machen, den er einst so gefürchtet hatte. „Wie geht es jetzt weiter?" fragte er mich eines Tages. Er hatte den ersten Schritt gemacht.

„Arbeite momentan weiter", schlug ich vor. „Es ist genug Geld auf der Bank, um die nächsten fünfzehn Jahre die Hypothek zu bezahlen. Du brauchst dir um Nahrung und Unterkunft keine Sorgen zu machen, also arbeite einfach weiter, bis du das Gefühl hast, du arbeitest aus reinem Vergnügen. Wenn es so weit ist, dann reden wir weiter." Es dauerte nicht lange, bis er wiederkam. Er brauchte nicht mehr zu rauchen und zu trinken; er brauchte nicht mehr zu reisen oder mit Kunden auszugehen. Plötzlich sparte er also das Geld, das er dafür aufgewendet hatte. Es blieb ihm so viel übrig, daß er nicht wußte, was er damit machen sollte, also sagte ich: „Wunderbar, nutze es für eine gute Sache."

Das tat er auch, er spendete es für wohltätige Zwecke. Er hat sich so verändert, daß man ihn kaum wiedererkennt. Er ist glücklich, ausgeglichen und vermißt seinen alten Lebensstil überhaupt nicht. Sein Verständnis und seine Weisheit nehmen nach und nach zu, und er entwickelt ein Vertrauen im wirklichen Sinn. Wenn wir unser Leben entsprechend den Anforderungen unserer wahren Natur leben, dann werden unsere Bedürfnisse irgendwie erfüllt.

Folgen Sie Ihrem Herzen; seien Sie geschickt, und Sie werden nicht verhungern. Es gibt genug Energie, Nahrung, materielle Energie, finanzielle Energie, so daß es für alle reicht ... auch, um die Steuern zu bezahlen.

Der Himmel ist Ihr Dach

Das Leben verläuft nicht immer nach den Regeln, mit denen wir vertraut sind. Ja, natürlich müssen wir arbeiten, aber welche Art von Arbeit sollen wir tun? Ich schlage nicht vor, daß Sie zu Hause sitzen, mit einer dicken Zigarre im Mund und einem Weinglas in der Hand. Ich spreche nicht über Wohltätigkeit, ich spreche über Weisheit. Vom Tag meiner Geburt an habe ich nie mehr als zwei Mahlzeiten am Tag gebraucht. Glauben Sie, das Universum kann nicht zwei Mahlzeiten am Tag bereitstellen?

Spüren Sie die Wahrheit in Gandhis Aussage, daß „die Welt genug zu bieten hat für jedermanns Bedürfnisse, nicht aber für jedermanns Gier."

Sie brauchen kein Vertrauen zu haben, alles, was Sie brauchen, ist Wissen und Weisheit. Denken Sie einmal einen Augenblick lang darüber nach, wie unglaublich kompliziert der menschliche Körper doch ist. Da passieren Tausende von verschiedenen Dingen die ganze Zeit über, von denen jedes unerläßlich ist, um Sie am Leben zu erhalten, und jedes davon entzieht sich Ihrer bewußten Kontrolle. Die Möglichkeiten für Fehlfunktionen sind enorm, und trotzdem sind Sie noch am Leben. Glauben Sie, das wäre möglich, wenn da nicht jemand auf Sie aufpassen würde? Ein kleiner Klumpen, halb so groß wie eine Erbse, kann Sie umbringen. Laut Statistik sind die Chancen, daß so etwas passiert, sehr groß. Das Risiko, das Sie allein beim Autofahren eingehen, ist sehr hoch. Irgend jemand muß Sie beschützen. Sie sind nicht wegen Ihres Berufes, wegen Ihres Geldes oder wegen des Dachs über Ihrem Kopf am Leben.

Das beste Maß unseres Reichtums ist nicht die Gesamtsumme unserer Besitztümer. Es besteht darin, wie wenig wir brauchen. Einfache Bedürfnisse sind leicht zu erfüllen. Je vielschichtiger unsere Bedürfnisse werden, desto eher werden wir alles daran setzen, Geld zu verdienen, um Dinge zu kaufen, für die wir nicht genug Zeit haben, um sie auch zu schätzen oder zu nutzen.

Ist alles, was Sie kaufen, auch wirklich sein Geld wert? Brauchen Sie tatsächlich absolut alles, was Sie besitzen? Natürlich brauchen Sie Geld für ein Auto, Benzin, Steuern, Versicherung und Reparaturen, weil Sie zur Arbeit fahren müssen. Sie müssen sich auch ordentlich kleiden. Man erwartet von Ihnen, daß Sie am Gesellschaftsleben teilnehmen. Sie sparen für Geräte, die Ihnen Zeit und Mühe sparen, damit Sie Zeit haben, um zur Arbeit zu gehen und Geld zu verdienen ... Und so geht es immer weiter.

Es ist komisch und faszinierend, sich hinzusetzen und das Leben auf diese Weise zu untersuchen.

Was ich damit sagen will: Vergeuden Sie Ihr Leben nicht. Ich weiß, das ist nicht wirklich unsere Absicht, aber leider sind wir darauf programmiert zu glauben, daß wir leiden müssen, um etwas genießen zu können. Sie können nur dann Spaß haben, wenn Sie schwer arbeiten. Aber das stimmt für gewöhnlich nicht. Das Leben war nie als Kampf gedacht. Es kann Ihnen wunderbar gehen, wenn Sie einfach leben, solange Sie das nur zu schätzen wissen. Das ist alles, was notwendig ist.

Ich bin Realist. Ich versuche, niemals in meinem Leben etwas zu tun, das nicht gut ausgearbeitet und wohlüberlegt ist. Wenn ich dächte, daß Alkohol besonders nützlich für mich sei, würde ich jeden Abend durch die Kneipen ziehen. Aber im Augenblick meditiere ich lieber, weil ich weiß, daß es wirkt. Man kommt in eine andere Stimmung; der Schwerpunkt ist ein anderer, das Gefühl des Friedens ist anders, und darüber hinaus hat es keine Nachwirkungen! Keine Kopfschmerzen (oder Kater!) ... na ja, hin und wieder tun vielleicht die Knie weh ...

Es ist eine unglaubliche Welt, die sich auftut. Und wenn Sie allmählich bereit sind, dieses Reich zu betreten, sagen Sie vielleicht: „Danke, Mansukh. Sie haben alle meine Probleme bei der Arbeit und zu Hause verringert. Und Sie sagen, innere Einkehr und ein sinnvolles Leben wird all das ersetzen?"

„Ja", würde ich erwidern, „das sage ich. Aber ich sage Ihnen auch, daß Sie noch etwas anderes entdecken werden."

Wenn ich Ihnen sage, daß Sie ein Sklave sind, gefällt Ihnen das? Natürlich nicht. Wir wollen nicht zugeben, daß wir Sklaven sind. Tatsache ist aber, wenn der Boß "spring" sagt, müssen Sie springen, wenn das System „beweg dich" sagt, müssen Sie sich bewegen. Das System sagt, daß Sie gefeuert sind, wenn Sie zehn Minuten zu spät kommen. Wenn das System sagt, daß Sie nur zwei Wochen Urlaub bekommen, dann ist das so. Sie halten sich daran. Das ist verrückt, nicht wahr? Sie brauchen sich nur dazu zu entschließen, nicht zu warten, bis Sie fünfundsechzig sind, um voller Glück und Freude Ihre Pension zu genießen. So einfach ist das.

„Aber ich habe gar keinen Boß, der ‚spring' sagt", protestieren Sie eventuell. „Das ist wunderbar", würde ich Ihnen zustimmen. Es ist kein Fehler, seinen Job zu mögen, und vielleicht ist es der beste Job, den Sie bisher gefunden haben. Was aber, wenn es noch einen besseren gibt? Vielleicht wartet da etwas auf Sie, das Sie derartig erfüllt, daß Sie sich am Ende des Tages wirklich glücklich und zufrieden fühlen.

Wenn Sie arbeiten, dann wäre es gut, für etwas zu arbeiten, das unserem Planeten dient, anstatt ihn zu verschmutzen und zu zerstören. Wenn Sie Ihr Auto benutzen müssen, dann tun Sie es aus dem richtigen Grund. Wenn Sie Ihr Geld ausgeben, dann geben Sie es weise und sinnvoll aus.

Einheit verleiht Stärke

In der Einheit liegt eine ungeheure Stärke – wie meine Mutter uns Kindern immer wieder klarmachte, wenn wir stritten. Alles, was sie tat, war, sich zu bücken, einen Zweig aufzuheben und ihn mit ihren Händen zu zerbrechen. „Jetzt geht und holt mir mehr Zweige", sagte sie zu uns. Ich sammelte eine Handvoll, und sie nahm vier oder fünf und gab sie mir zurück. „Jetzt versuche, dieses Bündel Zweige zu zerbrechen", trug sie mir auf. Das konnte ich nicht. Einheit macht stark.

Diese Stärke besteht auch zwischen uns Menschen, wenn wir unsere Gemeinsamkeiten entdecken. Sie sehen, wie das funktioniert, wenn sich eine Gruppe von Menschen für einen bestimmten Zweck zusammenschließt – zum Beispiel, um eine Gruppe zu bilden, die für behinderte Kinder sorgt. Jeder leistet seinen ganz speziellen Beitrag, und so entsteht ein Kreis der Fürsorge, wobei das Ganze weit größer ist als die Summe seiner Teile.

Sie entdecken plötzlich die Würde, mit der jeder einzelne an der gemeinsamen Sache arbeitet. Es ist, als ob man zwanzig Kreise so zusammenfügt, daß genau in der Mitte eine Stelle ist, an der sie sich alle überlappen. Das ist die gemeinsame Grundlage. Hier liegt die ganze Stärke. Und dieses Band der Gemeinsamkeit – oder Menschlichkeit – besteht zwischen Ihnen und jedem einzelnen Menschen und wartet nur darauf, jedesmal, wenn Sie jemanden treffen, entdeckt zu werden. Es wartet nur darauf, nicht in zwanzig Jahren, sondern genau jetzt durch jede positive und liebevolle Begegnung gefestigt und gestärkt zu werden.

Wo suchen wir nach diesen gemeinsamen Kern? Meistens am falschen Ort! Deshalb kann es so lange dauern, bis wir ihn finden. Es kann sogar so lange dauern, daß es niemals geschieht. Warum? Weil wir geneigt sind, nach Übereinstimmungen bei unseren Hobbys, unserer Arbeit, unserem Lebensstil, unseren Vorlieben und Abneigungen zu suchen. Und wie wir wissen, können wir in diesen Bereichen unseres Lebens sehr unbeständig sein.

Wie viele Menschen behalten über Jahre hinweg denselben Job bei oder auch nur dieselben Ansichten über ihren Job? Die Menschen heiraten und glauben, daß sie alles gemeinsam haben. Nach zwanzig Jahren sind so viele unerwartete Unterschiede aufgetaucht, daß die gemeinsamen Interessen angesichts der neuen und sich ständig ändernden Konfliktbereiche unbedeutend werden. Eine wunderbare Freundschaft kann vielleicht gänzlich auf der gemeinsamen Leidenschaft für das Renovieren von Oldtimern beruhen. Wenn einer von beiden nach zehn Jahren die Begeisterung dafür verliert und sich für das Fahren von Rennwagen begeistert, ist das „unzerbrechliche" Band gefährdet.

Genau das passiert, wenn wir von Vorlieben und Abneigungen ausgehen und dabei vergessen, daß die Menschen die unberechenbarsten Wesen auf Erden sind. Warum? Weil der Geist nie ruhig ist. Die meisten von uns sind völlig überrascht, wenn sie erkennen, wie sehr sich unser Geist ständig ändert. Mögen Sie noch immer die Dinge, die Sie vor fünf Jahren mochten? Nein, Sie ändern sich. Haben Sie noch Kontakt zu den Freunden, die Sie vor zehn Jahren kennenlernten und denen Sie versprachen, ihnen für den Rest Ihres Lebens zu schreiben? Nein, denn Sie haben sich verändert. Alles ändert sich laufend. Das Leben ist eine ständige Veränderung. Und diese Veränderung führt zu einem interessanten Stand der Dinge.

Die gemeinsame Grundlage

Wir begegnen Menschen, und um einen zwischenmenschlichen Kontakt herzustellen, suchen wir nach der gemeinsamen Grundlage. „Welche Hobbys hast du?" fragen wir eifrig unsere neuen Bekannten. „Ich fotografiere gern", kommt die begeisterte Antwort. „Ist das nicht erstaunlich, ich auch. Wir müssen uns einmal gegenseitig fotografieren!" Und schon haben wir eine Beziehung hergestellt – das glauben wir zumindest. Aber was geschieht mit jenen Fotos, die so ausschlaggebend für die Festigung der Freundschaft waren? Sie wandern ins Fotoalbum, und dieser Akt hat etwas Endgültiges an sich, und auf dieselbe Weise kommt auch die Freundschaft ins Stocken.

Sobald wir erkennen, daß unser Handeln unsere Menschlichkeit verschleiert, statt sie zu enthüllen, haben wir keine andere Wahl, als unser gewohntes Verhalten und unsere Regeln aufzugeben und nach einer gemeinsamen universellen Wahrheit zu suchen, die beständig und am Leben ist – und die allen gemeinsam ist.

„So etwas gibt es doch gar nicht", lautet für gewöhnlich die Antwort auf diesen Vorschlag. Ich möchte aber behaupten, daß es das doch gibt, und wir können es nicht einfach erreichen, indem wir von der Existenz einer gemeinsamen menschlichen Grundlage wissen, sondern indem wir sie in uns selbst fühlen.

Wir planen vielleicht einen Urlaub. Wir schauen uns eifrig Prospekte oder die Fotos von Freunden an und schaffen in unserem Geist ein klares Bild davon, wie dieser Ort wohl sein wird. Doch wenn wir dann wirklich ankommen, stellen wir fest, daß er dem Paradies, das wir uns ausgemalt haben, ganz und gar nicht entspricht, also sammeln wir unsere eigenen Eindrücke. Am Ende der Woche hat sich jedoch sogar dieses Bild geändert. Und wenn wir im nächsten Jahr wieder an denselben Ort zurückkehren, kommt es uns vor, als wären wir schon dreimal dort gewesen, aber jedes Mal ist anders. Doch in der Verschiedenartigkeit gibt es eine Beständigkeit.

Diese Beständigkeit spüre ich in den Menschen. Ich verlasse mich nicht auf ihren Geist, denn der ist unzuverlässig. Sie sagen mir jetzt etwas, doch sobald sie aus der Tür gegangen sind, sagen sie schon etwas anderes. Aber ich weiß, ich kann mich auf das verlassen, was ich im Herzen der Menschen sehe, denn es ist das Herz, das ausschlaggebend ist. Und die Wahrheit, die dort wohnt, ist wie ein beständiger Leitstern, der seine Botschaft aussendet.

Diese Gemeinsamkeit entdeckt man nicht, indem man hierhin und dorthin hetzt, versucht, noch mehr Menschen kennenzulernen, mehr Recherchen durchführt, mehr Ansichten und Meinungen vergleicht und immer neue Themen studiert. Wenn wir unsere Suche auf diese Weise beginnen, erreichen wir nicht einmal die erste Stufe. Wir machen die Entdeckung nur dann, wenn wir uns auf den gegenwärtigen Augenblick konzentrieren.

Und wir müssen es jetzt tun. Warten Sie keine zwanzig Jahre, bevor Sie, auf einen Stock gestützt, zu mir zurückkommen und sagen: „Erinnern Sie sich an alles, was Sie uns vor all den Jahren gesagt haben? Nun, ich habe endlich erkannt, daß Sie recht hatten. Ich bin bereit zu beginnen." Der Haken dabei ist, daß bis dahin vielleicht die Alterssenilität eingesetzt hat und Ihr Geist nicht mehr imstande ist, die nötige Konzentration aufzubringen, um die Unwissenheit zu durchdringen und an den Toren der Wahrheit anzukommen. Natürlich bin ich auch dann mehr als bereit, auf jede erdenkliche Weise zu helfen. Ehrlich gesagt, ich biete eine sehr gute Gebißreinigung an, und bis dahin, fürchte ich, ist das vielleicht alles, was ich anbieten kann. Wir brauchen einander jetzt.

Meilensteine zum Erfolg

Wenn Sie sich auf Ihre Entdeckungsreise begeben, müssen Sie immer daran denken, daß alles, was Sie je in Ihrem Leben getan haben, und alles, was Ihnen je widerfahren ist, für das, was Sie jetzt tun, von Bedeutung ist.

Quälen Sie sich niemals damit, daß Sie viele Jahre oder Gelegenheiten vergeudet haben, denn nichts geht jemals verloren. Alles, was Sie hören, sehen oder tun, ist nützlich, wenn Sie es weise nutzen, wenn Sie Ihren Geist für die Ihnen gebotenen Möglichkeiten öffnen und die darin enthaltene Wahrheit erleben. Von diesem allerersten Meilenstein gehen Sie zum nächsten über, und dann zum nächsten, und weiter zum nächsten ...

Ihre eigene Erfahrung kann zum Beispiel dazu geführt haben, daß Sie zum überzeugten Vegetarier wurden. Alle Argumente, die für diese Lebensweise sprechen, haben einen tiefen Eindruck auf Sie gemacht, und indem Sie diese Prinzipien in die Praxis umgesetzt haben, hat Ihr Körper bestätigt, was Ihnen Ihr Verstand und Ihre Gefühle bereits gesagt haben. Es wäre jedoch äußerst unklug, einen Eskimo zu verdammen, weil er dreimal täglich Fisch ißt, solange Sie nicht selbst dort waren und sich davon überzeugt haben, daß er gar keine andere Wahl hat.

Es gibt immer einen Grund und eine Rechtfertigung dafür, was den Menschen in den verschiedenen Teilen der Welt widerfährt. Jeder einzelne Mensch ist ein Wesen der Liebe und der Wahrheit und hat dasselbe Recht, in Würde auf diesem Planeten zu leben, wie jeder andere, sei es ein Aborigine in der Wüste oder ein Geschäftsmann, der eine Melone trägt, mitten in London.

Die Botschaft lautet also: Lehnen Sie nichts von diesem unglaublichen Phänomen Leben ab, das sich ständig vor Ihnen auftut, und geben Sie sich alle Mühe, um die Entdeckung Ihres Lebens zu machen.

Machen Sie bei diesem Vorhaben die Zeit zu Ihrem Freund, denn Ihre Entdeckung wird nicht über Nacht kommen, und es kann sein, daß Sie sich auf Ihrem Weg häufig „stoßen" – so wie ein junger Mann, von dem ich unlängst hörte. Er hatte seinen Freund zu Gast, der einen riesigen Blumenstrauß auf dem Tisch bewunderte. „Meine Freundin hat sie mir geschenkt, weil sie mich so sehr liebt", erklärte er.

„Ja, sie sind schön", pflichtete sein Freund bei, „aber was ist mit deiner Stirn passiert? Wo hast du dich denn so gestoßen?"

„Oh, das ist passiert, als sie mir die Blumen gab", erwiderte er etwas verlegen. „Sie hat vergessen, sie aus dem Topf zu nehmen!"

Und genau das wird Ihnen passieren. Sie werden sich die ganze Zeit stoßen. Nehmen Sie jeden Stoß mit Würde und Mut entgegen, und lassen Sie sich nicht davon abschrecken. Selbst wenn Ihnen beim Meditieren die Beine weh tun! Halten Sie immer durch. Denken Sie daran: Nur der volle Einsatz bringt den vollen Sieg.

Wahres Verständnis

„Mansukh, komm, setz dich einen Augenblick zu mir." Ich drehte mich um und sah meinen Vater, der ruhig an seinem Lieblingsplatz vor unserem Haus saß. An Mamas Tätigkeiten im Haus konnte ich erkennen, daß es fast Zeit fürs Bett war, also folgte ich nur allzu gerne Papas Wunsch, um so meinen Tag so lange wie nur möglich zu verlängern.

„Setz dich." Papa deutete auf eine Stelle auf dem Boden direkt vor ihm. Eine Zeitlang sagte er gar nichts. Er saß einfach still, in sich gekehrt und mit geschlossenen Augen da. Nach einer Weile öffnete er sie und schaute mich an. „Was hast du denn heute so getrieben?" fragte er mich.

Meine Gedanken wirbelten durcheinander. Was wußte er? Wer hatte Geschichten über mich erzählt? Bestimmt konnte er noch nichts über den unglücklichen Vorfall mit dem Mann aus dem Nachbardorf wissen ... Als er mein Unbehagen spürte, streckte Papa seine Hand aus und tätschelte mir die Schulter. „Ist schon in Ordnung", sagte er sanft, „ich will dich nicht tadeln. Ich möchte nur, daß du darüber nachdenkst, was du gemacht hast. Beginne beim Aufstehen."

Beruhigt ließ ich meine Gedanken zu diesem wunderbaren Augenblick zurückwandern, als ich meine Augen geöffnet und die ersten Sonnenstrahlen erblickt hatte, die durch mein Schlafzimmerfenster schienen. Ich liebe diese Zeit des Tages. Begierig darauf, keinen einzigen kostbaren Augenblick eines weiteren schönen Tages zu versäumen, war ich aus dem Bett gesprungen und drehte mich zur Ecke um, in der mein älterer Bruder schlief. Ich wollte ihm meine Pläne für den Tag mitteilen. Meine Augen fielen auf eine Erhebung unter der Decke, die in etwa die Form meines Bruders hatte, der noch immer tief und fest schlief. Unerschrocken war ich durch das Zimmer gelaufen und auf ihn gesprungen. „Komm schon, es ist Zeit aufzustehen", sagte ich ausgelassen. „Lieg nicht einfach so da. Es gibt so vieles, was wir gemeinsam unternehmen könnten."

An dieser Stelle unterbrach mich Papa und stellte mir ein paar treffende Fragen. War es rücksichtsvoll gewesen, meinen Bruder auf diese Weise zu wecken? Hatte ich darüber nachgedacht, daß er bis spät in die Nacht gearbeitet hatte – lange nachdem ich schon geschlafen hatte –, um ein paar Pfennige zu verdienen, um unser mageres Familienbudget etwas aufzubessern, und daß er den Schlaf vielleicht brauchte? Was hatte ich in diesem ersten Moment getan, um meinem Bruder zu zeigen, wie sehr ich ihn und alles, was er für mich getan hat, schätzte? Fiel mir etwas ein, wie ich wieder gutmachen konnte, daß ich ihn so unsanft geweckt hatte? Wie würde ich morgen vorgehen?

Diese sanfte Befragung ließ mich wie angewurzelt stehenbleiben. Da war keine Verärgerung in der Stimme meines Vaters, nichts deutete auf eine bevorstehende Bestrafung hin, doch was er sagte, erweckte sehr intensive Gefühle in mir. Er hatte vollkommen recht. Ich hatte meine Gedanken und Taten nicht aus der Sicht eines anderen Menschen betrachtet.

Papa gab mir zu verstehen, daß ich meinen „Tagesrückblick" fortsetzen sollte. Alles, was ich erwähnte – wie alltäglich es auch schien –, zog einige entsprechende Fragen nach sich. Schritt für Schritt führte Papa mich durch meinen Tag, half mir, meine Gedanken- und Verhaltensmuster zu analysieren, und jedesmal, wenn ich etwas nicht zufriedenstellend fand, forderte er mich dazu auf, es durch etwas Positiveres und Liebevolleres zu ersetzen. Zu keiner Zeit gab es auch nur eine Spur der Mißbilligung oder Kritik über das, was ich gesagt oder getan hatte, sondern nur den sanften Anstoß dazu, meine Sicht der Dinge etwas zu verändern.

„Ich möchte, daß du das jetzt selbst jeden Tag machst", sagte Papa schließlich zu mir, nachdem wir unsere Analyse beendet hatten. „Jeden Abend, bevor du schlafen gehst, setze dich eine Weile allein hin. Blicke auf deinen Tag zurück. Immer wenn du auf etwas stößt, das du ändern möchtest, ersetze es vor deinem geistigen Auge durch etwas Freundlicheres, Kreativeres oder Liebevolleres, und laß alles los, was du nicht behalten willst. Stell dir vor, daß du die Situation auf die neue Weise wiederholst, und nimm dir für den nächsten Tag vor, daß dein ‚neues Selbst' das ‚alte Selbst' beherrscht. Gehe mit diesen Gedanken in deinem Geist schlafen, und du wirst erstaunt darüber sein, wie anders du den Dingen am Morgen gegenüberstehst.

Am folgenden Abend mußt du den Tag auf genau dieselbe Weise überdenken, und beobachte, wie sich dein Verhalten aufgrund deiner inneren Einkehr verändert hat. Natürlich", fügte er mit einem Augenzwinkern hinzu, „ist es möglich, wenn ich nicht da bin, um dir zu helfen, daß du, wenn du dich am Abend hinsetzt, schnell zu dem Schluß kommst, daß du ein wahrer Engel bist, der gerade vom Himmel gefallen ist, um der Welt zu helfen. Wenn das geschieht, halte einfach durch, und mit der Zeit wirst du die Wahrheit erkennen und ein wenig mehr wie ich werden!"

Seit jenem Tag habe ich diese Methode der inneren Einkehr täglich ausgeübt, und ich weise alle meine Schüler an, dasselbe zu tun. Als Hilfsmittel, das uns dabei unterstützt, uns selbst besser zu verstehen, ist es unvergleichlich.

Langfristige innere Einkehr

Die meisten von uns haben eine fest verankerte Auffassung davon, was Liebe für sie bedeutet. Es ist ein Wort und eine Vorstellung, die uns unser ganzes Leben lang versorgt und beschützt hat, und unser Begriff von Liebe ist zu einem heiligen Symbol in unserem Herzen und unserem Geist geworden. Wenn wir allerdings unsere Mutmaßungen näher untersuchen, wird sich herausstellen, daß das meiste, was wir für Liebe halten, gar keine Liebe ist. Um jemanden wirklich zu lieben, müssen wir uns von unseren vorgefaßten Meinungen und Ängsten distanzieren und uns selbst ein paar entsprechende Fragen stellen.

Das erste Mal wurde mir dies klar, als ich noch sehr jung war und meiner Mutter eine Frage stellte, von der ich glaubte, daß sie ganz eindeutig wäre und ich nicht wirklich eine Antwort brauchte. „Mama, bist du glücklich darüber, wie ich bin?" fragte ich sie.

„Nein", antwortete sie, ohne zu zögern, „du bist ein echter Quälgeist. Warum kannst du nicht normal sein?"

„Aber du wärst zufrieden mit mir, wenn du heute sterben würdest, nicht wahr?" bohrte ich weiter, „weil du weißt, daß ich ganz in Ordnung bin, nicht wahr?"

„Nein, das weiß ich nicht. Eigentlich würde ich sehr unzufrieden sterben." Ihre Antwort schlug ein wie eine Bombe. Zugegeben, ich war manchmal ein kleines Ekel und stellte allerlei schreckliche Dinge an, als wir noch in Kenia lebten, aber irgendwie hatte ich angenommen, daß das alles Mama nicht wirklich berühren würde und daß zwischen uns immer alles in Ordnung wäre. Offensichtlich mußte ich das nochmals überdenken. Plötzlich war es mein größter Wunsch, mich selbst so zu verändern, daß ihre Antwort positiv ausfallen würde. Ich wünschte mir so sehr, daß sie zufrieden mit mir wäre.

Viele Jahre später, als wir nach England gezogen waren, kam ich nach meinem ersten Jahr an der Universität heim. Ich erinnere mich so gut an jenen Abend. Ich schaute sie an, als wir uns gemeinsam hinsetzten. Dieser Eindruck einer wunderschönen alten Frau mit ihrem faltigen Gesicht und ihrem Sari ist noch immer stark in mir verhaftet.

„Mama", sagte ich, nachdem wir unser Mahl beendet hatten, „wärst du zufrieden, wenn du heute sterben würdest?"

„Ja, ich wäre zufrieden." Sie sagte es so ruhig und so einfach, aber diese Antwort berührte mich zutiefst. Etwas Unerklärliches geschah in mir. Meine Mutter hatte ein Strahlen in meinen Augen wahrgenommen – ein Strahlen, das zuvor nicht dagewesen war und das mein inneres Wachstum widerspiegelte. Das war es, was sie sehen wollte und was ich endlich erreicht hatte.

Diesen Vorgang könnte man ‚langfristige innere Einkehr' nennen. Er hatte begonnen, als ich noch ein kleiner Junge war, und meine ständigen Anstrengungen hatten gerade erste Früchte getragen. Die Auswirkungen der inneren Einkehr sind kumulativ. Alles, was wir tun, beruht auf dem Gesetz von Ursache und Wirkung, und jede Tat, die wir vollbringen, zeigt nicht nur unmittelbare Resultate, sondern hat eine Auswirkung auf unser ganzes Leben.

Vergessen Sie das nicht. Es wirkt sich auf das ganze Leben aus. Halten Sie einen Augenblick lang inne, und denken Sie darüber nach.

Das Gesetz von Ursache und Wirkung

Den meisten von uns sind die vollen Auswirkungen all dessen, was wir tun, gar nicht bewußt. Haben Sie jemals mit jemandem gesprochen, der sich an etwas erinnerte, das Sie vor über zehn Jahren gesagt haben und das einen sehr tiefen Eindruck hinterlassen oder vielleicht sogar das Leben dieser Person verändert hat? Das zeigt uns doch deutlich, daß die Dinge, die wir sagen und tun, in einer Weise von Bedeutung sind, an die wir vielleicht nicht einmal im Traum dachten. Alles ist ein Kontinuum all dessen, was geschieht. Wenn wir das wissen, haben wir gar keine andere Wahl, als dafür zu sorgen, daß alles, was wir tun, zu einem positiven und erfolgreichen Ergebnis führen kann.

Wenn ich einen Stein zwischen meinen Fingern halten würde und ihn dann loslassen soll, würde er mir aus der Hand fallen. Und das ist in Ordnung. Entsprechend den Gesetzen der Natur sollte sich der Stein unter diesen Umständen genauso verhalten. Wenn ich allerdings diesen Stein aufhebe, meine Hand öffne und ihn bitte, nicht hinunterzufallen, wäre das eine andere Sache. Alles, was ich damit erreiche, ist, daß ich zehn Sekunden meines Lebens vergeude, weil ich etwas versuche, das gar nicht im Rahmen des Möglichen liegt.

Damit hätte ich auch meinen „unsichtbaren Tagesplan" um zehn Sekunden durcheinander gebracht. Wenn es mir also bestimmt gewesen wäre, an jenem Tag jemanden kennenzulernen, könnte ich dieses Treffen wegen der verlorenen zehn Sekunden verpassen. Die Auswirkungen einer Nachlässigkeit in unserem Denken sind so weitreichend, daß wir sie uns nicht einmal für einen Augenblick lang leisten können.

Weisheit entsteht

Ein lustiges Paradoxon besagt, daß die Verwirrung die letzte Station vor der Weisheit ist. Durch wahres Verständnis lernen wir allerdings unsere Taten so umsichtig zu gestalten, daß wir potentielle schmerzliche Situationen vermeiden. Beim folgenden kleinen Szenario werden Sie wahrscheinlich Parallelen zu Ihrem eigenen Leben entdecken.

Sie fahren fröhlich in Ihrem Auto dahin und freuen sich schon auf die wohlverdiente Erholung am Meer, als ein LKW plötzlich um die Ecke biegt und Ihnen auf der falschen Straßenseite entgegenkommt. Der Fahrer reißt das Steuer herum, schafft es aber nicht ganz, Ihnen auszuweichen, und die hintere Stoßstange Ihres wunderschönen neuen Autos ist plötzlich unansehnlich verformt. Wütend springen

Sie aus Ihrem Auto, beschimpfen den schuldigen Fahrer und denken sogar an physische Gewalt. Als Ihr ‚Gegner' aus dem LKW steigt, heben Sie schon Ihren Fuß, um nach ihm zu treten, als Ihnen plötzlich etwas klar wird. Dieser Mann ist doppelt so groß wie Sie, und wenn Ihr Fuß seine Bewegung mit dieser Geschwindigkeit in diese Richtung fortsetzt, dann könnten die Folgen recht verhängnisvoll sein.

Wenn Ihre Wut jetzt die Oberhand gewinnt, wird Ihr Fuß seine geplante Bahn fortsetzen ... Sollte es Ihnen in diesem kritischen Augenblick jedoch gelingen, sich wieder zu fassen, werden Sie sich Ihr Gegenüber ansehen, eine 180-Grad-Wendung mit diesem Fuß machen und den Schauplatz einfach verlassen – mit einem Lächeln der Erleichterung.

Das ist keine Angst, das ist Verständnis. Das chinesische Wort für ‚Krise' besteht aus zwei Zeichen. Das eine steht für Gefahr und das andere für Gelegenheit. Sobald Ihre Weisheit zunimmt, wird Ihnen klar werden, daß alles, was Ihnen widerfährt – ob es Ihnen gefällt oder nicht –, zu einem sehr positiven Ergebnis führen kann. Im dem Augenblick, in dem das Ereignis stattfindet, erkennen Sie die Anzeichen dafür vielleicht nicht, aber sie sind dennoch vorhanden.

Mit dem Verständnis und der Geduld kommt auch die Fähigkeit, ‚unwillkommene Ereignisse' willkommen zu heißen und der Person zu danken, die Sie scheinbar verletzt hat. Sie werden wissen, daß unter der rauhen Oberfläche ein perfekt verpacktes Geschenk liegt, das genau das ist, was Sie in diesem Stadium Ihres Lebens brauchen.

Sanft vorgehen

Durch die innere Einkehr lernen wir auch, unseren Umgang mit anderen zu verbessern. Sehr oft passiert es, je nach Ihrer eigenen Situation, daß Sie ein Thema anschneiden müssen, das sich als sehr schmerzlich für die andere Person herausstellen kann. Das Thema ist vielleicht so heikel, daß es uns vorkommt, als ob wir mit dem Feuer spielten. Wenn wir allerdings vorsichtig sind, kann es uns gelingen, so sanft vorzugehen, daß wir uns nicht die Finger verbrennen.

In dieser Hinsicht können wir viel vom Tierreich lernen. Wir haben eine Katze, die unermüdlich Vögel jagt. Um zu verhindern, daß die lokale Vogelpopulation noch weiter dezimiert wird, habe ich ihr eine Glocke um den Hals gebunden. Jetzt schleicht sie sich sehr sachte und leise an ihre Beute heran, doch wenn sie zuschlägt, läutet die Glocke, und die Vögel sind verschwunden. Trotzdem gibt sie niemals auf. Sie versucht es weiterhin, in der Hoffnung, daß die Glocke eines Tages nicht läuten wird oder daß einer der Vögel taub ist!

Das ist unserer Beziehung zu anderen Menschen sehr ähnlich. Uns ist klar, daß sie das, was wir ihnen zu sagen haben, verstimmen kann, also versuchen wir geschickt und freundlich zu sein und unsere Sensibilität, die wir durch die stille Meditation entwickeln, einzusetzen. Zum Glück gibt es viele Techniken, die uns dabei helfen, unsere Wut und Erregung umzuwandeln. Die gute Nachricht ist, daß manche davon äußerst einfach sind. Wir brauchen nichts anderes zu tun, als mit Hilfe unseres angeborenen Willens unseres Wechsels in der Stimmung gewahr zu werden. Eine solche Technik, die jeder ausüben kann, hat mit der Atmung zu tun. Machen wir uns nun einige Minuten lang mit ihr vertraut.

Die Atmung und der Geist

Setzen Sie sich bequem hin, und werden Sie sich des Atemvorgangs bewußt, der ständig in Ihrem Körper abläuft. Es ist vielleicht sogar das erste Mal seit Jahren, daß Sie diese ständige Ebbe und Flut, die Tausende Male pro Tag stattfindet, bewußt wahrnehmen. Genießen Sie diese Erfahrung einen Augenblick oder zwei.

Achten Sie jetzt darauf, wie sich der Atem in Ihren Nasenlöchern beim Ein- und Ausatmen anfühlt. Als erstes wird Ihnen vielleicht das Geräusch des Ein- und Ausatmens bewußt. Als zweites bemerken Sie vielleicht die Temperatur der Luft, die Ihre Lebenskraft darstellt. Wenn Sie einatmen, ist die Luft kühl, wenn sie die Seiten Ihrer Nasenlöcher berührt, aber beim Ausatmen ist die Luft, die von

Ihrem Körper erwärmt wurde, warm und sanft, wenn Sie Ihre Haut berühren. Wenn Sie imstande sind, sich etwas länger zu konzentrieren, bemerken Sie eventuell, daß Sie für gewöhnlich etwas länger aus- als einatmen. Beobachten Sie dieses Phänomen eine Zeitlang, ohne es auf irgend eine Weise zu beeinflussen.

Wenn Ihre Wahrnehmung und Ihre Konzentration sich vertiefen, werden Sie sich der subtileren Aspekte der Atmung bewußt. Richten Sie Ihre Aufmerksamkeit als nächstes darauf, wie stark Sie mit jedem Nasenloch ein- und ausatmen. Bemerken Sie einen Unterschied zwischen den beiden Seiten? Wenn Sie es nicht deutlich spüren können, legen Sie Ihre Hand an die Öffnung der Nase. Wenn Sie noch immer nicht sicher sind, atmen Sie etwas stärker, und bewegen Sie Ihre Hand, so daß sie verschiedene Winkel zur Nase einnimmt, bis Sie wahrnehmen, daß Sie durch beide Nasenlöcher unterschiedlich stark ausatmen.

Sie werden höchstwahrscheinlich herausfinden, daß Sie auf einer Seite stärker als auf der anderen ausatmen, und Sie sind wahrscheinlich erstaunt darüber, zu entdecken, daß es sich dabei um einen natürlichen Zyklus handelt. Die Atmung wechselt tatsächlich ungefähr alle eineinhalb Stunden vom linken zum rechten Nasenloch und wieder zurück – und das, seit Sie geboren wurden.

Noch interessanter ist – was die meisten Menschen auch nicht wissen –, daß dieser Zyklus unseren Gemütszustand beeinflußt. Die rechte Seite ist die starke, aktive, maskuline Seite – die „Shiva"-Seite –, während die linke Seite die ruhigere, weit femininere Seite ist – der „Shakti"-Aspekt. Folglich passiert es uns eher, daß wir in Wut geraten, während wir überwiegend durch das rechte Nasenloch atmen.

Wenn Wut in Ihnen aufsteigt, fragen Sie sich selbst: „Atme ich durch das rechte Nasenloch? Wäre es besser, durch das linke zu atmen?"

„Ja", wäre die eindeutige Antwort. Aber wenn es sich um einen natürlichen Zyklus handelt, was nützt es uns dann, das zu wissen? Zum Glück handelt es sich um einen Zyklus, der beeinflußt werden kann, wenn man weiß, wie. Und in diesem speziellen Fall geht das ganz unkompliziert. Legen Sie einfach Ihre rechte Faust in Ihre linke Achselhöhle, drücken Sie sie mit dem linken Oberarm zusammen, und halten Sie sie damit fest. Sehr bald werden Sie bemerken, daß Ihr Atem die Seiten wechselt. Statt Ihrer Faust können Sie auch so etwas wie ein zusammengerolltes Handtuch verwenden, wenn Sie möchten. Rollen Sie es zu einem festen Zylinder zusammen, und halten Sie diesen eine Zeitlang unter Ihre linke Achselhöhle.

Natürlich erfordert es etwas Einfallsreichtum, um Strategien zu entwickeln, die Sie auch anwenden können, wenn jemand vor Ihnen steht und unangenehme Schwingungen in Ihre Richtung schickt. Stellen Sie sich vor, daß Ihnen Ihr Boß unmißverständlich zu verstehen gibt, daß er über Ihre Leistungen in dieser Woche ganz und gar nicht erfreut ist.

„Also wirklich, John, ich glaube, mir ist in meinem ganzen Leben noch nie solche Inkompetenz begegnet ... warum halten Sie Ihren Arm unter Ihre Achselhöhle?"

„Oh, nur damit ich Sie nicht damit schlage!"

Der Schock über ein solch exzentrisches Verhalten könnte ausreichen, um den Ärger zu zerstreuen! Andererseits könnten Sie sein Mitgefühl erwecken, wenn er glaubt, daß Sie gerade einen Herzanfall haben und sich voller Schmerz die Brust halten.

Dieses Wissen läßt sich noch eine Stufe weiter ausbauen. Wenn Sie jemals in Ihrem Leben eine Phase haben, in der Ihre Atmung mehrere Stunden lang auf derselben Seite bleibt, dann ist das ein sicheres Zeichen für ein Ungleichgewicht. Bestimmte Krankheiten sind auf übermäßiges Atmen auf der rechten Seite zurückzuführen und andere auf Atmen auf der linken Seite. Wenn Sie das nächste Mal leichte Kopfschmerzen spüren, merken Sie sich, auf welcher Seite Sie atmen, und benutzen Sie die oben beschriebene Methode, um auf die andere Seite zu wechseln. Es wird nicht lange dauern, bis die Kopfschmerzen zurückgehen. Bei mir funktioniert das immer.

Ihr gesunder Körper macht das normalerweise von selbst. Wenn Sie mit dieser Methode die Atmung bewußt auf die andere Seite verlagern, beschleunigen Sie den Vorgang. Eine ausgeglichene Atmung bringt sowohl dem Körper als auch dem Geist Ausgeglichenheit. In diesem Zustand der ausgewogenen Atmung kann sich nichts negativ auf uns auswirken.

Wechselatem

Ich möchte Ihnen noch eine weitere Technik vorstellen, die Ihnen dabei hilft, das Gleichgewicht in Ihrer Atmung aufrecht zu erhalten – eine der traditionellen Methoden, die von ayurvedischen Ärzten bereits seit undenklichen Zeiten erfolgreich angewendet wird. Der Sanskrit-Begriff für diese Atemtechnik lautet „Nadi Sodhana". Übersetzt bedeutet das, abwechselnd durch beide Nasenlöcher zu atmen. Es ist eine Technik, die ich allen meinen Schülern beibringe, und ich ersuche sie, sie jeden Tag zu üben, besonders vor dem Meditieren. Probieren Sie es selbst aus, und Sie werden sofort bemerken, wie ausgeglichen und konzentriert Sie sich fühlen.

Setzen Sie sich bequem mit aufrechtem Rücken hin. Schließen Sie Ihre Augen, und entspannen Sie Ihren Körper. Mit dem Daumen und dem Ringfinger Ihrer rechten Hand werden Sie jetzt abwechselnd das linke und dann das rechte Nasenloch beim Atmen zuhalten. Lassen Sie die beiden Finger von der Nasenwurzel aus über das Nasenbein bis zum weichen Teil des Nasenflügel heruntergleiten. Durch einen sehr leichten Druck können Sie hier ganz einfach die Nasenlöcher zuhalten. Zeige- und Mittelfinger können entweder auf Ihrer Stirn ruhen oder entspannt in ihrer Hand liegen.

Lassen Sie Ihre Finger in dieser Position und drücken Sie sanft mit dem Ringfinger, so daß Sie das linke Nasenloch zuhalten, während Sie durch das rechte einatmen. Halten Sie das linke Nasenloch noch immer zu, atmen Sie aus und dann noch einmal durch das rechte ein. Halten Sie den Atem für den Bruchteil einer Sekunde lang an, während Sie Ihren Finger vom linken Nasenloch nehmen und das rechte zuhalten, indem Sie mit dem Daumen leicht darauf drücken. Atmen Sie weiter, indem Sie durch das linke Nasenloch ausatmen, einatmen, ausatmen und noch einmal einatmen, dann die linke Seite zuhalten und die rechte öffnen, damit Sie ausatmen können.

Fahren Sie nach diesem Muster fort. Jedesmal, wenn Sie die Seiten wechseln, machen Sie zwei volle Atemzüge, wobei Sie mit dem Ausatmen beginnen und mit dem Einatmen enden. Beim abschließenden Atemzug schließen Sie das linke Nasenloch und atmen einmal durch das rechte aus. Senken Sie Ihre Hand und beginnen Sie sogleich mit Ihrer Meditation.

Atemübungen wie diese sind, obwohl sie sehr einfach erscheinen mögen, ungeheuer wirksam. Erzwingen Sie nichts, und hören Sie immer auf, bevor Sie müde werden. Am Anfang kann es sein, daß Sie diesen Punkt sehr schnell erreichen. Haben Sie Geduld. Mit etwas Übung werden Sie länger durchhalten. Vorläufig halten Sie aber inne, sobald Sie ermüden, und atmen Sie eine Zeitlang normal, bevor Sie abwechselnd durch beide Nasenlöcher weiteratmen. Wenn Sie diese Atemtechnik ein paar Mal jeden Tag einüben, wird sich Ihr physisches, mentales und emotionales Gleichgewicht für den ganzen Tag verändern.
Denken Sie daran, Atem ist Leben.
Wenn Sie sich mit einfachen Atemtechniken wie dieser genauer beschäftigen möchten, darf ich Sie auf die Dru Yoga Videoreihe verweisen.

Leben Sie bewußter

Unsere Phasen der inneren Einkehr sind unbedingt notwendig, um unser Leben sinnvoller zu gestalten – nicht in dem Sinne, daß wir materiellen Wohlstand oder Ruhm erwerben, sondern einen inneren Reichtum entwickeln. Mit diesem Reichtum entsteht ein Gefühl der inneren Stärke. Sie werden keinen Heiligenschein tragen und auch keine Flügel, aber Sie werden eine innere Würde ausstrahlen. Sie werden es zu schätzen wissen, daß Sie in Ihrem Körper sind, der es ihnen ermöglicht, zu sehen, zu hören, zu sprechen und zu fühlen, und Ihre Ruhelosigkeit wird angesichts dieser Gnade völlig verschwinden.

Spirituelles Wachstum erfordert, daß man alle vorgefaßten Ansichten ablegt. Jedesmal, wenn wir etwas tun, müssen wir es so machen, als ob es das erste Mal wäre. Obwohl es uns vorkommen mag, als ob wir dasselbe schon vielmals getan hätten, müssen wir jedesmal völlig unvoreingenommen an die Sache herangehen.

Lassen Sie mich das näher erläutern. Ein Mann klopfte an die Tür eines Ashram (Ort spiritueller Gemeinschaft). Ein Diener öffnete die Tür und fragte, was er für den Mann tun könne. „Ich bin Professor Akeno von der Universität Tokio", antwortete der Besucher und übergab seine Visitenkarte. „Könnten Sie diese Karte bitte Ihrem Meister übergeben und ihm sagen, daß ich ihn sehen möchte."

Der junge Mann nahm die ihm angebotene Karte, brachte sie seinem Meister und verkündete: „Da ist jemand, der Sie sehen möchte. Hier ist seine Karte." Nachdem er die Karte kurz angeschaut hatte, gab der Meister sie zurück.

„Ich kenne diesen Mann nicht", erklärte er. „Sag ihm, er soll wieder gehen."

Diese Botschaft wurde dem ziemlich überraschten Professor überbracht, der das Zentrum schon des öfteren besucht hatte. Er studierte seine Karte, und allmählich dämmerte ihm, was da vorging. Er nahm seinen Stift heraus, strich das Wort „Professor" durch und gab sie dem jungen Mann zurück, um sie erneut seinem Meister zu bringen.

„Meister", sagte er, „der Mann ist noch immer an der Tür. Er bat mich, Ihnen das zu geben."

„Oh, der", sagte der Lehrer, „jetzt weiß ich, wer das ist. Führe ihn herein."

Titel sind überhaupt nicht wichtig. Sie sind als Mensch hier, egal welche Qualifikationen oder welchen Reichtum Sie besitzen. Nichts außer Ihrer Menschlichkeit zählt, und wenn diese bei Ihrem Auftreten zum Vorschein kommt, dann wird plötzlich Ihre ganze Präsenz von Leben erfüllt.

Unsere Tasse läuft über

Unser ‚Ex-Professor' setzte sich also vor seinen Lehrer hin.

„Was kann ich für Sie tun?" fragte dieser.

„Meister, ich brauche Ihre Hilfe. Ich brauche Führung und Unterstützung", war die Antwort.

„Ich glaube, wir trinken erst mal eine Tasse Tee", beschloß der Lehrer. „Möchten Sie auch eine?"

Zwei Tassen wurden auf einem Tablett hereingebracht – eine für den Besucher und eine für seinen Lehrer, der die Kanne nahm und einzugießen begann. Die Tasse war bald voll, doch zur Überraschung unseres Freundes goß der Lehrer weiter ein. Bald lief der Tee in die Untertasse und dann auf das Tablett und über den ganzen Tisch. Kurz bevor er auf den Boden lief, konnte sich der Professor nicht länger zurückhalten. „Stop", rief er, „in der Tasse hat nichts mehr Platz. Sie läuft bereits über."

Der Meister lächelte. „Mein lieber Freund", erwiderte er, „genau das passiert mit Ihnen. Ihr Herz und Ihr Geist sind bereits derart mit Ihrem Wissen vollgestopft, daß kein Platz mehr für etwas anderes ist. Sie haben mich um Hilfe gebeten, doch wenn ich versuche, noch mehr Wissen und Weisheit in Sie hineinzustopfen, werden Sie überlaufen. Darf ich Ihnen vorschlagen, daß Sie etwas Zeit damit verbringen, Ihre Tasse zu leeren, dann kann ich sie vielleicht für Sie füllen."

Wir kehren also zum Glas Wasser zurück. Wir haben bereits im ersten Kapitel gelernt, daß wir hier auf dieser Erde sind, um unser Glas aufzufüllen. Jetzt wird uns allmählich klar, daß wir es erst einmal leeren müssen, bevor wir mit dieser Aufgabe überhaupt beginnen können – und ein verschlossenes Glas läßt sich gar nicht so leicht leeren. Es ist sogar unmöglich, es zu leeren. Wir können den Inhalt des Glases vielleicht gar nicht klar erkennen, weil er so sehr ein Teil von uns geworden ist. Da sind all die Strategien, die wir über die Jahre hinweg entwickelt haben, um uns vor Schmerz und Leid zu schützen. Jetzt ist es an der Zeit, sie loszulassen. Öffnen Sie sich neuen Erfahrungen und Veränderungen. Befreien Sie sich von all den überholten Vorstellungen, und lassen Sie das Wasser des Lebens frei durch sich hindurchfließen.

Der Prozeß der Veränderung ist bereits voll im Gange. Sind Sie bereit, den nächsten Schritt mit mir zu machen?

*Die Macht
der Gedanken*

Solange wir nicht lernen, uns die enorme und ungeahnte Macht unserer Worte und Taten zu erschließen, verwehren wir uns selbst die Möglichkeit, uns zu verändern und unser ganzes Potential als Menschen zu entwickeln.

Die meisten von uns glauben, sich selbst ganz gut zu kennen. So häufig hören wir den Satz: „Ich war schon immer so", „Ich bin von Natur aus so" oder „Man kann sein Wesen nicht verändern, nicht wahr?" Sollten Sie sich selbst jemals dabei ertappen, daß Sie diese Worte sagen, lautet mein Rat: „Denken Sie noch einmal nach." Überlegen Sie sehr sorgfältig, was Sie in diesem Augenblick sagen und tun, denn es trägt dazu bei, Ihre Zukunft zu gestalten.

Vor etwa zweitausend Jahren sagte ein Mann voraus, daß sich seine Lehren über die ganze Welt verbreiten würden. Er sprach so überzeugend und glaubwürdig, daß selbst jene Menschen, die seine Worte damals bezweifelten, in ihrer Selbstgefälligkeit erschüttert wurden. Für uns ist das heutzutage sehr wichtig geworden, denn jene Worte sind tatsächlich wahr geworden.

Denken Sie auch an den großen indischen Mystiker Kubare. Als einfacher Mann ohne großen materiellen Besitz grübelte er darüber nach, was er als Vermächtnis an die Zukunft hinterlassen könnte. Die Lösung wurde ihm bald klar. Er fand eine passende Stelle und grub mit seinen Händen ein Loch in den Boden. Aus seinem kleinen Beutel nahm er etwas Samen, legte ihn in das Loch und deckte ihn wieder mit Erde zu. Heute steht an jener Stelle ein riesiger Banyan-Baum, der etwa 15.000 Menschen Schutz bieten kann. Er ist einen Besuch wirklich wert. Welche Macht doch hinter dieser einen einfachen Tat steckte, die ein einziger Mann vor mehreren hundert Jahren vollbrachte!

Versetzen Sie sich in das Armenviertel einer großen Stadt. Ein verängstigtes kleines Hündchen duckt sich vor einer Gruppe junger Burschen, die es mit einem Stock schlagen. Ein junges Mädchen kommt vorbei. Sie hat Mitleid mit dem kleinen Hündchen, und ihr Wunsch, die hilflose Kreatur vor ihren Angreifern zu schützen, ist so stark, daß sie ihre Angst überwindet. Sie befreit das Hündchen, nimmt es mit nach Hause, verbindet es und pflegt es wieder gesund. Dieses kleine Mädchen wurde später in der ganzen westlichen Welt als Florence Nightingale bekannt.

Oft ist völlig schleierhaft, was einen Menschen dazu treibt, so über sich hinauszuwachsen. Wir wissen nicht, welche Veranlagungen ein solcher Mensch in sich hat. Vielleicht ist es jetzt an der Zeit, darüber nachzudenken, daß wir alle die Fähigkeit in uns haben, weit Größeres zu leisten, als wir es je für möglich hielten. Wir können vielleicht die Früchte unserer Taten noch nicht in unserem eigenen Leben ernten, aber wir können den Vorgang in die Wege leiten.

In jedem von uns ruht dieses Potential und wartet nur darauf, durch einen einfachen Vorfall im Leben wachgerufen zu werden – vielleicht durch ein paar Worte oder Gedanken. Wenn Sie diese Kraft in sich noch nicht entdeckt haben oder wenn sie sich erst teilweise entfaltet hat, dann ist es jetzt Zeit, sich selbst eine ernsthafte Frage zu stellen. „Warum kann ich keinen Baum pflanzen, unter dem Tausende von Menschen Schutz finden? Warum ist es mir noch nicht gelungen, diese Möglichkeit so real wie meinen Herzschlag werden zu lassen?" Ich kann Ihnen versprechen, daß das für niemanden unmöglich ist. Vertrauen Sie auf sich selbst.

Die Macht des Gebets

John hatte einen Traum. Er wollte ein Waisenhaus bauen, um Kindern wie ihm, die aus zerrütteten Familienverhältnissen kamen, Unterkunft, Glück und eine sichere Zukunft zu geben. Und tatsächlich entstand am Ende des letzten Krieges irgendwo in den Hügeln von Südwales ein Waisenhaus. Er setzte alles daran, um sein Vorhaben in die Tat umzusetzen. Viele kleine Kinder kamen zu ihm und wurden liebevoll von seinen Mitarbeitern betreut. John beaufsichtigte jeden und jede Aufgabe wachsam, voller Mitgefühl und Einsicht. Viele Jahre lang ging alles gut. Die Kinder waren glücklich, und alle ihre Bedürfnisse wurden erfüllt.

Dann kam ein Jahr, in dem John härter auf die Probe gestellt wurde als je zuvor. Sein ganzes Geld ging ihm aus. So sehr er sich auch bemühte, er kam einfach nicht über die Runden, und es war kein Geld mehr da, um die Rechnungen zu bezahlen.

An einem Wintermorgen kamen alle Kinder wie üblich herunter, als die Glocke zum Frühstück läutete. Die Köche hatten John bereits darüber informiert, daß die Schränke leer waren. Es war absolut kein Essen mehr in der Vorratskammer. Er hatte allerdings darauf bestanden, daß die Glocke wie gewöhnlich zum Frühstück geläutet wurde. Um sieben Uhr dreißig saßen also alle – Kinder und Mitarbeiter – an ihren Tischen. Das Tischgebet wurde gesprochen. Die Erwachsenen konnten es nicht glauben. „Was ist denn mit ihm los?" flüsterten sie einander zu. „Hat er nicht verstanden, was ihm die Köchin gesagt hat?"

„Vielleicht ist er unter dem Druck zusammengebrochen", lautete die besorgte Antwort. Im Zimmer wurde es still, als das Gebet vorbei war. Die Hausmutter, die neben John saß, blickte ihn besorgt an. Sie räusperte sich und beugte sich zu ihm hin. „John", flüsterte sie ein wenig nervös, „hast du vergessen, daß wir nichts mehr zu essen haben?"

John rührte sich nicht. Er öffnete nicht einmal seine Augen. „Betet einfach weiter", antwortete er leise. Einstimmig rezitierten sie also alle das Vaterunser. „Beten wir es noch einmal", sagte John, als das Gebet zu Ende war. Das taten sie immer und immer wieder. Die Kinder fragten sich, was um aller Welt denn da vorging. Sie sprachen dasselbe Gebet bereits seit einer halben Stunde.

Genau zu dieser Zeit war der örtliche Bäcker unterwegs, um die Bestellungen auszuliefern. Als er am Taleinschnitt vorbeikam, wo sich das Waisenhaus befand, hatte sein Lieferwagen eine Panne. Er stieg aus und versuchte, ihn zu reparieren, doch ohne Erfolg. Als er den Weg entlang ging, kam er zum Waisenhaus. Man bat ihn hinein und wies ihm einen Sessel am Ende des Tisches zu. Das Vaterunser wurde wieder gesprochen, und nach zehn Minuten flüsterte der etwas verdutzte Besucher seinem Nachbarn zu: „Was ist denn hier los?"

„Wir beten seit einer Stunde", lautete die Antwort. „Wir haben kein Essen für die Kinder, und der Mann, der das Waisenhaus leitet, sagt, wir sollten einfach weiterbeten."

„Ihr habt also nichts zu essen?" fragte der Besucher. „Dann kommt mit!" Er nahm sie mit nach draußen und leerte seinen ganzen Wagen: süße Brötchen, Rosinenbrötchen, Vollkornbrötchen – jede Art von Brötchen wurde aus dem Lieferwagen ausgeladen.

Auf der anderen Seite der Welt wandte ein Mann eine ähnliche Taktik an. In einer vergleichbaren Situation wie John – er sollte einen Ashram unterstützen, hatte aber kein Geld dafür – wandte sich Gandhi ruhig an seine besorgten Anhänger. „Macht euch keine Sorgen", beruhigte er sie. „Jetzt ist nicht die Zeit, um hinauszugehen und Geld aufzutreiben. Jetzt ist die Zeit, um zu beten."

Mir wurde das Privileg zuteil, jene Stelle zu besuchen, an der Gandhi früher still beim Gebet saß. Es ist ein besonders schöner, friedlicher Platz, und als ich an jener Stelle niederkniete, konnte ich Gandhis Vertrauen spüren, so stark war seine Präsenz. Diese Präsenz konnten damals offensichtlich auch andere spüren, denn im Handumdrehen war ein Auto vor dem Ashram vorgefahren, und sein Besitzer hatte eine beträchtliche Spende gemacht.

Wellen schlagen

Vielleicht war das, was da geschah, ein Zufall, aber ich glaube nicht. Gandhi und John wußten es einfach. Jetzt wissen auch Sie die Wahrheit über die Wahrheit, und es liegt an Ihnen, sie auszuüben. Und Sie müssen sie eingehend ausüben. Dieses Wissen vermittelt Ihnen die Fähigkeit, sich mit der Macht, die frei verfügbar ist, zu verbinden. Etwas zu leugnen, das gar nicht existiert, ist in Ordnung. Etwas zu leugnen, das sehr wohl existiert, ist ziemlich dumm, insbesondere, wenn Sie diese Vorstellung nicht gründlich untersucht haben.

Werden Sie es versuchen? Wenn Sie sich dazu entschließen, diese Herausforderung anzunehmen, könnte sich herausstellen, daß Sie es nicht schaffen, sie zufriedenstellend zu beweisen. Der einzige Grund dafür ist, daß Ihre Instrumente, mit denen Sie wahrnehmen und arbeiten, nicht richtig eingestellt sind. So einfach ist das. Und meine Absicht ist es, Ihnen die Mittel zur Verfügung zu stellen, um diese Instrumente richtig einzustellen. Und das Schöne daran ist, daß es Sie gar nichts kosten wird, außer ein wenig Zeit.

Gehen wir davon aus, daß Sie die Herausforderung annehmen. Sie beginnen damit zu beten, aber Ihre Gebete werden nicht erhört. Das liegt wahrscheinlich daran, daß Ihr Gebet kein echtes Gebet, sondern nur ein Versuch ist. Ich sage nicht, daß Gott auf einen Versuch nicht hört, das tut er schon. Aber ein Tropfen ergibt noch keine

Welle. Wir müssen eine Möglichkeit finden, um unsere Gedankentropfen zu einer Welle des Gebets zu sammeln. Das geschieht dann, wenn wir volle Aufmerksamkeit entwickeln.

Volle Aufmerksamkeit

Was bedeutet dieser Ausdruck ‚volle Aufmerksamkeit'? Ohne volle Aufmerksamkeit, das heißt, wenn wir nicht sehr konzentriert, sehr zielgerichtet sind, bleiben all unsere Träume und all unsere Gebete auf unserer Wahrnehmungsebene unbeantwortet. Sie werden zwar schon beantwortet, aber nur in dem Ausmaß, in dem wir imstande sind, unseren Geist auf sie zu konzentrieren. Wenn diese Konzentration nachläßt, reicht der Effekt nicht aus, um unser Leben in neue Bahnen zu lenken oder um uns darauf vertrauen zu lassen, daß wir unsere eigene Zukunft steuern können.

Gandhis Konzentration und Vertrauen gerieten nie ins Wanken. Das Gebet war bei ihm nicht einer bestimmten Tageszeit vorbehalten, es war ein wesentlicher Bestandteil seines Lebens, so wie jede andere Aktivität, der er sich hingab.

Und es wirkte immer Wunder. In den Tagen seines großen Freiheitskampfes wurde er zu einer parlamentarischen Sitzung gerufen, um sich mit den großen Politikern jener Zeit an einen Tisch zu setzen. In seiner üblichen demütigen und bescheidenen Art hörte sich Gandhi ruhig alles an, was gesagt wurde. Er brachte keine Argumente vor, es gab keine ‚Explosion', wie das viele Leute erwartet hatten, sondern er verfolgte nur sehr höflich das, was seine Mitmenschen vorzubringen hatten.

Gandhi wandte sich bis siebzehn Uhr mit keinem Wort an die Versammlung. Dann stand er einfach auf und sprach zu seinen Kollegen. „Meine Herren, ich möchte Sie darum bitten, mich für zehn Minuten zu entschuldigen", sagte er, „es ist Zeit für mein Gebet." Ruhig schob er seinen Sessel beiseite, kniete sich hin, faltete seine Hände und betete.

Niemand rührte sich auch nur. Kein Wort wurde gesprochen. Die versammelten Würdenträger schauten sich erstaunt an, sie waren sprachlos und völlig verdutzt.

Als er sich von seinem Gebet erhob, fragte man Gandhi: „Aus welchem Grund sind Sie hier?"

„Alles, was ich will, ist, etwas Land für die Menschen zurückzubekommen, denen es gehört", erwiderte er. Und das war auch schon das Ende des Gesprächs. Er hinterließ einen derart starken Eindruck einfach dadurch, daß er etwas vorgebracht hatte, was keine Waffe vernichten konnte. Er arbeitete mit der Wahrheit.

Dasselbe Werkzeug steht uns allen zur Verfügung – Ihnen und mir genauso wie Gandhi und John. In Schulen und Universitäten werden wir es nicht finden. Wir können noch so sehr ‚da draußen' danach suchen, aber letztlich werden wir immer wieder an unsere eigene Türschwelle zurückkehren. Es wird uns nichts anderes übrig bleiben, als unseren Blick nach innen zu richten und uns selbst zu entdecken.

Ich denke oft und gerne über die Worte eines Liedes nach, das mein Vater als Jugendlicher geschrieben hat, als er in einem Dorf in Indien lebte.

„Eine Mutter gebiert zwei Kinder. Ein Kind wächst auf, um König eines großen Reiches zu werden, während das andere in einer finsteren Seitengasse mit einer Bettelschale endet.

Zwei Steine werden aus demselben Felsen gehauen. Ein Stein wird in den Tempel gebracht und in die Mitte des Altars gelegt. Er wird mit Blumen geschmückt, und die Menschen kommen, um ihm ihre Reverenz zu erweisen. Der andere Stein endet am Flußufer, so daß die Wäscherinnen ihre Wäsche darauf schlagen können.

Eine Kuh gebiert zwei Kälber. Ein Kalb wird zum ‚Portio' – dem Symbol von Shivas Tempel. Es wird zum Tempel gebracht und jeden Tag gefüttert und geschmückt. Das andere Kalb kommt in das Haus eines Ölmüllers, wo es sich Tag und Nacht damit abmühen muß, das Mühlrad seines Herrn zu ziehen. Eines ist im Tempel wunderschön geschmückt, das andere muß wie ein Sklave arbeiten. Was für ein Leben! Aus ein und demselben können so verschiedene Dinge entstehen."

Denken Sie darüber nach, welche Bedeutung diese Gedanken für Ihr eigenes Leben haben.

Verwirklichen Sie Ihre Träume

Als Bob Geldof damit begann, Spenden für Äthiopien zu sammeln, wurde er immer wieder gefragt, warum er das mache. „Weil ich Kinder mag", lautete seine Antwort ganz einfach. Die Leute waren skeptisch. Da muß es noch tiefere Beweggründe geben, dachten sie sich. Liebt denn nicht jeder Kinder?

Aber liegt den meisten Menschen wirklich so viel daran wie Bob Geldof? Er hat sich darum bemüht, auf breiter Ebene etwas zu bewirken, während die meisten von uns ihre Liebe nur auf ihre Familie beschränken. Durch die Beschränkung unseres eigenen Potentials bestimmen wir, wieviel Macht uns das Universum gewährt. Wenn Sie um eine winzige Menge bitten, dann ist es das, was Sie bekommen. Wenn Sie um alles bitten, wird Ihnen alles zur Verfügung gestellt. So einfach ist das.

Denken Sie daran, wie oft Gandhi davon gesprochen hat, den rechtmäßigen Erben ihr Land zurückzuerstatten. Tausende und Abertausende von Menschen hörten seine Worte, doch wie viele von ihnen nahmen sie sich so sehr zu Herzen, daß sie auch wirklich handelten?

Einer tat es. Vinobhave hörte Gandhi nur einmal sprechen, und das reichte. Gandhis Vorstellung war einfach. Um die Gerechtigkeit wiederherzustellen und die Armut zu lindern, sagte er, mußte man so viel Land wie möglich erhalten, es den Armen geben, sie mit Pflügen versorgen und das Land bearbeiten lassen. Dieser Mann war von dieser Aussage so berührt, daß er sein Dorf verließ und die nachfolgenden zwei Jahre zu Fuß durch Indien wanderte.

Überall, wo er hinkam, suchte er die örtlichen Landbesitzer auf und ersuchte sie, ein paar Hektar ihres Landes zu spenden. „Wenn Sie zehn Hektar besitzen", bat er, „geben Sie mir doch einen für die Armen. Wenn Sie hundert Hektar besitzen, geben Sie mir zehn, und wenn Sie tausend Hektar besitzen, geben Sie mir hundert für die Armen."

Vinobhaves Worte rüttelten die Menschen zum Handeln auf, und sie trennten sich von ihrem Land, das an die Armen verteilt wurde. Von den Tausenden von Menschen, die Gandhis Aufruf gehört hatten, nahm nur eine Handvoll die Herausforderung an. Hatten die anderen seine Worte gehört? Sie waren gewiß nicht alle taub. Es fehlte ihnen einfach an der nötigen Überzeugung und Hingabe, um die Ideen in Taten umzusetzen.

Es besteht ein großer Unterschied zwischen Gebet und Gebet. Ich bin mir ganz sicher, daß es im Leben jedes Menschen einmal einen Traum gab, der viel größer war als die Realität, in der er jetzt lebt. Irgendwo, für kurze Zeit, muß es eine große Vision gegeben haben. Jetzt haben Sie die Mittel, um diesen Traum zu verwirklichen. Aus diesem Grund fordere ich Sie dazu auf, das stille Sitzen zu üben. Sie lernen dabei, sich mit voller Aufmerksamkeit zu konzentrieren. Wenn Ihnen das gelingt, werden Sie die Kraft der Meditation zu schätzen und zu genießen lernen.

Denken Sie einen Augenblick lang an Ihre Meditation. Was spüren Sie dabei? Sie spüren Ihren Geist, und Sie spüren Ihren Körper, und Ihr Ziel ist es, diese Einheit so zu sensibilisieren, daß Ihre Aufmerksamkeit voll und ganz auf das Jetzt konzentriert ist. Nicht einmal ein winziger Teil Ihres Geistes wird in die Vergangenheit oder in die Zukunft abweichen. Sie werden zu einem freien Wesen. Wenn Ihnen das bewußt und klar wird, dann entdecken Sie eine Präsenz in Ihrem Leben. Alles, was Sie zu dieser Präsenz sagen müssen, ist: „Dein Wille geschehe, nicht meiner."

Wenn Sie noch immer nicht überzeugt sind, schauen Sie sich die Menschen an, die es getan haben, und Sie werden feststellen, daß es tatsächlich wirkt.

Herausfordernde Begegnungen

Die indische Folklore ist voller Geschichten von Menschen, die dem einen oder anderen Problem gegenüberstehen, wenn sie die Wälder durchqueren. Die Möglichkeiten, sich seiner selbst in einer solchen Umgebung bewußter zu werden, sind schier endlos! Wir lenken also unsere Gedanken in die Wälder Indiens und sehen einen Mann, der sich seinen Weg durch das dichte Unterholz bahnt. Plötzlich spitzt er die Ohren, als er hinter sich ein tiefes Knurren vernimmt. Zögernd dreht er sich nach der Quelle des Geräusches um, und sein Herz fällt ihm beinahe in die Hose, als er einen Tiger erblickt, der hinter einem Baum hervorspäht.

Ein paar Augenblicke lang (die unserem jungen Freund wie eine Ewigkeit scheinen) mustern die beiden sich aus einiger Entfernung. Als er sich wieder faßt und sein Selbsterhaltungstrieb ihn dazu anspornt, etwas zu tun, wird dem jungen Mann klar, daß der Abstand zwischen ihm und dem Tiger nicht groß genug ist und unverzüglich vergrößert werden muß. Er nimmt die Beine in die Hand und flüchtet durch den Wald, wobei ihm der Tiger dicht auf den Fersen ist. Es dauert allerdings nicht lange, bis der junge Mann erkennt, daß er das Rennen nicht gewinnen kann. Seine Beine können ihn nicht retten, also bleibt ihm nichts anderes übrig, als auf die Knie zu fallen und zu beten.

„Lieber Gott", beginnt er sein Gebet aus vollem Herzen, „du weißt ja ohnehin, in welcher mißlichen Lage ich mich befinde. Du weißt, daß ich immer dein treuer und ergebener Diener gewesen bin. Ich bitte dich, mir gnädig zu sein und mich vor dem Tiger zu beschützen, der mich verschlingen will."

Nachdem er die Sache in die Hände des Herrn gelegt hat, wenden sich seine Gedanken wieder dem Geräusch des rasch näher kommenden Tigers zu. Als es so nahe ist, daß er das Gefühl hat, jetzt springt ihn der Tiger an und sein Gebet wurde nicht erhört, wird es still um ihn. Keine Schrittgeräusche mehr, kein Brüllen, kein Angriff. Was geht da vor?

Vorsichtig öffnet er die Augen und kann kaum glauben, was er da sieht. Der Tiger betet. Er sitzt auf seinen Hinterbeinen und hat seine Vorderpfoten gefaltet. Sein Gebet wurde also doch erhört. Aus irgendeinem wundersamen Grund hat der Tiger beschlossen, auf sein Frühstück zu verzichten. „Halleluja", ruft der junge Mann aus, und streckt seine Arme voller Dankbarkeit und Erleichterung empor. „Mein Gebet wurde erhört. Ich bin gerettet." Dann spürt er etwas, das ihm völlig fremd ist. Es ist eine Tigerpfote auf seinem Mund. „Sei bitte ruhig", sagt die prächtige Kreatur, „und unterbrich mich nicht, während ich mein Tischgebet spreche!"

Vielleicht können wir nicht immer gewinnen! Aber Humor und Weisheit sind wunderbare Eigenschaften, um unsere volle Aufmerksamkeit zu trainieren. Auch wenn das Ergebnis nicht immer das ist, was wir uns gewünscht haben, kann uns nichts – außer wir selbst – davon abhalten, die Wonne zu entdecken, die unweigerlich in jedem Augenblick enthalten ist, wenn wir nur bereit sind, danach zu suchen.

Die Essenz des Augenblicks

Für ein Beispiel dessen, was ich damit sagen will, kehren wir noch einmal in die Wälder zurück, wo wir einen weiteren jungen Mann entdecken, der vor einem hungrigen Tiger flüchtet. Er läuft durch den Wald, zwischen den Bäumen hindurch, durch das Gestrüpp, bis er am Rand eines steilen Abhangs anhalten muß. Als er bemerkt, daß der Tiger seine Verfolgung nicht aufgegeben hat, greift er nach einem Zweig, der über den Abgrund hinaus wächst. Sein Leben hängt an diesem Ast, und er baumelt über dem Abgrund, während der Tiger zornig über ihm brüllt. Er richtet seinen Blick nach unten, um nach einem möglichen Fluchtweg zu suchen, doch alles, was er sieht, ist ein grimmig aussehendes Krokodil, das unten wartet und hoffnungsvoll zu seinem nächsten Mahl aufschaut.

Da er nicht so leicht aufgibt, ist der junge Mann fest entschlossen, einen Fluchtplan zu entwickeln, als zwei Ratten seinen rettenden Ast entdecken und daran zu nagen beginnen. Als der Ast immer schwächer wird, sieht sich unser Freund nach einem Ausweg um. Schließlich entdeckt er eine kleine Pflanze, die aus einem Spalt herauswächst und eine wilde Erdbeere trägt. Er streckt seine Hand aus, pflückt die saftige Frucht und ißt sie. „Wie herrlich süß", sagt er zu sich selbst. *Das ist volle Aufmerksamkeit.*

Um die Essenz des Augenblicks auf diese Weise einzufangen, muß unser Geist geläutert sein, vom Chaos, von der Angst und von der Schwere befreit sein. Unser Geist muß zulassen, daß wir vorhandene Gefühle, deren wir uns momentan überhaupt nicht bewußt sind, schätzen lernen.

Eine Läuterung findet statt

Natürlicher Schmerz ist das Mittel der Natur, das die volle Aufmerksamkeit fördert. Angenommen, Sie verspüren ein leichtes Unbehagen, wie reagieren Sie darauf? Versuchen Sie nicht, an ‚meinen' Schmerz zu denken. Dadurch binden Sie sich sofort an ihn. Untersuchen Sie statt dessen das Gefühl, und versuchen Sie zu verstehen, wie sich Art und Ausmaß Ihres Unbehagens verändern.

Wenn Sie das üben, entwickelt Ihr Geist einen hohen Grad an Bewußtheit.

Buddha wurde von seinem Sohn gebeten, ihn die Gesetze des Universums zu lehren, die wir Dharma nennen. Dharma bedeutet die wahre Natur der Dinge – die Dinge so zu sehen, wie sie wirklich sind, und nicht, wie wir sie gerne hätten. Es ist zum Beispiel das Dharma der Sonne, zu scheinen, und das Dharma des Feuers, heiß zu sein. Haben Sie je von einem kalten Feuer gehört? Buddha unterrichtete also das Dharma. Er sagte: „Wenn du sitzt, sitze. Wenn du stehst, stehe. Wenn du gehst, gehe. Wenn du schläfst, schlafe. Wenn du läufst, laufe."

Das heißt, wenn Sie sitzen, seien Sie sich dieses Sitzens vollständig bewußt. Wenn Sie gehen, beobachten Sie, wie Sie gehen. Achten Sie darauf, wie Sie Ihren Fuß heben und senken, fühlen Sie bewußt, wie Ihre Füße den Boden berühren und dann verlassen. Machen Sie das immer beim Gehen. Entwickeln und erhalten Sie sich dieses Ausmaß der Bewußtheit.

Machen Sie sich klar, daß der Geist dadurch erweckt wird, daß wir völlig im Hier und Jetzt anwesend sind. Gott ist nicht nur am Morgen und am Abend anwesend. Er ist den ganzen Tag hindurch bei uns. Bringen Sie ihn in jedem Augenblick des Tages in Ihr Leben. Üben Sie so lange, bis es ganz natürlich für Sie ist. Seien Sie mit Leib und Seele bei der Sache, und die Macht Ihrer Aufmerksamkeit wird so groß sein, daß sie Sie nicht im Stich läßt. Sie wird Ihnen den Weg freimachen, so wie Moses seinen Stab in das Meer hielt und das Wasser sich teilte und Platz machte. Sie werden sehr rasch ans andere Ufer gelangen.

Das Wunder
der Meditation

Wir haben bereits ausführlich darüber gesprochen, das Chaos in unserem Geist loszulassen, vorgefaßte Meinungen aufzugeben und Wut, Angst und sonstige negative Emotionen umzuwandeln. Die Frage, die allerdings noch immer offen ist, lautet: Woraus genau bestehen diese Meinungen und Emotionen?

Die meisten Menschen denken dabei an irgendwelche diffusen Gebilde, die so sehr ein Teil ihrer selbst geworden sind, daß sie sie kaum noch wahrnehmen. Sie halten es nicht für möglich, je daran etwas ändern zu können, und sie haben absolut keine Ahnung, worum es sich dabei handelt und wo sie hergekommen sind. Sobald wir jedoch ihre wahre Natur erkennen, sieht die Lage völlig anders aus. Wir verstehen allmählich, daß wir es mit etwas Konkretem – wenngleich Veränderlichem – zu tun haben. Es kann tatsächlich beeinflußt und ausgerottet werden, wenn wir uns darum bemühen.

Als erstes müssen wir verstehen, daß alles im Universum Energie ist. Dazu gehören feste Objekte, Lebewesen sowie Subtileres wie Gedanken, Gefühle und Erfahrungen. Da alles aus demselben Grundmaterial besteht, kann alles miteinander auf der Ebene dieses gemeinsamen Nenners, d. h. auf Energieebene, interagieren.

Es ist so, als ob das Leben der Chirurg und die Natur der Operationssaal wäre. Als ein Energiewesen sammeln Sie in Ihrem Alltagsleben ständig Erfahrungen. Die Energie jeder einzelnen Erfahrung verbindet sich mit Ihrem Energiekörper und wird zu einem Bestandteil Ihres Wesens. Ob Ihnen die Erfahrung wichtig erscheint oder nicht, ist belanglos, sie wird dennoch ein Teil von Ihnen.

Sie gehen vielleicht die Hauptstraße entlang und sehen, wie eine alte Dame im Schnee ausrutscht und hinfällt. Sie gehen hin, um ihr zu helfen, heben ihre Sachen auf, fragen, ob sie in Ordnung ist, und bieten ihr an, sie heimzubringen. Schließlich lehnt sie Ihre Hilfe dankend ab, weil sie unverletzt ist. Was sie allerdings nicht erkennt, ist, daß der ganze Vorfall – von ihrem Sturz über Ihr Angebot zu helfen und ihrem Gespräch – zu einem Faktor ihrer Realität geworden ist. Er ist ein Teil von ihr geworden.

Das Geheimnis der Ganzheit

Die Arbeit von Leuten wie Dean Ornish und Bernie Siegel zeigt deutlich, daß traumatische Erfahrungen als entscheidende Faktoren bei der Entstehung von Krankheiten gelten, sei es Krebs, Herzerkrankungen, Multiple Sklerose oder was auch immer. Dieser Mechanismus läßt sich nur dann rational und empirisch erklären, wenn man sich den Energieaustausch ansieht, der stattgefunden hat. Die logische Schlußfolgerung daraus wäre, daß die Krankheit abklingen oder sogar zurückgehen könnte, wenn man das ursprüngliche Trauma aufdeckt, daran arbeitet und es schließlich losläßt.

Manchmal können Ihnen die Leute eine sehr klare Antwort geben, wenn Sie fragen: „Was glauben Sie, warum Sie Krebs haben? Haben Sie in Ihrem Leben sehr viele schlimme Erfahrungen gemacht?" Andererseits können viele Menschen den notwendigen Zusammenhang nicht herstellen, und um ihnen dabei zu helfen, müssen wir geeignete Mittel finden, um die Ursache sanft aus ihrem Unterbewußtsein hervorzuholen.

Eine sehr aufschlußreiche Methode, die in zunehmendem Maße für diesen Zweck eingesetzt wird, ist die Kunsttherapie. Der Patient wird gebeten, ein Bild zu zeichnen, aus dem ein guter Therapeut rasch erkennen kann, was los ist. Ich arbeitete unlängst mit einem Jungen, der Krebs hatte. „Zeichne etwas, das dir in den letzten paar Monaten wirklich Spaß gemacht hat", sagte ich zu ihm.

Er hatte gerade einen wunderbaren Urlaub mit seinen Eltern verbracht, also beschloß er, sie zu zeichnen. Was ich daran interessant fand, war, wie er seinen Vater zeichnete. Er hatte einen großen Körper und Kopf, große Ohren, die Arme, die er hinter seinen Rücken hielt, waren die eines Strichmännchens, und er hatte keine Augen und keinen Mund.

„Wie kommst du mit deinem Papa aus?" fragte ich ihn. „Ganz gut", erwiderte er, „ich mag ihn sehr." Doch nachdem ich mich ungefähr eine halbe Stunde mit ihm unterhalten hatte, gab er zu: „Aber wissen Sie, er faßt mich nie an." Deshalb waren die Hände also hinter dem Rücken. Im Laufe unseres Gesprächs machte er noch ein paar sehr aufschlußreiche Aussagen. „Er sagt mir nie, daß er mich liebt." Also fehlte der Mund. „Und wenn Papa wegfährt, bringt er mir nie etwas Schönes mit." Nichts Schönes – das erklärt das Fehlen der Augen.

Ich brauchte einige Stunden, um diese drei Verbindungen herzustellen, doch als die Teile des Puzzles an ihrer richtigen Stelle waren, wurde mir klar, daß dieser junge Bursche an Krebs litt, weil er sich verletzt fühlte, da das Leben seine Erwartungen nicht erfüllte. Als mich der Vater später fragte: „Was kann ich tun, um meinem Sohn zu helfen?" konnte ich ein paar Vorschläge machen: „Verwenden Sie Ihre Arme, verwenden Sie Ihren Mund, verwenden Sie Ihre Augen." Hätte ich den Jungen direkt gefragt, was ihn quälte, dann hätte er es mir nicht sagen können. Doch weil die Erfahrung seiner Beziehung zu seinem Vater in seinem Bewußtsein eingeschlossen war, kam sie in der Zeichnung heraus – weil Energie immer zum Ausdruck kommt.

Wie können wir dieses Wissen für unsere Meditation nutzen? Was wir beim Meditieren in unseren Gliedmaßen spüren (die Hitze, die Kühle usw.), ist die Auswirkung unserer gesammelten Erfahrungen, die an die Oberfläche kommen. Wenn mir mein Vater zum Beispiel gerade gesagt hätte, daß er mich nicht liebt, und dieser Gedanke hätte sich wie eine Zeitbombe in mein Herz gepflanzt, dann weiß ich, daß er, wenn ich mich zum Meditieren hinsetze, ‚voller Schaudern aus meinem Körper käme und sich verflüchtigen würde'.

Leider machen das die meisten Menschen nicht. Die wirklich schmerzhaften Erfahrungen werden nie herausgefiltert. Statt dessen verdichten sie sich und setzen sich in einem Organ ab. Die psychosomatische Wechselwirkung verändert gleichzeitig die Physiologie des menschlichen Körpers.

So etwas kann nicht aus dem Nichts entstehen. Es muß durch einen Gedankengang hervorgerufen werden. Jedesmal, wenn Sie etwas sehen oder hören, erzeugt es einen Gedanken in Ihnen. Dieser Gedanke ist das Transportmittel, mit dem die Energie durch uns reist. Diese Energie ist ganz real, und sie findet ihren Weg zum geeignetsten Organ.

Sie und ich leben wahrscheinlich nicht lange genug, um herauszufinden, warum eine bestimmte Energie beschließt, sich in einem speziellen Organ niederzulassen. Was wir allerdings wissen, ist, daß Brustkrebs auf ein Problem mit persönlichen Beziehungen hinweist. (Wenn ich von ‚Beziehungsproblemen' spreche, bezieht sich das auf jede Art von Beziehung. Es könnte sich um eine Mann/Frau-, Eltern/Kind-, Bruder/Schwesterbeziehung usw. handeln.) Nachdem ein Kind geboren wird, wird es gestillt. Die Brust ist das erste Organ, zu dem es Kontakt hat, und sie symbolisiert Beziehungen auf sehr reale Weise.

Die Art und Lage des Krebs wären für einen guten Therapeuten ein Hinweis auf die Form des Problems. Deshalb versuche ich als Therapeut so viel wie möglich über alle Lebensaspekte eines Patienten herauszufinden. Dann kann ich die zugrundeliegenden Faktoren genau bestimmen und ein geeignetes Therapieprogramm vorschlagen, zu dem eventuell eine Meditationstechnik, ein Yogaprogramm und ein passendes Ernährungsprogramm gehören.

Ernährung und Geist

Die Bedeutung der einzelnen Nahrungsmittel, die wir zu uns nehmen, wird oft unterschätzt. Die Nahrung nimmt aufgrund ihrer Energieschwingungen eine bestimmte Form und Farbe an. Eine Karotte unterscheidet sich also von einem Kohl, der sich wieder von der roten Bete unterscheidet, weil die Schwingungsfrequenz der Moleküle eine andere ist. Dieses Wissen hilft uns dabei zu verstehen, wie sich Nahrungsmittel auf uns auswirken und warum sich gewisse Nahrungsmittel vielleicht für Patienten mit bestimmten Erkrankungen besonders eignen.

Dean Ornish hat exakt nachgewiesen, wie wirksam eine Ernährungstherapie ist. Der einfallsreiche und wagemutige Arzt arbeitet unermüdlich und sehr erfolgreich mit Herzpatienten in den Vereinigten Staaten. Eine veränderte Ernährungsweise gehört zu den wesentlichen Bestandteilen seines Therapieprogramms, das allmählich Anerkennung in der Gesundheitsfürsorge findet.

Es ist auch sehr aufschlußreich zu berücksichtigen, welche Rolle die Ernährung dabei gespielt hat, Sie zu dem zu machen, der Sie heute sind. Man kann sagen, daß die Ernährung einen großen Teil zu Ihrer Persönlichkeit beigetragen hat. Warum schreiben wir bestimmten Rassen gewisse Eigenschaften zu? Warum unterscheidet sich ein Eskimo von einem Afrikaner, einem Araber, einem

Inder, einem Ureinwohner Australiens? Das ist nicht nur eine Frage der Kultur, es hat auch viel mit der Nahrung zu tun, die man zu sich nimmt. Sie alle ernähren sich völlig anders, und das Essen formt den Körper, der wiederum den Geist formt. Wenn Ihnen das klar ist, dann wird die ganze Ernährungswissenschaft plötzlich lebendig und lebenswichtig.

Wieviel Gift ist notwendig, um Sie zu töten? Nur ein Tropfen. Das muß uns doch einiges über die Auswirkungen der Nahrung auf unseren Körper sagen. Leider glauben wir, weil wir nichts über die ‚Macht des Essens' wissen, daß es uns überhaupt nicht beeinflußt. Wir sollten alles essen können, was wir wollen, ohne daß es schädliche Auswirkungen hat. Leider ist es nicht ganz so einfach.

Ich persönlich würde jeden Tag gerne Käsekuchen essen – Käsekuchen zum Frühstück, Käsekuchen zu Mittag und Käsekuchen am Abend –, aber ich weiß, daß ich das nicht darf, denn meine Leber und meine Bauchspeicheldrüse würden bald nicht mehr richtig funktionieren. Mein Körper ist einfach nicht imstande, diese speziellen Bestandteile in großem Umfang zu verarbeiten, und das daraus resultierende Energie-Ungleichgewicht würde bald seinen Tribut fordern.

Überlegen Sie sich die Bedeutung dieses Wissens. Ich bin völlig überzeugt davon, daß sich der Zustand der Weltgesundheit von Grund auf ändern würde, wenn jeder nach diesen Prinzipien lebte.

Ein Gefühl für Gleichgewicht

Jetzt haben wir also eine genauere Vorstellung davon, warum wir von Krankheit und Depressionen befallen werden. Sie sind das Ergebnis des gestörten Gleichgewichts in unserem Energiehaushalt. Natürlich finden alle von uns Wege – bewußt oder unbewußt –, einen Teil der negativen Energie, die wir im Laufe des Tages aufgenommen haben, wieder abzubauen. Viele dieser Techniken gehören in die Kategorie ‚seine Geduld verlieren'! Oder vielleicht greifen Sie zu einer sanfteren Methode und setzen sich hin, um beruhigende Musik zu hören. Was machen Sie? Sie widmen sich einer Sache, die Ihren Geist mehr in Anspruch nimmt – und plötzlich ist das

Problem verschwunden. Sie haben es transformiert und aus Ihrem Körper freigesetzt.

Ganz so einfach ist es allerdings nicht. Es gibt zwei Möglichkeiten, mit Energie zu arbeiten. Wir entscheiden uns vielleicht dafür, unseren Schmerz zu unterdrücken, indem wir uns vor den Fernseher setzen und Essen in uns hineinstopfen. Wir werden zu Stubenhockern. Diese Option sollten wir tunlichst meiden. Wenn wir etwas unterdrücken, dann stauen wir den Ärger darüber nur auf, da gibt es keinen Zweifel.

Wenn wir uns allerdings für die Möglichkeit der Umwandlung entschließen, haben wir damit den idealen Mechanismus gefunden, um unser Leben zu vervollkommen und physische und psychische Erkrankungen zu vermeiden. Einfach ausgedrückt, bedeutet diese Umwandlung, daß wir die Energie, die wir aufgenommen haben, annehmen, transformieren und nach außen bringen.

Was ihr sät, das werdet ihr ernten

Es gibt eine wunderbare Geschichte, die sehr schön veranschaulicht, wie wir das erreichen können. Während seiner Reisen kehrte der Buddha in einem bestimmten Dorf ein. Sehr bald verbreitete sich die Nachricht, daß ein großer Lehrer zu Besuch sei, und die Menschen strömten zu dem Baum, unter dem er saß. Unter ihnen war ein junger Mann, der sehr bald ganz gebannt zuhörte. Er war so gefesselt von Buddhas Worten, daß er jegliches Zeitgefühl verlor. Er vergaß ganz, daß seine Familie ihn brauchte, um die Ernte einzubringen.

Daheim auf dem Bauernhof war der Vater des jungen Mannes bald verärgert über dessen unerlaubte Abwesenheit und schickte seinen ältesten Sohn nach ihm aus, um ihn unverzüglich heimzubringen. Als er die Menschenmenge sah, die sich unter dem Baum versammelt hatte, wurde dem jungen Mann klar, was los war, und er ging hin, um seinen Bruder zu suchen. Sobald er jedoch in die Nähe des Buddha kam, war er selbst von dessen Worten und dessen Präsenz in den Bann gezogen. Auch er vergaß alles andere und wollte nur bei diesem bemerkenswerten Mann bleiben.

Das war der Arbeit auf der Farm allerdings überhaupt nicht dienlich, und bald wurde ein weiterer Sohn geschickt, um die Abtrünnigen wiederzubringen. Ein Familienmitglied nach dem anderen fühlte sich vom Charisma dieses großen Mannes angezogen, bis nur noch der Vater auf dem Hof war. Es blieb ihm nichts anderes übrig, als die Sache selbst in die Hand zu nehmen und nach seiner Familie zu suchen.

Ungeduldig bahnte er sich seinen Weg durch das Dorf, drängte sich durch die Menge und trat dem Buddha gegenüber. „Ich weiß nicht, wer Sie glauben, daß Sie sind", rief er wütend. „Wissen Sie denn nicht, daß in diesem Dorf gearbeitet werden muß? Statt diese jungen Menschen von ihren Pflichten wegzulocken, sollten Sie ihnen etwas über den Wert schwerer Arbeit und über Loyalität ihren Eltern gegenüber beibringen. Warum gehen Sie nicht wieder weg und lassen uns in Frieden leben?"

Gelassen lächelte ihn der Buddha an. „Mein Freund", sagte er sanft, „wenn ich Sie besuchen komme und ein Geschenk mitbringe, das Sie annehmen, wem gehört es dann?"

„Mir natürlich", erwiderte der Vater, etwas verblüfft über die unerwartete Antwort. „Aber ich habe keine Zeit für so dumme Fragen. Schicken Sie einfach meine Söhne heim."

„Und wenn Sie das Geschenk ablehnen", fuhr der Buddha unbeirrt fort, „wem gehört es dann?"

„Ihnen." Der Vater wurde nur noch ärgerlicher.

„Das stimmt", pflichtete der Buddha ihm bei. „Ihr Geschenk an mich ist momentan Ärger, und ich lehne es ab. Es bleibt bei Ihnen."

Wenn wir mit Situationen wie diesen konfrontiert werden, können wir wirklich dankbar dafür sein, daß wir gelernt haben zu meditieren. Es ist die perfekte Methode, um Körper und Geist gesund zu machen. Es ist die ideale Selbsthilfetherapie, die Sie völlig wiederherstellt!

Die Verbindung zwischen Geist und Körper

Die Empfindungen, die wir während des stillen Sitzens wahrnehmen, kommen im Grunde dadurch zustande, daß sich Energieknoten auflösen. Das taube Gefühl, die Temperaturschwankungen usw. entstehen dadurch, daß enorme Mengen an Müll, den wir über Jahre hinweg angesammelt haben, freigesetzt werden. Dieses Freisetzen sowie die neue energetische Aufladung des Immunsystems ist für all die Entladungen, die wir in unserem Körper spüren, verantwortlich.

Wirft das nicht ein ganz anderes Licht auf all diese Schmerzen und Qualen? Statt sie als den Grund für unser Leiden und als etwas, das man besser meidet, zu betrachten, können wir sie jetzt in dem Wissen willkommen heißen, daß alles, was wir spüren, ein stiller und unsichtbarer Austausch von Emotionen ist, die wir in der Vergangenheit unterdrückt haben und die uns in der Zukunft Probleme bereiten hätten können. Eine der ersten Begleiterscheinungen der Meditation ist daher der Seelenfrieden. Sie werden sich entspannter, ein wenig selbstsicherer, etwas glücklicher und gesammelter fühlen.

Ich spreche noch nicht von der Klarheit, die ganz gewiß eine Nebenerscheinung der Meditation ist, die zu erlangen wir aber viel länger brauchen. In Augenblicken des Zweifels, in denen Sie sich fragen, was Ihnen die Meditation denn nun bringen soll, lassen Sie sich bitte durch das Wissen trösten, daß die Klarheit – darüber, wie Sie Ihr Leben leben sollen und wohin es Sie führen wird – kommen wird, es dauert nur etwas. In Zeiten wie diesen können Sie das altehrwürdige Gebet sprechen: „Herr, schenk mir Geduld, und das bitte sofort!"

Um das zu erreichen, ist es wichtig, sich an etwas zu erinnern: Wenn Sie zum Meditieren sitzen, müssen Sie vollkommen bewegungslos sitzen. Selbst wenn Ihre Gliedmaßen taub werden oder weh tun, versuchen Sie, still sitzen zu bleiben. Wenn Sie sich kaum bewegen, können Sie das Unbehagen leicht überwinden. Wenn Sie aufgeben und sich bewegen, passiert nichts, wenn Sie durchhalten, erlangen Sie Frieden. Mein Vater erinnerte mich oft daran, daß das Wasser in einem Topf lange braucht, bevor es siedet, wenn man ihn ständig vom Herd nimmt. Wenn man ihn drauf stehen läßt, wird es viel schneller sieden.

Jetzt kommen wir zur Sache! Denken Sie an all die Kränkungen und negativen Dinge, die Sie in Ihrem ganzen Leben erlebt haben. Diese Energie haben Sie in sich aufgenommen, und sie schnürt

Ihnen die Kehle zu – wie Sie erkennen werden, wenn sie an die Oberfläche zu kommen beginnt. Ich kenne Menschen, die im Alter von sechzig oder siebzig Jahren auf ihr Leben zurückblicken und zu mir sagen: „Wissen Sie, Mansukh, ich hatte ein schreckliches Leben. Da waren so viele Augenblicke, die ich gehaßt habe." Sie haben es zugelassen, daß sich ihr Schmerz und Leid in ihnen auskristallisiert hat und sie jetzt auffrißt.

Ich verwende absichtlich das Wort ‚auskristallisieren', denn das ist es, was im wahrsten Sinne des Wortes geschieht. Es bilden sich tatsächlich Kristalle im Körper. Wir sprechen von Gallen- und Nierensteinen. In unseren Gelenken bilden sich Kristalle, und wir bezeichnen das als Rheumatismus oder Arthritis. Diese Kristalle sind keine Einbildung, sie sind sehr real und das Ergebnis dessen, wie wir unser Leben leben.

Am schlimmsten ist die Zerstörung natürlich dann, wenn die Kristallisierung das Gehirn befällt. Je tiefer diese Kristalle sitzen, desto starrer werden unsere Vorstellungen und Denkweisen.

Wir führen unserem Körper nicht nur Nahrungsmittel zu. Wie wir bereits gesehen haben, nehmen wir auch emotionale, psychische und spirituelle ‚Nahrung' auf. Die Kristalle entstehen also nicht nur durch das Essen, das wir zu uns nehmen, sie bilden sich durch die Art und Weise, wie wir auf Ereignisse in unserem Leben reagieren. Arthritispatienten finden für gewöhnlich heraus, daß ihre starren Ansichten sich als Starre in ihren Gelenken manifestiert haben.

Wenn Sie also zu meditieren beginnen, steht Ihnen eine wunderbare Zeit bevor. Sie haben all diese Energieknoten in sich, die vielleicht keine allzu große Lust darauf haben, sich zu bewegen, schließlich sind einige davon schon eine ganze Weile bei Ihnen – fast wie Untermieter. Wenn Sie sich hinsetzen, beginnen für sie die Alarmglocken zu läuten. „Oh Gott", sagt einer, „sie versucht, mich hinauszuwerfen."

„Mich auch", sagt ein anderer, „dabei bin ich schon so lange hier. Ich möchte in diesem Alter wirklich nicht mehr umziehen."

„Mir gefällt es hier auch ganz gut", fügt ein weiterer hinzu. „Ich bin die Depression, und ich finde, in diesem Körper kann man so wunderbar deprimiert sein." Und so beginnt der Aufstand.

Wenn Sie jedoch durchhalten, erkennen diese kleinen Kerle allmählich, daß Sie es ernst meinen, und sie fühlen sich nach und nach etwas unbehaglich. „Kommt, Leute", sagt der erste, „es ist an der Zeit auszuziehen." Nun setzt der Exodus ein. Aber schon nach wenigen Schritten stößt er auf eine Straßensperre. Sie!

„Wer? Ich?" kann ich Sie ungläubig fragen hören. „Wie kann ich so etwas Wichtiges behindern? Ich brenne darauf, all diese Dinge loszuwerden, die mich zurückhalten und dafür sorgen, daß es mir schlecht geht."

Leider geschieht aber genau das. Wir erkennen, daß uns etwas davon abhält voranzukommen, und zu unserem Erstaunen stellen wir fest, daß wir es selbst sind. In all den Jahren haben Sie sich an Ihre Probleme gewöhnt, und sobald sie sich bewegen, tun Sie das auch.

Es kann sein, daß Sie sich an etwas ganz Banales gewöhnt haben wie etwa eine Tafel Schokolade oder die Zuckerwatte auf dem Rummelplatz. Andererseits kann es sich auch um eine Beziehung handeln, in die Sie alles investieren, was Sie haben. Sie sind emotional so verstrickt, daß Sie nicht loslassen können. Ich habe eine Bekannte, deren fünfzehnjähriger Sohn unlängst starb, und sie ist jetzt am Boden zerstört und nicht imstande, ein normales Leben zu führen, weil sie ihre ganze Zukunft in ihn investiert hat. Als ihr Sohn starb, starb auch ihre Zukunft.

In Beziehungen investieren

Sie können auch in einen Vierbeiner auf dieselbe Weise investieren, und wir wollen eines dabei klarstellen, die Investition ist Ihr Problem, nicht das des Tieres. Ihr Hund wird nie zu Ihnen kommen und sagen: „Hallo, wie geht es dir? Weißt du, es ist wunderbar, ein Teil deiner Familie zu sein. Du kannst dir gar nicht vorstellen, wie glücklich ich darüber bin, daß wir uns in einander verliebt haben, als wir uns letztes Jahr im Tierheim trafen." Er tut nichts dergleichen, er lebt einfach sein Leben. (Er leckt Sie, weil Sie salzig schmecken, und nicht nur aus Zuneigung.)

Nehmen wir zum Beispiel den kleinen Chihuahua meines Freundes. Er ist ein süßes kleines Ding, aber so winzig, daß fast nichts von ihm da ist und daß man ihn kaum sieht. Genau das passierte, als ich eines Tages seine Frau besuchte. Ich sah ihn nicht. Als ich mich auf das Sofa setzte, hörte ich dieses komische hohe Quietschen. „Was ist denn da los?" sagte ich zu mir selbst, „ich bin sicher, das Sofa hat dieses Geräusch beim letzten Mal nicht gemacht." Plötzlich wurde mir klar, was passiert war. Ich griff hinter mich und zog einen Schwanz hervor, und allmählich folgte der ganze Hund, der etwas benommen dreinschaute, nachdem ich auf ihm gesessen war.

„Oh, mein armer, kleiner Liebling!" rief die Frau meines Freundes aus und riß mir den Hund aus den Händen. „Schon gut, er wollte dir nicht weh tun." Und so ging dieser Monolog weiter, wobei der Hund völlig gleichgültig blieb. Er hatte keine Vorstellung davon, was da wirklich passiert war. Was den Hund betraf, war es plötzlich finster geworden – vielleicht etwas früher als gewöhnlich –, aber das war auch schon alles. Er hatte keine Ahnung, daß es mein Hinterteil war, das es so früh finster werden ließ. Das war für ihn ohne Bedeutung. Er verstand auch die Emotionen, die seine Besitzerin investierte, nicht.

Es gibt kein Bedauern

Unbewußt verfallen wir allen möglichen Menschen und Dingen, und wenn wir uns davon trennen müssen, sind wir am Boden zerstört. Wir haben keine Ahnung, wie wir damit umgehen sollen, und suhlen uns in Schmerz, Depression und Traurigkeit. Das ist eine knifflige Sache, denn wir haben eine Abhängigkeitsdepression geschaffen. Sie hängt mit der Liebe zusammen, von der sie ursprünglich ausging, und weil wir so hartnäckig an der Liebe festhalten, können wir auch von der Depression nicht loskommen. Der Schmerz, der dadurch entsteht, ist gleich stark wie unsere Abhängigkeit von der entsprechenden Person. Wie sehr wir auch wollen, daß der Schmerz vergeht, er verschwindet nicht, weil er untrennbar mit der Person verbunden ist, die Sie so sehr lieben.

Es gibt allerdings eine Möglichkeit, sich aus diesem Netz zu befreien. Zum Glück ist es ganz einfach und kostet Sie überhaupt nichts. Ich möchte Ihnen ein Beispiel dafür geben. Als meine Mutter starb, saß ich am Bett dieser Frau, die mich so sehr geliebt hatte und die ich liebte. Niemals in ihrem Leben hat sie mich im Stich gelassen. Sie sagte nie ein unangebrachtes Wort. Alles, was sie tat, war wohlüberlegt und weise. Wenn ich etwas falsch gemacht hatte – etwas Größeres, mit dem wir uns näher befassen mußten –, sprach sie immer auf äußerst positive Weise zu mir.

„Mansukh, komm her", sagte sie dann. „Denk daran, daß das, was ich dir jetzt sagen werde, zum Besten für uns beide ist. Bitte fasse es nicht falsch auf."

„Willst du, daß ich etwas aufgebe, das mir Spaß macht?" fragte ich dann etwas beunruhigt.

„Nein, nein, nein, ich möchte nur über etwas mit dir sprechen", beruhigte sie mich.

Einmal, ich erinnere mich ganz gut daran, zündete Mama eine Kerze an und sagte: „Du weißt, was gestern passiert ist?"

„J..a..aa."

„Du bist herumgelaufen und hast gespielt."

„Ja."

„Ist dir nichts aufgefallen?"

„Nein."

„Nun, während du gespielt hast, saß dein Freund, der gelähmt ist, auf einem Sessel und hat dir zugeschaut."

„Ja."

„Hast du nicht in seine Augen geschaut?"

„Ich habe gespielt."

„Ja, ich weiß, daß du gespielt hast, aber hast du nicht daran gedacht, in seine Augen zu schauen, um zu sehen, was er dabei fühlt?"

„Nein, habe ich nicht."

„Er war sehr traurig, weil er keine Beine hat wie du. Ist es richtig, vor jemandem zu spielen und ihn neidisch zu machen? Setze dich jetzt auf diesen Sessel und schau mir zu, während ich spiele", sagte Mama, „und paß auf, wie du dich dabei fühlst ... Nicht bewegen!"

Sie machte mir die Dinge ganz einfach klar, und ich lernte meine Lektion. Danach paßte ich bei allem, was ich tat, darauf auf, daß ich andere nicht neidisch machte. Weil mich meine Mutter auf diese Weise erzogen hatte, gab es, als sie starb, kein Bedauern und keine Zweifel darüber, wie sehr sie mich gemocht hatte. Wenn sie zu mir sagte: „Geh in den Wald und bleibe drei Tage dort", wußte ich, daß es einen guten Grund dafür gab, der viel tiefgründiger war, als ein-

107

fach zu sagen: „Verschwinde!" Ich hätte mich fragen können: „Läßt sie mich im Stich, wenn sie mich allein läßt?" Aber sie sorgte dafür, daß dieses Gefühl nicht aufkam.

Bevor sie starb, bat sie mich in ihr Zimmer und sagte: „Ich weiß, wie du dich fühlst, wenn ich jetzt gehen muß, und ich bin froh, daß es in unserer Beziehung nichts zu bedauern gibt. Mein Schicksal ist es, jetzt weiterzuziehen. Wenn du versuchst, mich zurückzuhalten, wird es dir Schmerz bereiten, und es wird mir Schmerz bereiten. Ich habe dir alles beigebracht, was ich weiß, und von heute an bist du frei. Ich lasse dich nicht im Stich. Ich werde weiterhin über dich wachen. Verstehe das. Ich lasse dich nicht im Stich. Und wenn du weinst, dann weine aus dem richtigen Grund."

Alles war offen, als ob unsere Beziehung voll erblüht wäre. Für das Begräbnis wusch ich sie und legte ihr das Hochzeitstuch um, das sie bekam, als sie in sehr jungen Jahren verheiratet wurde. Sie hatte es mir gezeigt, bevor sie starb. „Mansukh, du hast das noch nie gesehen. Es ist das Tuch, das ich trug, als ich deinen Vater heiratete. Ich habe es seit damals in einen roten Stoff gehüllt aufbewahrt, und ich möchte es wieder tragen, wenn ich sterbe." Ich schmückte den ganzen Sarg mit Blumen und Girlanden. Selbst die Bestattungsleute sagten, das wäre der schönste Sarg, den sie je gesehen hätten. Ihr Gesicht war jung und strahlend. Da war kein Schmerz, kein Bedauern, keine unerledigten Angelegenheiten. Die Erinnerung an sie bleibt mir mein ganzes Leben lang.

Aber wie oft denken und leben die Menschen so? Sehr selten. Es überrascht niemanden, daß es so viel Schmerz und Leid im Leben der Menschen gibt. Aber das muß nicht so sein, wenn Sie fleißig meditieren, unbeirrt von all den Schwierigkeiten, die notgedrungen auftauchen. Seien Sie darauf vorbereitet, und machen Sie einfach weiter. Gewarnt sein heißt gewappnet sein.

Wenn die Dinge, an denen Sie festhalten, Sie beim Sitzen nach und nach verlassen, wird die Liebe, die an sie gebunden ist, sagen: „Ich will nicht gehen." Natürlich wird sie nicht gehen wollen, denn Liebe ist Ihnen wertvoll. Aber die Liebe ist nur schwer von der Traurigkeit und vom Kummer zu trennen, die mit ihr verflochten sind. Um diese Trennung zu vollziehen, müssen Sie die einzelnen Empfindungen filtern, um unterscheiden zu lernen, so daß nur die Liebe übrig bleibt.

Ihre Geisteshaltung

Schauen wir uns jetzt also den Geist etwas genauer an, der so viel zu unserem Erfolg beiträgt. Haben Sie je festgestellt, daß es Zeiten gibt, in denen Sie leicht eine Stunde meditieren können, während Sie es zu anderen Zeiten nicht einmal eine Minute aushalten? Die einzige Erklärung dafür ist in diesem Augenblick, daß dabei eine andere Geisteshaltung im Spiel ist. Sie können nicht sagen, daß Ihr Herz oder Ihr Rücken sich verändert hat. Ihr Herz und Ihr Rücken sind noch immer dieselben, und natürlich ist auch Ihr Verstand derselbe. Genau genommen, ist Ihr ganzer Körper derselbe. Ihre Erfahrungen sind noch immer dieselben wie zuvor, nichts hat sich verändert. Das einzige, das anders ist, ist Ihre Geisteshaltung.

Um diesen Gedanken weiterzuführen, sage ich, daß die Geisteshaltung, die sich damals, als Sie zwei Stunden lang meditieren konnten, ganz von selbst einstellte, bewußt entwickelt werden muß, damit sich Ihre Meditation immer lohnt.

Das ist im Vergleich dazu so, als ob ich Ihnen ein üppiges Mahl serviere und Ihnen dann auftrage, hinauszugehen und einen Berg zu besteigen. Hätten Sie Lust dazu? Nein. Ihre Erfahrung hat Ihnen gezeigt, daß Sie nicht übermäßig essen dürfen, wenn Sie wachsam und aktiv bleiben möchten. Wenn Ihr Geist klar, konzentriert und gesammelt ist, können Sie alles tun, was Sie wollen, wie anstrengend es auch sein mag. Aber wenn Ihr Geist lethargisch ist, wird er gar nichts tun wollen. Es hat nichts mit Ihrem Inneren zu tun, es geht nur um die Geisteshaltung, die sich verändert hat. Merken Sie sich also dieses Wort – Geisteshaltung. Sie bestimmt die Abläufe in uns und folglich auch die Filterung.

Wir kommen also zur nächsten Stufe, auf der es um unsere Emotionen geht, jene tiefliegende Schicht unseres Wesens, in der wir Positives bewirken können: die Aufnahme von Liebe und das Loslassen des „Mülls".

Wir alle haben erlebt, daß wir von jemandem, den wir sehr lieben, verletzt wurden. Wenn die Wunden sehr tief sind und der Schmerz noch frisch ist, kann es sein, daß wir wütend werden und den anderen beschuldigen. „Er war so unsensibel ... Er war im Unrecht, ich hatte recht ..." und so weiter. Kommt Ihnen das bekannt vor? Es ist wirklich sehr aufschlußreich, darüber nachzudenken, warum sich

Beziehungen auf diese Weise entwickeln. Wie schaffen es die Menschen, eine so gute Beziehung zu ihren Haustieren herzustellen, und solche Schwierigkeiten zu haben, wenn sie versuchen, mit ihren Mitmenschen in Harmonie zu leben?

Das ist eine sehr interessante Frage. Gehen wir doch noch etwas näher darauf ein.

Die Rollen, die wir spielen

Ich habe einen Freund, der in der Nähe von Oxford lebt und den ich einmal besucht habe. Er holte mich am Busbahnhof ab, und gemeinsam machten wir uns auf den Weg zu seinem Haus. Als wir in seine Straße einbogen, fiel mir auf, daß alle Häuser schöne Doppelhäuser mit gepflegten Gärten waren. Jedes hatte einen Holzzaun, etwa dreißig bis vierzig Meter Garten und einen Weg in der Mitte. Ich genoß es, diese friedliche, ansehnliche Straße hinunter zu spazieren, und war völlig unvorbereitet auf das, was passierte, als mein Freund anhielt und sagte: „Das ist mein Haus."

Als er das Gartentor öffnete, pfiff er. Ich war so naiv zu glauben, daß uns ein Hund aus der offenen Eingangstür (es war damals mitten im Sommer) entgegen springen würde, aber statt dessen hörte ich ein dumpfes Stapfen, und aus dem Haus stürmte ein Schwein! Wir wurden einander feierlich vorgestellt, als das Tier am Zaun hochsprang. „Das ist mein Hausschwein Joey", verkündete mein Freund.

Später am Abend, als wir es uns im Wohnzimmer gemütlich machten, lag Joey zusammengerollt auf dem Teppich vor dem Kamin und schnarchte zufrieden vor sich hin. Am nächsten Morgen unternahmen wir eine, wie ich erwartete, recht normale Einkaufsfahrt. Als wir das Gartentor öffneten, stürmte Joey wieder herbei und sprang gleich ins Auto. Unsere Fahrt durch die High Street in Oxford hat sich für immer dadurch eingeprägt, daß Joey auf dem Rücksitz saß, seinen Kopf aus dem Fenster streckte und glückselig grinste, während er die Sehenswürdigkeiten dieser alten Stadt in sich aufnahm. Joeys Tag wurde durch einen Spaziergang mit meinem Freund vollendet, bevor er sich gemütlich in seinem speziell angefertigten Bett für die Nacht niederließ – eine Romanze, wie sie im Buche steht!

Was ich damit sagen will, ist, daß wir in unseren Beziehungen zu anderen Menschen oft wie vernagelt sind. Leicht spielen wir das, was wir für eine „passende" Rolle halten, und weisen den anderen ähnliche Rollen zu. Wir erwarten etwas ganz Bestimmtes von den anderen und reagieren und fühlen uns verletzt und zurückgewiesen, wenn wir das Gefühl haben, daß sie uns auf irgendeine Weise im Stich lassen. Wir verfallen dem bekannten Denkmuster: „Wie konnte sie mir das antun, nach all dem, was ich für sie getan habe?" Ich bin sicher, jeder von uns kennt dieses Syndrom.

Wenn wir es allerdings mit einem Tier zu tun haben, neigen wir dazu, die Dinge viel objektiver zu betrachten. Wir sind keiner Kritik und keinen Beleidigungen ausgesetzt, egal, ob real oder eingebildet, wenn wir mit jemandem kommunizieren, der nicht antworten kann.

Ein Schwein sagt uns nicht, daß ihm das Meisterwerk nicht gefällt, an dem Sie gerade wochenlang in der Kunstschule gearbeitet haben. Sie bekommen keine geknallt, wenn Sie seine übersensiblen Gefühle mit einer unbedachten Äußerung verletzen. Es schiebt das Essen nicht beiseite, das Sie gerade mit viel Liebe zubereitet haben, und sagt: „Pfui, das ist ja gräßlich. Können wir denn nicht wieder Pizza haben?" Es gibt keine derartigen Taktlosigkeiten.

Um diesem Leid und diesem Schmerz zu entgehen, müssen wir damit aufhören, oberflächlich zu leben, und uns nach innen wenden. Sobald wir die Schichten unserer anerzogenen Verhaltensweisen abschälen und nur aus unserem Herzen handeln, lassen wir unsere Ängste und Aufregungen hinter uns. Dann können Sie sagen, selbst wenn es nur für einen kurzen Augenblick ist: „Ach ja, ich weiß, ich fühlte mich von ihr im Stich gelassen, aber trotzdem ist sie ein netter Mensch."

Das Schwierige an diesen inneren Schichten unseres Wesens ist, daß sie ein wahres Minenfeld sind. Da lauern in jeder dunklen Ecke Zeitbomben, die nur darauf warten, daß der unvorsichtige Reisende den falschen Fuß zur falschen Zeit auf die falsche Stelle setzt. Wenn wir die verborgenen Tiefen unseres Selbst erforschen, lösen wir hin und wieder versehentlich eine dieser Explosionen aus. Und was machen wir dann? Wir ducken uns und suchen wieder einmal in den äußeren Schichten Schutz, und dort lassen wir unsere Gefühle mit uns durchgehen.

„Ich muß etwas tun ... ich brauche ein Hobby ... ich muß ein Auto kaufen ... ich muß eine Jacht haben ... ich muß ein Haus kaufen ... die Wände tapezieren ... noch einmal tapezieren ... ausmalen ... ein neues Sofa kaufen ... es dorthin stellen ... etwas tun, etwas tun ... alles, um mich davor zu bewahren, stillzustehen und eine weitere Reise nach innen zu riskieren, denn wenn ich mich dorthin begebe, wird mir nicht gefallen, was ich vorfinde."

Das Schöne daran ist, daß Sie ein erfahrener Lehrer an die richtige Tür und auf den Weg ins Zentrum bringen kann und Ihnen dabei hilft, die Zeitbomben zu entschärfen. Hier entdecken Sie Ihre eigene ursprüngliche Kraft, Ihre eigene Präsenz und Ihr eigenes Gefühl von Einheit und Einssein. Wenn Sie das entdecken, erkennen Sie allmählich auch die vorhandene Weisheit. Sie haben ursprünglich vielleicht gar nicht vorgehabt, nach Weisheit zu suchen, aber Sie werden sie immer entdecken, ob Ihnen das gefällt oder nicht! Und die sanfte Stimme der Weisheit wird Ihnen zuflüstern: „Erinnerst du dich noch an die Zeit vor fünf Jahren, als du so wütend über deine Freundin warst? Ich glaube, es ist an der Zeit, das zu klären."

Wie klären wir es? Beginnen Sie mit Loslassen. Und aufgrund der vorhandenen Weisheit fühlen Sie sich vielleicht stark genug, um die Zeitbombe zu nehmen und zu entschärfen, und Sie werden feststellen, daß die Liebe zurückbleibt und die Reaktion verschwindet. Durch den Mut, den Sie durch diesen ersten Erfolg gewonnen haben, können Sie dann weitermachen und sachte den Weg vor sich räumen.

Eine persönliche Herausforderung

Wenn Sie damit beginnen, all die Zeitbomben zu beseitigen, werden Sie feststellen, daß Sie die kleinen sehr rasch ausschalten. Aber die großen sind leider etwas hartnäckiger. An dieser Stelle beschließen Sie vielleicht, daß Sie über dieses Anfangsstadium hinausgehen möchten. Wenn Sie das tun wollen, müssen Sie bereit sein, Ihre ganze Perspektive zu ändern.

In dem Augenblick, in dem Sie diese bedeutungsvolle Realität betreten, wird Ihnen alles offenbart, und Sie werden das Weinen jedes einzelnen Kindes auf diesem Planeten spüren. Sie werden die Verzweiflung einer Mutter spüren, die in einer Wüste sitzt und versucht, Ihr Kind an einer Brust zu stillen, in der keine Milch ist. Sie werden es spüren, und Sie werden dasitzen und meditieren und weinen. Deshalb kann ich Ihnen nicht versprechen, daß dieser Prozeß schmerzlos sein wird.

An dieser Stelle wird sich Ihnen eine völlig neue Welt auftun. Alles, was Sie für beständig hielten, wird Ihnen jetzt unbeständig erscheinen. Sie werden die Dinge anders betrachten, und Sie werden auch eine andere Empfindung haben ... für Ihr Haus, Ihre Kleidung oder Ihr Geld. Sie werden ein völlig anderer Mensch sein. Bis zu dieser Stelle kann ich Sie bringen, ohne Ihnen mehr als nur ein wenig Unbehagen zu verursachen, aber von da an kann ich nichts mehr versprechen.

Wie weit Sie auch auf diesem Weg zu gehen vorhaben, eines kann ich Ihnen versichern: Das ist nichts für jemanden, der faul oder geistig träge ist. Selbst wenn ein solcher Mensch die Herausforderung überhaupt annimmt, dann wird er über die ersten paar Schichten nicht hinauskommen. Das ist eine Mission, die geistige Wendigkeit und Aktivität erfordert, dafür braucht man Entschlossenheit und Engagement. Man muß imstande sein zu sagen: „Es macht nichts, was andere Leute tun, ich muß etwas erledigen, und ich werde damit weitermachen." In den Worten von Swami Vivekananda: „Erhebe dich, wache auf und hör nicht auf, bevor das Ziel erreicht ist."

Hier wird Ihnen eine sehr persönliche Herausforderung angeboten. Werden Sie all die Fähigkeiten einsetzen, die Ihnen zur Verfügung stehen, um die Herausforderung anzunehmen? Das ist etwas, das mein früherer Professor tat. Nachdem er monatelang aus dem Hintergrund zugesehen hatte, beschloß er schließlich eines Tages, seine bemerkenswerten Energien und Talente vom Zweifel und der Ungläubigkeit weg und hin zur Offenheit und Aufgeschlossenheit zu lenken.

„Ich habe all die Monate beobachtet, wie Sie arbeiten", vertraute er mir eines Tages an, „und ich muß zugeben, daß ich anfangs äußerst skeptisch war, als Sie mir von dieser inneren Einkehr erzählten. Ich verstehe noch immer nicht, wie das geht, aber ich muß

sagen, daß es Sie auf eine Weise beeinflußt, die ich nur als positiv beschreiben kann. Möchten Sie mir mehr davon erzählen?"
„Natürlich, Professor", erwiderte ich. Ich war begeistert, denn ich wußte, daß er enorm engagiert war. „Ich werde Ihnen eine ganz einfache Technik zeigen, die Sie jederzeit, wenn Sie wollen, auch hier im Labor, üben können. Haben Sie Ihre Uhr dabei?"
Er zog eine dieser kunstvoll ausgeführten Uhren hervor, die dazu verwendet werden, Experimente zu stoppen, und ich stellte sie auf seinem Schreibtisch vor ihm auf. „Beobachten Sie einfach den Sekundenzeiger, Professor", sagte ich zu ihm. „Verfolgen Sie ihn ständig mit Ihren Augen, während er sich um das Zifferblatt bewegt. Lassen Sie ihre Augen nicht abschweifen, und lassen Sie keinen anderen Gedanken aufkommen, während Sie das machen. Probieren Sie, ob Sie das eine halbe Stunde lang schaffen."
Damit trat ich zurück und beobachtete ihn aus einiger Entfernung, während er sich an die Aufgabe machte. Sein Blick war auf das Zifferblatt fixiert, doch an seinen Reaktionen erkannte ich, daß es nicht einfach für ihn war, seine Aufmerksamkeit ganz auf den Sekundenzeiger zu lenken. Plötzlich griff er hoch und nahm seine Brille ab, die auf seiner Nasenspitze saß, und schaute mich mehr als irritiert an. „Das ist doch lächerlich!" sagte er. „Was hat denn diese Übung überhaupt für einen Sinn?" „Es ist eine Konzentrationstechnik, Professor", antwortete ich. „Ich weiß, daß Sie einen sehr starken Geist haben. Können Sie dieses Potential genauso sehr für diese Aufgabe einsetzen, wie Sie es für Ihre Laborarbeit tun?" Nachdem ich die Herausforderung wiederholt hatte, drehte er sich wieder um, setzte seine Brille auf und wandte sich, entschlossener als zuvor, der Übung zu. Es wurde still, aber bald war er wieder auf den Beinen.
„Ich gebe auf", erklärte er schließlich und verließ den Raum.
Mir wurde aber bald klar, daß er nicht aufgegeben hatte. Mein Labor befand sich ein Stück weiter den Gang hinunter, und ich mußte jeden Tag an seiner Tür vorbeigehen. Wenn ich hineinschaute, sah ich ihn oft mit seiner Uhr an seinem Schreibtisch sitzen und es probieren. Ich konnte ihn beinahe zu sich selbst sagen hören: „Ich werde diese Uhr schlagen." Eines Tages, ungefähr ein Semester später, kam er in mein Labor gestürmt. „Ich schaffe eine Minute", verkündete er triumphierend, und ich konnte dieses Gefühl des Erfolgs nicht nur in seiner Stimme, sondern in seinem gesamten Wesen

spüren. Er hatte all seine geistigen Ressourcen und all seine Entschlossenheit dieser einen Aufgabe zugewandt und das geschafft, was anfangs wie ein unerreichbares Ziel schien. Und es war eine beträchtliche Herausforderung gewesen – wie sie es auch für Sie sein wird. Werden Sie sie annehmen, wie es mein Professor tat?

Das Wunder des Lebens – Meditation

In dem Moment, in dem wir aufhören, die Macht der Liebe und der Wahrheit zu leugnen, entsteht etwas ganz Heiliges und Tiefgründiges in unserem Leben. Das kann man nicht in Worten ausdrücken, aber diejenigen, die es kennen, können es auch in anderen spüren. Wenn Sie diese Worte lesen, halten Sie eine Weile inne, und denken Sie darüber nach, welches Wunder sich hinter diesem Augenblick verbirgt. Seien Sie still genug, damit sich Ihnen die Wahrheit offenbaren kann. Machen Sie sich bewußt, welch großes Glück Sie doch haben.

Warum sind gerade Sie einer der wenigen von Millionen Menschen, der in der glücklichen Lage ist, daß sich ihm die Wahrheit offenbart? Können Sie sich die Wahrheit als eine sehr schöne Blume vorstellen, die aus Gottes Garten gepflückt und auf die Erde verpflanzt wurde? Können Sie akzeptieren, daß Sie eine Blume sind, die weder mit der Zeit verwelkt, noch durch die Stürme des Lebens ihren Duft verliert? Sie schließt sich nicht, wenn die Sonne über dem Horizont versinkt, sondern verschmilzt mit der Ewigkeit.

Sie sind hier. Staunen Sie über das Wunder Ihrer Gegenwart. Sehen Sie, wie das Licht Gottes auf Sie strahlt. Das ist keine Phantasiereise. Das ist der Weg zum gesunden Verstand. Öffnen Sie Ihr Herz der Möglichkeit, daß Sie trotz all des Kummers und des Unglücks, die Ihnen vielleicht in Ihrem Leben widerfahren sind, ein ganz besonderer Mensch sein könnten. Wenn Sie Augen haben, um zu sehen, und Ohren, um zu hören, dann finden Sie die Antwort über den Himmel geschrieben und im Echo des Donners: „Ja! Ja! Ja!"

Können Sie es hören? Können Sie es sehen?

Öffnen Sie sich der Kostbarkeit des Augenblicks, der über die Ewigkeit hinausgeht. Das ist der Grund, aus dem Sie hier sind.

*Willkommen
in Ihrem Reich*

Immer wieder kehren wir zum Thema Loslassen zurück. Sobald wir lernen, aufmerksamer zu leben, stellen wir fest, daß die Emotionen, die uns bisher blockiert haben, allmählich ihre Macht über uns aufgeben. Von unserer gewohnten Last befreit, schauen wir uns um und entdecken eine offene Tür, die uns anlockt.

Während wir näher und näher kommen und die wohlige Aura des Friedens und der Liebe, die von ihr ausgeht, uns immer mehr umhüllt, stellen wir fest, daß wir die Klarheit gefunden haben, die Fesseln unseres Geistes zu erkennen und uns daraus zu befreien. Wir verstehen plötzlich, daß wir aus eigenem Entschluß von unseren Launen und Wünschen unterdrückt wurden, und wir können uns auf genau dieselbe Weise durch unseren eigenen Willen von ihnen befreien.

Endlich können wir zurücktreten und unsere Gedanken und Gefühle objektiv betrachten. „In was für einen interessanten Zustand sich mein Geist heute gebracht hat", können wir uns dann mit einem etwas gequälten Lächeln selbst sagen, während wir uns daranmachen, ihn von seinen unlauteren Machenschaften abzubringen und zu transformieren.

Niemand zu sein bedeutet, alles zu sein

Ich stelle mir das gerne so vor. Ich bin hier – Mansukh ist hier –, ich existiere einfach friedlich.

Dann kommt jemand und sagt mir, daß er mich nicht mag.

Mein Geist wird in Aufruhr versetzt.

Jetzt bin ich aufgewühlt.

Nach einer Weile beruhige ich mich wieder.

Der Aufruhr verschwindet.

Ich bin noch immer hier.

Im nächsten Augenblick kommt jemand und sagt mir, daß er mich liebt.

Die Liebe kommt zu mir.

Jetzt bin ich hier und habe Liebe.

Bald schon beschließt diese Person, jemand anderen zu lieben.

Die Liebe ist verschwunden.

Ich jedoch bin noch immer hier.

Das nächste Kapitel tut sich auf, wenn mir jemand sagt: „Ich glaube, du bist sehr wichtig für mich."

Bedeutung und Prestige kommen.

Ich bin jetzt hier und fühle mich bedeutsam.

Dann wird mir plötzlich klar, daß niemand zu sein bedeutet, alles zu sein.

Die Bedeutung verschwindet, und ich bin immer noch hier.

Je nach unseren Beweggründen, Aktionen und Reaktionen ändert sich unser Gemütszustand. Wir alle haben in unserem Leben bestimmte Pläne, gewisse Ziele. Ob es sich dabei um eine edle oder schändliche Sache handelt, ist dabei völlig unerheblich. Doch jedesmal, wenn wir uns in eine Situation begeben, in der wir von unserem Gemütszustand beherrscht werden, kann es sein, daß wir enttäuscht werden, denn dieser Zustand wird sich garantiert früher oder später ändern.

Sie können beispielsweise eine wunderbare Meditation erleben, in der alles gut geht – keine schmerzenden Knie, keine Rückenschmerzen, keine Schulterschmerzen; alles ist perfekt. Dann verlassen Sie das Zimmer und treten in einen großen Nagel. Ihre ganze Gemütsruhe ist auf einmal verschwunden. Können Sie diesen friedlichen Zustand loslassen und das Unbehagen akzeptieren, ohne einen Verlust zu verspüren?

Wir haben die Wahl

Wir trachten danach, dieses Gefühl der Befreiung zu verspüren, das entsteht, wenn wir unseren Gemütszustand zu verstehen beginnen. Unsere Gedanken bestimmen, wie wir uns fühlen, und wir erlauben ihnen ständig, uns zu beherrschen. Diese Gedanken spiegeln jedoch nicht unbedingt unser wahres Inneres wider. Beispiele dafür finden wir jeden Tag.

Wenn ich Sie darum bitten würde, mir bei einem Buch zu helfen, das ich schreibe, würden Sie sich vielleicht denken: „Ich glaube, das erfordert mehr Konzentration, als ich momentan aufbringen kann. Ich hatte einen langen, anstrengenden Tag und bin jetzt nicht in der Verfassung dazu."

Wenn ich Ihnen andererseits im nächsten Augenblick sagen müßte, daß jemand, der Ihnen sehr am Herzen liegt, einen Autounfall hatte, wären Sie sofort wieder auf den Beinen. Ihre Müdigkeit würde augenblicklich verschwinden, weil Sie diesen trägen Gemütszustand sofort ablegen würden. Und dieser Wandel käme durch sie selbst zustande. Er entstünde aus einem Gefühl der Sorge, der Weisheit und des Mitgefühls.

Bei der Meditation lernen wir die Verinnerlichung des Körpers kennen und wie die Atmung in Verbindung mit dem Körper und dem Geist funktioniert. Wenn Sie den Atem als ein Werkzeug einsetzen, mit dem Sie die Peripherie des Geistes durchdringen, wird Ihnen klar, daß es sich beim Geist nicht einfach um eine große amorphe Masse handelt (wie wir in früheren Kapiteln gesehen haben).

Die Suche nach Glück

Unser Gemütszustand ändert sich ständig, und doch versuchen wir, der gegenwärtig vorherrschenden Stimmung etwas Dauerhaftes, ja sogar unser ganzes ‚Ich'-Sein zuzuschreiben. In unserem ganzen Leben geht es dauernd um die Suche nach Glück, aber betrachten wir eine Minute lang, was es wirklich heißt, glücklich zu sein. Wer ist glücklich?

Stellen Sie sich vor, Sie hätten Ihr Augenlicht oder vielleicht Ihr Gehör verloren. Würde Sie das automatisch daran hindern, glücklich zu sein? Vielleicht kennen Sie jemanden, der eines seiner Gliedmaßen verloren hat, oder jemanden mit einem Herzschrittmacher oder sogar jemanden, der Krebs hat. Wenn, dann wird Ihnen zweifellos bereits klar sein, daß es für jemanden in diesem Zustand durchaus möglich ist, seine Seelenruhe zu bewahren.

Wie oft hören wir jemanden sagen: ‚Mir geht es gut; es ist nur mein Körper, der mir weh tut!'

Wer bin ich?

Es scheint, als würden wir dem Körper ständig zuviel Bedeutung beimessen. Indem wir uns so eifrig um unseren Körper kümmern, vergessen wir beinahe unseren Geist. Aber jetzt taucht die nächste

Hürde auf. Wenn sich unser Gemütszustand so häufig ändert, dann kann ‚ich' doch gewiß nicht mein Geist sein. Was liegt jenseits des Geistes? Was genau ist das, das einen Schritt zurückzutreten und diese Veränderungen zu beobachten, das Kommen und Gehen von Sorge und Glück, Wut und Akzeptanz, Unruhe und Frieden aufzuzeichnen scheint?

Das beginnen wir zu entdecken, wenn wir uns während der Meditation auf unseren Körper einstellen. Wir spüren plötzlich ein warmes Gefühl. Wir beobachten es ... und lassen es los. Als nächstes verspüren wir Kälte. Wir beobachten sie ... und lassen sie los. Auf dieselbe Weise taucht ein Jucken oder ein Schmerz auf, wir beobachten ihn ... und lassen ihn los. Bei diesem Loslassen gibt es kein Unterdrücken. Wir rufen nicht ‚Stop!' Wir treten einfach zurück und beobachten das Unbehagen. Unbehagen, wo? Im Knie. In wessen Knie? Nennen Sie es nicht ‚mein' Knie. In dem Augenblick, in dem Sie es ‚mein' Knie nennen, sind Sie in Schwierigkeiten.

Wenn Sie das Unbehagen beobachten, wird es sich wie ein große Welle erheben, anschwellen und dann wieder verebben. Es wird verschwinden. Wenn Sie nicht dagegen ankämpfen, werden die Wellen sanfter und sanfter werden, bis nur noch eine ruhige See übrig bleibt.

Sobald sich alle Wellen Ihres Geistes gelegt haben, wird dieser ruhige Zustand zurückbleiben, und Sie werden mit dem absoluten Sein in Verbindung treten. Versuchen Sie es bitte, und erleben Sie es selbst.

Der Tanz des Lebens

Die meisten Menschen leben nur halb in dieser Welt und halten Schatten für die Realität – wie die Höhlenmenschen, von denen ich als Kind so viel hörte. Diese Menschen stehen im Kreis am Rand in ihrer Höhle und sind so zusammengekettet, daß sie nur in Richtung Wand blicken können. In ihrer Mitte brennt ein Feuer, und die Flammen lodern und erleuchten die ganze Höhle. Um das Feuer herum tanzt eine andere Gruppe von Menschen, und ihre Schatten werden auf die Seitenwände der Höhle projiziert. Die Höhlenwände werden zu einer Art Leinwand, auf der unsere aneinander geketteten

Freunde das Leben betrachten. Was sie sehen, wird für sie zur Realität. Für sie ist das das Leben. Und solange jeder mitmacht und sich an die ‚Regeln' hält, wird das auch weiterhin ihr Leben sein.

Es erfordert jedoch nur einen Menschen, der die Weisheit und die Kühnheit aufbringt, sein Schicksal zu hinterfragen und seine Ketten zu sprengen. Zum ersten Mal in seinem Leben dreht er sich um, und es bietet sich ihm ein so wunderbarer Anblick, daß man ihn gar nicht beschreiben kann.

Dieser mutige Pionier wird mit einem flüchtigen Blick auf die Realität in ihrer ganzen Fülle belohnt. Während er seine Augen an der Schönheit des Lebens, die er jetzt sieht, weidet, bemüht er sich innerlich darum, eine Möglichkeit zu finden, seinen Gefährten ein Bild von dieser prächtigen Szene zu vermitteln. Er hofft dabei, sie dazu zu motivieren, daß sie sich ebenfalls befreien und umdrehen möchten.

Aber werden sie zuhören? Werden Sie die Ketten sprengen? Es ist gar nicht leicht, sich aus der Zwangsjacke zu befreien, die Sie einengt, wenn Ihre ganze Vorstellung von der Realität auf einer Illusion beruht und von der gleichen Illusion der anderen Beobachter des Lebens unterstützt und bestärkt wird.

Eine andere Realität

Begeben wir uns jetzt von der Höhle ins Wohnzimmer.

Wie kamen wir auf die Idee, daß ein Fernseher in der Ecke des Zimmers der wichtigste Faktor bei unserer Suche nach der Seele sei? Soviel ich weiß, steht in keiner der heiligen Schriften geschrieben, daß Sie durch eine Sesselgarnitur befreit werden; auch der beste Teppich der Welt kann das nicht für Sie tun. Nirgends habe ich einen Hinweis darauf gefunden, daß dies der Weg zur Erleuchtung ist, und doch hat man uns glauben gemacht, daß diese Dinge alles sind, was wir im Leben brauchen. Kaufen Sie das schnellste Auto, das es gibt, und Sie sind schneller dort. Wo? Höchstwahrscheinlich im Krankenhaus. Aber das ist keine Befreiung.

Irgendwie sind wir an Händen und Füßen gefesselt und sitzen fest, wie angewurzelt. Aber die meisten Menschen erkennen diesen

Aspekt ihres Daseins nicht. Wenn ich Ihnen sagen würde, daß es genau in diesem Zimmer, in dem Sie sitzen, eine allumfassende Realität gibt, die weit über das Unbehagen hinausgeht, das Sie vielleicht in Ihrem physischen Körper verspüren, würden Sie das bezweifeln. Sie würden wissen wollen, ob es sich dabei um eine Metapher oder um ein Paradoxon handelte. Sie würden sich fragen, ob ich in Form einer Parabel spreche. Aber die Antwort auf all diese Fragen wäre ‚Nein'. Ich spreche eindeutig von der Realität.

Doch damit würden Sie sich nicht zufrieden geben. „Warum kann ich sie nicht sehen?" würden Sie als nächstes wissen wollen. Die Antwort darauf ist einfach – Sie können sie nicht sehen, weil das Auge nicht das Organ ist, mit dem man die wahre Realität wahrnimmt. So wie die Ohren nicht sehen können, der Mund nicht hören kann, die Hände nicht sprechen können, so ist das Auge nicht imstande, sich auf die Realität einzustellen, die alles Leben aufrecht erhält.

Machen wir jetzt einen weiteren Sprung, und gehen wir vom Geist zum Herzen über. Ich hoffe, Sie können mir so weit folgen!

Die Sprache des Herzens

Der heilige Franziskus von Assisi war für seine Fähigkeit bekannt, auf dieser Ebene mit dem Tierreich kommunizieren zu können, und es gibt viele schöne Geschichten, die das belegen. Eine besonders rührende Erzählung berichtet davon, wie er die Harmonie zwischen einem räuberischen Wolf und den verängstigten Dorfbewohnern, die ihn um Hilfe baten, wiederherstellte.

Jeden Tag tauchte der Wolf aus dem nahen Wald auf, um ihre Hühnerhöfe zu plündern. Diese täglichen Raubzüge setzten dem Dorf arg zu, dessen Bewohner nicht mehr weiter wußten. Da sie von seiner besonderen Beziehung zu allen Lebewesen wußten, verlangten sie, ihn zu sehen, als er auf seinen Reisen durch ihr Dorf kam. Sie schütteten ihm all ihre Sorgen aus. „Wir sind mit unserer Weisheit am Ende", vertrauten ihm die Dorfältesten verzweifelt an. „Wir haben alles versucht, was uns einfällt, aber diese Überfälle gehen immer weiter."

„Macht euch keine Sorgen mehr darum", beruhigte der heilige Franziskus sie. „Ich werde nach dem Wolf suchen und mit ihm reden."

Trotz der Proteste der Dorfbewohner machte er sich auf den Weg in den Wald, um den Wolf zu suchen. Es dauerte nicht lange, bis sich ihre Wege kreuzten. Der Heilige hielt an, setzte sich vor dem Wolf hin und sprach mit ihm in der stillen Sprache des Herzens. „Bruder Wolf", sagte er zu ihm, „warum belästigst du die Dorfbewohner?"

„Ganz einfach", erwiderte der Wolf in dieser stillen Kommunikation, „ich bin ein alter Wolf. Immer wenn ich auf die Jagd gehe, verschwinden alle Tiere, weil sie viel schneller sind als ich. Die langsamsten Tiere, die ich finden kann, leben im Dorf. Wenn ich nicht dort hinginge, würde ich verhungern."

Das war also der Grund! Und man fand eine ebenso einfache Lösung. Von diesem Tag an hinterließen die Bewohner jeden Tag am Dorfrand etwas zu fressen. Der Wolf kam, fraß, kehrte wieder in den Wald zurück und ließ die Dorfbewohner in Ruhe. Solange er noch lebte, wurde er von den Dorfbewohnern gefüttert, und die Harmonie wurde wiederhergestellt.

Es ist diese Art der Verständigung in ihrer einfachsten, aber vollkommensten Form, die wir zwischen uns selbst und Gott herzustellen versuchen. Es mag beunruhigend sein, daß sie uns von unserer gewohnten Form der Kommunikation abbringt, und sie lockt uns in unbekannte und unerforschte Gefilde, aber welche Alternative haben wir? Wenn Sie nach vierzig Jahren, in denen Sie Tag für Tag, Woche für Woche dasselbe getan haben, nach denselben alten Normen gelebt haben, in denselben finsteren Seitengassen verweilt sind, danach streben, das Leben in seiner ganzen Fülle auszukosten, was haben Sie da schon zu verlieren, wenn Sie sich selbst sagen: „Ich glaube, es ist an der Zeit, mein Leben und meine Werte neu zu überdenken."

Die Quelle der Kraft

Das klingt ganz einfach, und die Wahrheit ist auch einfach; sie ist nicht kompliziert oder voreingenommen – im Gegensatz zu unseren

Vorlieben und Abneigungen. Sie aber sind extrem voreingenommen. Wenn Sie Ihr Leben also darauf aufbauen, Dinge zu tun, die Ihnen Spaß machen, und Sie vermeiden all die Dinge, die Sie nicht mögen, dann werden Sie immer zwischen glücklich und traurig schwanken. Das geht endlos so weiter. In einem Augenblick sind Sie glücklich, im nächsten unglücklich, und Sie werden ständig von einem Extrem ins andere schwanken. Sie werden niemals, niemals den Zustand der Gelassenheit erlangen, wenn Sie davon ausgehen, was Sie mögen und was Sie nicht mögen. Sie müssen sich Ihren Vorlieben gegenüber neutral verhalten.

Sie können vierzig oder fünfzig Jahre lang den besten Job der Welt ausüben und dabei alles tun, was Ihnen wirklich Spaß macht. Doch selbst nach all den Jahren, in denen alles glatt lief, kann Ihnen noch eine Enttäuschung bevorstehen, weil immer nur Ihre Vorlieben im Vordergrund standen. Und diese enge Verbundenheit mit Ihren Vorlieben wird Sie wahrscheinlich nach fünfzig Jahren hintergehen. Ich kenne viele Menschen, die in diese Falle getappt sind. Folgen Sie mir, damit ich Ihnen ein paar gute Freunde und ihre wahren Lebenserfahrungen vorstellen kann?

Fünf enge Freunde meines Vaters hatten in derselben Firma wie er gearbeitet, seit sie die Schule verlassen hatten. Sie hatten ihrer Arbeit ihr ganzes Leben gewidmet und waren vom Reinigungsdienst in angesehene Managerpositionen aufgestiegen. Es war der perfekte Job für sie, und sie hofften, ihn bis zu ihrer Pensionierung zu behalten. Das geschah auch beinahe. Doch leider wurden sie nach vierzig Jahren treuer Dienste plötzlich entlassen. Natürlich waren sie am Boden zerstört. Für sie war eine ganze Welt zusammengebrochen.

Sie hatten keinerlei Rückhalt, denn sie hatten ihre Energie nie dafür eingesetzt, ihre inneren Ressourcen zu stärken.

Ich habe einen Freund, der ein brillanter Konzertpianist war. Er konnte mit seinem Spiel Hunderte von Menschen in seinen Bann ziehen. Er liebte seine Arbeit, und nach vierzig Jahren war er ziemlich bekannt. Doch bei einem Spaziergang auf einen Berg verlor er den Halt und stürzte. Er versuchte, seinen Sturz mit der Hand abzufangen, die dabei verletzt wurde. Nur zehn Minuten und ein Ausrutscher beendeten eine Karriere, die aufzubauen er beinahe ein halbes Jahrhundert gebraucht hatte.

Sobald Ihnen das Wesen des illusionären Lebens klar zu werden beginnt, sind Sie in der Lage, die Wege zu erforschen, die zur Realität führen. Haben Sie keine Angst, wenn Sie das Ziel nicht gleich sehen können, und glauben Sie nicht, daß es reicht, sich von meiner Erfahrung überzeugen zu lassen. Damit könnten Sie sich auf rutschiges Terrain begeben. Genau auf diese Weise machen sich die Menschen eine bestimmte Vorstellung von den Dingen und bilden sich eine starre, dogmatische Meinung, an der sie unerschütterlich festhalten.

Erleben Sie es selbst mit Hilfe der kontemplativen Meditation. Diese Technik, die wir anwenden, wird, obgleich simpel, von allen Kulturen und Religionen verwendet und hat die Macht, Ihr ganzes Leben zu erleuchten und zu klären.

Die Botschaft, die ich auf diesen Seite zu vermitteln versuche, lautet: „Hier sind Sie, hier ist Ihre Übung. Los geht`s!" Sobald Sie diese persönliche Verbindung zur Realität hergestellt haben, wird es nichts mehr ausmachen, was Ihnen ein anderer sagt. Sie werden die Wahrheit kennen, und das Gefühl, das Wahre und Richtige zu tun, wird in Ihnen aufkommen.

Daraus wird etwas anderes entstehen, und dieses ‚Etwas' wird Ihr Leben so verändern, daß es gar nicht wiederzuerkennen ist. Sie werden das Lachen entdecken. Wehren Sie sich nie gegen das Lachen; es ist der beste Heiler. Wenn Sie lachen, kommen Sie dem Herzen Gottes am nächsten. Durch dieses Lachen transformieren Sie die Verzweiflung eines Lebens voller Illusionen. Durch das Lachen werden Sie frei.

Die Wahrheit läßt sich nicht verbergen

Während Sie auf diesem Weg der Entdeckung voranschreiten und die Erfahrung für Sie real wird, tragen Sie sie ständig mit sich. Lassen Sie die Menschen an Ihrem Gesicht erkennen, daß Sie etwas ganz Besonderes gefunden haben; lassen Sie Ihre Augen voller Würde leuchten; verkünden Sie Ihre Botschaft auf stille, jedoch unmißverständliche Weise – denn sie wird für jene, die sehen können, sehr sichtbar sein.

Ein solcher Mann, der von dem, was er für wahr hielt, voll und ganz überzeugt war, widmete sein Leben während des Zweiten Weltkriegs der Aufgabe, den Frieden zu fördern. Als Wanderprediger in den birmanischen Wäldern brachte er die japanische Armee in manch peinliche Lage, so daß sie bald beschloß, ihn aufzuhalten. Unbeirrt setzte der Prediger seine Reise fort, spürte Menschen auf, die gewillt waren, auf die Wahrheit zu hören, und verließ sich auf das Wohlwollen und den Mut jener, die bereit waren, ihn vor seinen Verfolgern zu schützen.

Schließlich holten ihn die japanischen Soldaten doch ein. Obwohl die Dorfbewohner, die ihn beschützten, vehement leugneten, seinen Aufenthalt zu kennen, hatten die Soldaten einen Tip bekommen und wollten nicht lockerlassen. „Wir sind nicht für ein Spielchen hier", schnauzte ihr Kommandant sie wütend an. „Wir wissen, daß er hier ist, und sind nicht gewillt, noch länger zu warten. Wenn er uns nicht sofort übergeben wird, nehmen wir eure Frauen und Kinder mit und erschießen sie, eine nach der anderen, bis wir ihn finden."

Bestürzt und erschüttert versammelten sich die Dorfältesten sofort, um zu beraten, was sie tun sollten. Um das Leben ihrer Frauen und Kinder besorgt, beschlossen sie notgedrungen, den Mann an die Soldaten auszuliefern. In jener Nacht hörte man seine Schreie im ganzen Dorf, als er gefoltert und getötet wurde.

Einige Jahre später kam ein Hellseher in dieses Dorf. Als er sich den ersten Häusern näherte, bemerkte er die Überreste eines kleinen Kunstgegenstands, den jener weise Mann immer bei sich getragen hatte. Man hatte ihn seit jenem letzten Besuch auf einem Baum am Dorfrand hängen lassen. „Wo kommt denn das her?" fragte er die Dorfältesten, als sie ihn begrüßten.

„Es gehörte einem Mann, der zu uns kam, um Frieden zu predigen", sagten sie und erzählten den ganzen Vorfall ihrem Besucher, der mit ernstem Gesicht zuhörte. Als ihre Geschichte beendet war, saß er eine Zeitlang still da.

„Wie seid ihr zu eurem Entschluß gekommen, den Prediger auszuliefern?" fragte er schließlich.

„Wir haben in den heiligen Schriften nachgesehen", erwiderten sie. „Wir lasen, daß es manchmal nötig ist, einen für das Wohl vieler zu opfern."

„Das war falsch", meinte er. „Der Mann, den ihr vor all den Jahren ausgeliefert habt, war ein Prophet, der gekommen war, um euch und Tausende Menschen wie euch zu retten. Statt in euren Büchern nach der Antwort zu suchen, hättet ihr in seine Augen schauen sollen. Dort hättet ihr die Wahrheit gefunden."

Der Frieden beginnt in uns

Wir sehen jetzt, daß wir unser Hauptaugenmerk immer darauf richten müssen, innerlich gesammelt und ausgeglichen zu sein. Ohne das wird jede Aufgabe, wie grandios sie uns auch erscheinen mag, unbedeutend.

Meine eigene Tätigkeit – mit Krebspatienten zu arbeiten – ist sekundär im Vergleich zur Wahrung meiner inneren Stärke. Meine Tätigkeit als Yogatherapeut und Osteopath nimmt nur den zweiten Rang hinter meiner persönlichen Harmonie ein. Diese anderen Dinge sind nur ein Teil dessen, was um meinen Mittelpunkt herum vorgeht; es ist beinahe so, als ob sie Verlängerungen meiner Arme wären. Wenn das Zentrum nicht ausgeglichen ist, dann ist es einerlei, wie viele Aufgaben ich erledige oder wie gut ich darin bin. Auf lange Sicht sind sie nur begrenzt nützlich.

Was versuchen wir also zu tun? Wir versuchen, die Illusion zu sehen, die uns umgarnt hat. Es ist schon in Ordnung, von anderen darauf hingewiesen zu werden, es ist sogar unerläßlich für unsere Suche und macht niemanden besser oder schlechter als irgend jemand anderen.

Hinter jedem menschlichen Wesen und allem, was auf dieser Welt geschieht, stecken Wahrheit und Rechtmäßigkeit. Es gibt keinen Grund dafür, irgend jemanden oder irgend etwas zu verleugnen. Es war schon immer mein größter Traum, daß eines Tages alle Menschen und alle Taten auf dieser Erde aus einer einzigen Vision hervorgehen. Stellen Sie sich vor, wie schön es wäre, wenn die Erde eins wäre. Man sieht diese Entwicklung in vielen Gemeinschaften, wo Menschen mit unterschiedlichem religiösen, kulturellen und schulischen Hintergrund zusammenkommen, um ein Bündnis der Einheit zu schaffen, das wächst und sich ausdehnt. Das ist mein

Traum. Ich hoffe, ich kann meinen Teil dazu beitragen und ihn als Traum des Lebens an diese Welt weitergeben.

Diese Macht Gottes ist in jedem von uns vorhanden. Die Augen sind wirklich der Spiegel der Seele. Sie reflektieren voller Würde ein gütiges, gefaßtes Herz und einen ruhigen, friedlichen Geist. Können Sie diese Entwicklung an sich selbst entdecken?

Zünden Sie Ihre Lampe an

Ich erinnere mich an ein Ereignis, das vor vielen Jahren in einem Dorf im Norden Indiens stattfand. Es war ein ganz gewöhnlicher Abend in jenem Teil der Welt. Es gab natürlich kein Fernsehen, also war es üblich, daß sich die Menschen am Abend im Wald versammelten. Das nennt man „Satsang". Man sang, erzählte sich Geschichten und verbrachte eine vergnügliche Zeit miteinander.

An diesem speziellen Abend, als die Feuer brannten, kam ein alter, blinder Mann hinzu. Die Unterhaltung begann, das Singen kam in Schwung, die Nacht brach über die Menschen herein und umhüllte sie sanft. Die Zeit verging rasch, während sie in die Worte und die Musik vertieft waren, bis sich der Abend zu Ende neigte und sich nach und nach jeder auf den Heimweg machen wollte.

Ein junger Mann, der den blinden Mann sah, wie er gerade aufstehen wollte, eilte zu ihm hin und sagte: „Bapu (was soviel wie Vater bedeutet), kann ich euch helfen?"

„Ist schon gut, mein Sohn", erwiderte er. „Ich komme schon zurecht." Und er nahm seinen Stab und wollte gehen.

„Aber Bapu", fuhr der junge Mann fort, „ihr wißt doch, was für einen langen Weg ihr vor euch habt, nehmt doch bitte diese Lampe."

„Bist du verrückt?" erwiderte der alte Mann. „Was nützt einem Mann, der nicht sehen kann, eine Lampe?"

„Bapu, ich gebe euch diese Lampe", erklärte er, „nicht, damit ihr seht, wo ihr hingeht, sondern damit andere euch in der Dunkelheit sehen können."

Der alte Mann hielt inne und dachte einen Augenblick lang nach. „Ich danke dir", antwortete er schließlich. „Das ist eine interessante Antwort, die du mir da gegeben hast. Allein wegen der Weisheit deiner Antwort nehme ich diese Lampe mit." Also nahm er die kleine Tonlampe, die ihm übergeben wurde, und ging durch den Wald hinunter in das Tal. Er war jedoch noch nicht weit gekommen, als jemand mit ihm zusammenprallte und ihn umwarf.

„Bapu, es tut mir schrecklich leid", entschuldigte sich der Mann, „ich wußte nicht, daß ihr da wart. Ich konnte euch in der Dunkelheit nicht sehen."

Der alte Mann rappelte sich hoch und rief ärgerlich: „Was ist denn los mit dir? Ich weiß, daß ich blind bin, aber du hast doch Augen, und wenn du mich schon nicht gesehen hast, konntest du dann nicht das Licht in meiner Hand sehen?"

„Aber Bapu", antwortete er verblüfft, „da war kein Licht. Es war völlig dunkel um euch herum." Was der alte Mann nicht wußte, war, daß ein Windstoß seine Lampe ausgeblasen hatte, nachdem er die Höhle nach dem Satsang verlassen hatte. Er hatte sie weiter gehalten und geglaubt, daß sie noch immer leuchte. Als der Mann also mit ihm zusammenprallte, jammerte und klagte er, ohne zu wissen, daß sein eigenes Licht ausgegangen war.

Es gibt eine Möglichkeit, dieses Licht zu hüten, und wir sind selbst dafür verantwortlich, unser eigenes Licht zu entfachen und zu bewahren – denn niemand sonst kann das für uns tun, obwohl uns andere dabei unterstützen können. Meine Eltern fragten mich immer wieder: „Leuchtet dein Licht wohl hell ... oder ist es ausgegangen?" Es ist möglich, daß unser Licht ganz ausgeht, wie das bei dem alten Mann der Fall war, und wenn die Dinge dann schiefgehen, dann zeigen wir mit dem Finger auf einen beliebigen anderen und geben ihm die Schuld dafür. „Es war nicht meine Schuld", erklären wir trotzig. Aber bemerken wir jemals, daß auch drei Finger auf uns zeigen, wenn wir mit einem Finger auf einen anderen zeigen?

Bitte nehmen Sie sich die Zeit, um Ihr Licht zu prüfen.

Letztlich müssen wir uns wieder daran erinnern, daß wir mit allem Leben verbunden sind. Das ist alles. Ich weiß, das ist viel verlangt. Aber mit einem Verstand, der durch Weisheit geschärft wurde, und mit einem Herzen, das durch Liebe gestärkt und geklärt wurde, können wir gar nicht scheitern.

Die verborgenen Botschaften des Lebens

Manchmal erhalten wir sogar schon zur Zeit unserer Geburt einen Hinweis darauf, was noch vor uns liegt.

Als ich geboren wurde, fand die Hebamme, die kam, um meiner Mutter zu helfen, Gefallen an mir. Sie wollte mich gerne mit nach Hause nehmen und behalten. Sie wickelte mich also in ein Tuch und versuchte, sich aus dem Haus zu schleichen, während meine Mutter sich ausruhte. Zum Glück kam mein Vater genau in diesem Augenblick heim und erwischte sie beim Weggehen. „Wo gehen Sie mit dem Baby hin?" fragte er sie. Die nachfolgende Auseinandersetzung scheuchte meine Mutter im Nebenzimmer auf. Sie hatte keinerlei Bedürfnis nach einem Streit, nachdem sie in den Wehen gelegen und ein Kind geboren hatte. „Wir teilen ihn uns", war alles, was sie sagte.

Spüren Sie, was Gott für Sie und mich jetzt tut? Was passierte, als Sie geboren wurden? Sprach Gott zu Ihnen? Und wenn, haben Sie ihn weggestoßen und versucht, die Botschaft zu überhören? Hören Sie zu, wenn Er zu Ihnen spricht? Es gibt kein einziges Wesen, mit dem Er nicht kommuniziert – wenn man sich nur die Mühe zuzuhören macht.

Ein kleiner Junge namens David war überglücklich, als seine Mutter ein kleines Schwesterchen für ihn zur Welt brachte. „Bitte, darf ich in ihr Zimmer und mit ihr sprechen?" bettelte er. Besorgt, daß er der kleinen Neugeborenen in seinem Überschwang weh tun könnte, wollten seine Eltern die beiden zunächst nicht allein lassen. David war jedoch erstaunlich hartnäckig, und schließlich gaben sie nach. Vorsichtshalber schalteten sie die Gegensprechanlage im Babyzimmer ein, bevor sie ihn hineinließen.

Zuerst war es lange still, dann raschelte Papier, als David sein Geschenk an sein kleines Schwesterchen auf ihr Bett legte. Auf das, was sie als nächstes hörten, waren die lauschenden Eltern überhaupt nicht gefaßt. „Hallo, Baby", flüsterte David voller Ehrfurcht. „Ich bin so froh, daß du zu uns gekommen bist, denn ich muß dich um etwas wirklich Wichtiges bitten. Kannst du mich bitte daran erinnern, wie Gott aussieht. Es scheint so lange her zu sein, daß ich Ihn gesehen habe, und ich vergesse schon langsam Sein Gesicht."

Wie William Wordsworth sagte:

„Der Himmel umgibt uns in unserer Kindheit."
Akzeptieren Sie, daß alles Wissen und alle Weisheit, die Ihnen zukommen, eine Art Mitteilung über Gott ist. Gott ist in den Bäumen, in den Bergen und, wie der heilige Franziskus sagte, in der Sonne und im Mond. Gott ist also ganz gewiß im Menschen. Er ist in Ihnen und in mir. Geben Sie Ihm Gelegenheit, in jedem Augenblick in Ihrem Atem aufzuleben. Leugnen Sie Ihn nicht. Beten Sie aufrichtig, und warten Sie, was geschieht – so wie ich das als Kind gemacht habe.

Der Wunsch wird erfüllt

Einer meiner ersten Versuche, mit Gott zu kommunizieren, betraf – ob Sie es glauben oder nicht – einen Strauß. Sind Sie jemals auf einem Strauß geritten? In Kenia, wo ich als Kind lebte, war einer meiner größten Wünsche, auf einem Strauß zu reiten. Ich dachte dauernd darüber nach und saß und betete stundenlang, um eine Möglichkeit zu finden. Schließlich kam ich auf die Lösung.

Ich fand eine geeignete Stelle und grub ein Loch, das etwa einen halben Meter tief war. In das Loch legte ich einen kleinen Haufen Bananenschalen und etwas von einer Banane (den größten Teil der Banane hatte ich gegessen, lange bevor ich das Loch grub!). Ich verspreche Ihnen, das funktioniert, und wenn Sie mir nicht glauben, dann probieren Sie es doch das nächste Mal aus, wenn Sie nach Kenia fahren! Aus irgendeinem Grund lieben Strauße Bananen, und sie können sie kilometerweit riechen. Sobald sie die Bananen auf dem Grund meines Lochs witterten, kamen sie eiligst herbei, und der erste steckte seinen Kopf in das Loch. Da das Loch ziemlich tief war, mußte der Strauß seine Knie beugen. Das war meine Chance. Ich wartete weiter hinten, nahm Anlauf und sprang auf seinen Rücken.

Ein Strauß haßt es, etwas auf seinem Rücken zu haben, besonders, wenn ihm dieses ‚Etwas' auch noch einen kräftigen Schlag versetzt. Sofort riß er seinen Kopf aus dem Loch (und bekam davon auch noch Kopfschmerzen, weil er mit seinem Kopf im Laufe dieses schändlichen Rückzugs gegen die Seite des schmalen Lochs schlug) und stürmte los. Das ist der größte Spaß, den man sich vorstellen kann! Ein Strauß läuft mit enormer Geschwindigkeit und ... hält dann plötzlich an! Leider hält der Reiter nicht ganz so schnell an. Es war also eine große Herausforderung für mich, mich so lange wie möglich auf ihm zu halten.

Das ist die Art von Spaß, die ich hatte. Wenn Sie noch nie auf einem Strauß geritten sind, dann werden Sie feststellen, daß es das wert ist. Schaffen Sie Ihre eigenen Gelegenheiten, und genießen Sie Ihre Ritte, wann immer Sie die Möglichkeit dazu haben. Wenn Sie keinen Strauß haben, probieren Sie es statt dessen doch mit einem Alpaka – aber denken Sie daran, vorher etwas abzunehmen, bevor Sie auf ihm herumspringen!

Willkommen an diesem Tag – Meditation

Konzentrieren Sie sich bei Anbruch jedes neuen Tages auf die Kraft, die in Ihrem Körper und Geist vorhanden ist. Spüren Sie die Stärke Ihrer Stille.

Nehmen Sie jeden Zentimeter Ihres Geistes und Ihres Körpers wahr, um sie zum Leben zu erwecken, so daß Sie niemanden sonst brauchen, um sich zu inspirieren.

Spüren Sie die Begeisterung, die aus der Stille entsteht; es ist eine Begeisterung, die Ihnen Weisheit und Selbstlosigkeit verleiht.

Beschließen Sie in Ihrem Herzen und Ihrem Geist, daß es sich um einen wunderschönen Tag voller dynamischer Stille, voller Entdeckungen, voller Freude handelt. Lassen Sie die Kraft dieses Entschlusses Ihr ganzes Wesen erfüllen.

Heißen Sie sich selbst an diesem wunderbaren Tag willkommen.

Die Schule des Lebens

Es gibt zwei Arten, das Leben zu betrachten. Die eine Möglichkeit besteht darin, alles, was geschieht, offen und wirklich interessiert aufzunehmen. Die andere Möglichkeit besteht darin, alles zu verurteilen. Warum verurteilen wir?

Der Hauptgrund ist, daß wir uns behaglich fühlen, und in dieser Behaglichkeit kann uns nichts dazu motivieren, an eine Veränderung zu denken. Dann gibt es auch Menschen, die etwas einfach deshalb verurteilen, weil sie nicht selbst daran gedacht haben. Wenn ich zu jemandem sage: „Was für ein schöner Tag" – und es ist wirklich ein schöner Tag –, kann es mir passieren, daß ich als Antwort zu hören bekomme: „Was soll schon schön daran sein?", einfach deshalb, weil dieser Mensch nicht zuerst daran gedacht hat.

Das versetzt uns alle in eine etwas schwierige Lage. Was immer wir auch sagen, höchstwahrscheinlich bekommen wir von allen Seiten Beschuß. Denn ich kann nicht anders, als ich selbst zu sein, und Sie können gleichfalls nicht anders, als Sie selbst zu sein. Um einen anderen Menschen achten und würdigen zu können, müssen wir auch die diffusen und sich ändernden Rollen, in denen wir uns dauernd wiederfinden, berücksichtigen.

Der bescheidene Schüler

In diesem Augenblick habe ich mich zum Beispiel, während ich Ihnen diese Ideen näherbringe, in die Rolle des Lehrers begeben. Aber ich bin nicht immer Lehrer. Wenn ich bei meinen Eltern sitze, dann bin ich Sohn, dann empfange ich. Es ist kein Fehler, wenn man zum Zuhörer und zum Schüler wird, der lernt. Kürzlich besuchte ich eine wunderbare Frau – eine Nonne, die über achtzig ist und die ich sehr respektiere. Ich saß zu ihren Füßen, als sie zu mir sprach, und fühlte mich beinahe wir ihr Sohn.

Plötzlich schaute sie mir direkt ins Gesicht. „Ich möchte Ihnen etwas erzählen", sagte sie ernst. „Ich spreche nicht mit vielen Menschen darüber, und ich möchte, daß Sie es vertraulich behandeln."

„Warum wollen Sie es mir erzählen?" fragte ich.

„Weil Sie so ein guter Schüler sind", lautete die einfache Antwort. Perfekt. Plötzlich hatte sich mein Status völlig verändert. Ich hatte keine Ahnung von dem, was sie mir erzählte, und hörte aufmerksam zu, während sie mir Einblick in die Leiden Christi gewährte. Ich hatte schon ein Gespür für das, was sie mir erzählte, aber sie drückte es auf eine völlig andere Weise aus und verwendete dabei eine Terminologie, die der christlichen Tradition entstammt. Plötzlich verstand ich das Ganze aus einer anderen Perspektive.

Ich war vorangekommen, weil ich gerne das Glas war, in das sie ihr Wissen gießen konnte. Das ist ganz in Ordnung; wenn Sie wirklich den Menschen helfen und selbst etwas lernen möchten, dann müssen Sie bereit sein, „ein Sklave der Weisheit" zu sein.

Indem Sie bestimmen, was Sie lernen und was Sie nicht lernen möchten, machen Sie sich selbst das Leben schwer. Nehmen Sie alles an – von jedem – einschließlich des Mannes, der kommt, um Ihren Müllcontainer zu leeren. Selbst über Ihre Kinder werden Sie staunen, was sie Ihnen von frühester Kindheit an alles beibringen können.

Eine schwere Lektion

Ich möchte Ihnen die Geschichte einer Mutter erzählen, die eine sehr schwere Lektion zu lernen hatte. Als ihr Sohn ungefähr sieben Jahre alt war, erwischte sie ihn dabei, wie er Geld aus ihrer Geldtasche stahl. „Warum hast du das getan?" fragte sie ihn bestürzt, doch da der Junge die Frage nicht beantwortete, wußte sie nicht, wie sie mit dieser Situation umgehen sollte. „Wie konnte er das nur machen?" fragte sie sich selbst immer wieder, doch der Gedanke, der ihr kam – „Er ist mein einziger Sohn" –, half ihr, ihm zu vergeben, und sie versuchte, den Vorfall zu vergessen.

Bald darauf bemerkte sie jedoch, daß es schon wieder passiert war – und es passierte weiterhin. Geld verschwand aus ihrer Tasche, Sachen verschwanden aus ihrem Zimmer, und sie kam dahinter, daß er sie verkaufte, um Geld zu haben. Diese Neigung wurde zur festen Gewohnheit, und als er als Jugendlicher aus ihrem Haus auszog, hatte er sich einer Bande von Dieben angeschlossen. Bald darauf beging er recht schwerwiegende Verbrechen.

Als er Ende zwanzig war, wurde er nach einem Einbruch, bei dem jemand getötet worden war, festgenommen. Der junge Mann wurde mit der Tötung in Verbindung gebracht und gemeinsam mit zwei seiner Freunde des Mordes angeklagt. In der Verhandlung wurde gegen ihn entschieden, und er wurde zum Tod verurteilt.

Sobald die Mutter des jungen Mannes hörte, was mit ihm passiert war, ließ sie alles stehen und liegen und eilte zu ihm. Sie mußte feststellen, daß ihr Sohn gehängt werden sollte. Als er sich dem Hinrichtungsgelände näherte, rannte seine Mutter zur Tribüne, ergriff seine Füße und umarmte ihn und schluchzte fortwährend: „Mein Sohn, mein Sohn, mein Sohn." In Erwiderung darauf drehte sich ihr Sohn einfach um und stieß sie, ohne ein Wort zu sagen, von der Plattform. „Warum hast du das getan?" stammelte sie, während sie ihn ungläubig anstarrte und sich wieder aufrappelte. „Du bist nicht meine Mutter", sagte er bitter. „Als ich als Kind zu stehlen begann, hast du mich nicht aufgehalten. Wenn du damals so streng zu mir gewesen wärst, wie ich es jetzt mit dir bin, wäre ich jetzt nicht hier, um zu sterben."

Das ist eine wahre Geschichte, und ich erinnere mich oft an sie, wenn sich die Menschen gegen die Vorstellung sträuben, wieder lernen zu müssen, so als ob sie sich weigerten, wieder zur Schule zu gehen. Es ist absolut nichts daran auszusetzen, Wissen und Weisheit von anderen zu empfangen; es ist wertvoll und Zeichen von Demut, etwas zu lernen. Doch dadurch, daß wir uns dagegen sträuben, von anderen zu lernen, behindern wir unser Vorankommen.

Ich nehme an, daß Sie im Laufe Ihres Lebens ein paar sehr gute Lehrer getroffen haben – und auch weiterhin treffen werden –, und wenn Sie wirklich danach streben, etwas zu lernen, dann ist Demut die wichtigste Eigenschaft, die Sie entwickeln müssen. Demut ist absolut unerläßlich. Wir werden auf dem Weg zu einem sich weiterentwickelnden und gefestigten Menschen vielen, vielen Herausforderungen begegnen. Zuallererst ist da die Herausforderung unserer Sinne. Unsere Ohren lenken unsere Aufmerksamkeit nach außen. Die Augen und der Mund machen dasselbe, sie lenken uns von unserer Mitte ab. Überlegen Sie es sich gut, bevor Sie Ihre Sinne mit Ihnen durchgehen lassen. Seien Sie gesammelt, geduldig und sehr, sehr empfänglich für alles um sich herum.

Auf den Schwingen der Gelegenheit

Ich möchte an dieser Stelle Michelangelo in die Geschichte einbringen. Es heißt, daß ihn eines Tages, als er sachte einen großen Steinblock bearbeitete, jemand fragte, was er da mache. „Kommen Sie in ein paar Wochen wieder her", war alles, was Michelangelo darauf erwiderte. Ein paar Wochen später kam der Mann also wieder. Er schaute den Stein an, und die Skulptur begann sichtlich Form anzunehmen, aber er konnte noch immer nicht erkennen, was daraus werden sollte. Er fragte also nochmals und bekam als Antwort: „Kommen Sie später wieder."

Dieser Mann war äußerst hartnäckig und ließ sich nicht so einfach abspeisen, also kam er wieder – nur um festzustellen, daß die Skulptur noch lange nicht fertig war.

„Sagen Sie mir doch bitte jetzt, was Sie machen", bat er. Michelangelo schaute dem Mann in die Augen. „Mein lieber Freund", sagte er, „ich versuche, einen Engel aus dem Inneren dieses Steins zu befreien."

Als er sein herrliches Kunstwerk vollendet hatte, kam der Mann noch einmal wieder. „Wie werden Sie Ihren Engel nennen?" fragte er. „Engel haben doch sicher einen Namen." Michelangelo dachte einen Augenblick lang nach und erwiderte: „Ich werde meinen Engel ‚Gelegenheit' nennen, weil die Gelegenheit etwas so Seltenes ist. Sie ist nur einen kurzen Moment da, und dann ist sie verschwunden. Sobald sie weg ist, kann man sie nie mehr ergreifen."

Das ist genau die mißliche Lage, in der wir uns ständig befinden. Denken Sie jedesmal daran. Wenn sich Ihnen eine Gelegenheit bietet, müssen Sie sie ergreifen, oder Sie verpassen sie. Meine Mutter sagte immer: „Wenn du dich über jemanden aufregen willst, denke lieber dreimal über die Konsequenzen nach, bevor du die Beherrschung verlierst." Lassen Sie es nicht zu, daß Ihre Sinne oder Ihre Emotionen Ihnen die Suppe versalzen.

Das ist so ungeheuer wichtig, weil wir nur eine Gelegenheit haben, die Dinge richtig zu machen. Diese Chance wird sich uns nie mehr auf dieselbe Weise bieten. Und der Verlust ist groß. Sie nehmen den Verlust oder das Ausmaß des Verlustes vielleicht gar nicht richtig wahr, aber er ist dennoch vorhanden.

Sehen Sie sich in Ihrem Freundes- oder Bekanntenkreis um. Es kommen Ihnen bestimmt ein oder zwei – vielleicht Mitglieder der jüngeren Generation – in den Sinn, die Dynamik und Vitalität ausstrahlen. Diese jungen Leute haben leuchtende Augen und einen federnden Gang. Sie kennen keine Depressionen oder Tränen. Sie sind in Ihren Ansichten und Anschauungen auch nicht starr. Statt dessen sind sie positiv, offen und voller Leben.

Jetzt betrachten Sie einen Augenblick lang sich selbst. Können Sie ehrlich sagen, daß Sie völlig frei von negativen Gedanken und Neigungen sind ... daß Sie der Depression und Verzweiflung nicht zum Opfer fallen ... daß Ihr Geist völlig frei und offen ist? Wenn man auf diese Weise darüber nachdenkt, wird einem vielleicht eher klar, daß schließlich doch etwas verloren gegangen ist – etwas, das Sie geschätzt und festgehalten hätten, wenn Sie nur seine Gegenwart und seine Macht erkannt hätten.

Ängste und Depressionen befallen einen Menschen nur, nachdem er lange Zeit gekränkt worden ist. Sie entstehen nicht aus heiterem Himmel, nur weil einmal etwas in Ihrem Leben schiefgegangen ist. Es bedarf vieler Fehlschläge, so vieler Mißgeschicke, bevor Sie denken: „Oh Gott, ich halte das nicht mehr aus." Wenn Sie also letzten Endes an diesem Punkt ankommen, haben Sie nach und nach so viel verloren, daß es schwer ist, sich darüber klar zu werden, wieviel Sie tatsächlich verwirkt haben.

Es ist für einen Menschen natürlich, glücklich und zufrieden zu sein. Ich glaube, das ist es wert, wiederholt zu werden. Es ist völlig natürlich, zufrieden und glücklich zu sein.

Das Schlimme ist, daß das niemand glaubt. Die Menschen glauben, das Leben muß aus einem Schlag hier und einem Schlag dort bestehen – und hin und wieder aus einem kräftigen Stich, nur um den Schmerz zu erhöhen. Erst wenn sie genug Schläge und Stiche eingesteckt haben, manchmal mit einem Schürhaken oder einer heißen Nadel, haben sie das Gefühl, wirklich am Leben zu sein. Sie haben es geschafft, sich deprimiert, zurückgewiesen, verbittert und vergrämt zu fühlen. Sie haben vier Scheidungen hinter sich, vier Trennungen, vier Versöhnungen und haben hohe Hypotheken aufgenommen, die sie nicht bezahlen können. Sie haben es geschafft. Oder, genauer gesagt, sie haben es geschafft, jede Gelegenheit, die ihnen das Leben immer wieder anbot, abzulehnen. Statt dessen haben sie es zugelassen, daß ihre Sinne sie in die Irre leiten, sie gefangennehmen und sie völlig erschöpft zurücklassen. Kommt Ihnen das bekannt vor?

Sinne und Empfindsamkeit

Betrachten wir einmal eine andere Alltäglichkeit. Haben Sie jemals die Menschen beim Einkaufen beobachtet? Sie werden einfach von allem angezogen. Manchmal geben wir unser Geld für die unsinnigsten Dinge aus. Ich kenne sogar jemanden, der all seine Zeit und Ersparnisse in seine ‚Kaffeehausrunden' investiert! Der Samstag scheint für ihn der größte Festtag zu sein, und ich hatte sogar einmal das unglaubliche Glück, von ihm eingeladen zu werden, als er an einem Tag das erste Kaffeehaus besuchte. Wir gingen also hinein, und ich hatte kaum meinen ersten Schluck Tee getrunken, als er schon seine Nougattorte verschlungen hatte.

„Komm, gehen wir", sagte er und sprang auf.

„Aber ich habe meine Nougattorte noch nicht gegessen," erwiderte ich verblüfft.

„Iß auf", drängte er mich. Das tat ich – und folgte ihm dann, als er das Café verließ. „Ich kenne da noch ein kleines Lokal gleich die Straße hinunter", verkündete er. „Kommst du mit?" „Aber wir haben doch gerade erst dieses verlassen", wandte ich erstaunt ein. Trotzdem gingen wir weiter zum nächsten Café. Dort bestellte er ein Sandwich und eine Tasse Kaffee und fragte mich, was ich wolle. „Ich möchte bitte nur ein Glas Orangensaft, ich hatte ja gerade erst einen Tee und eine Nougattorte", erwiderte ich.

„Das ist alles?" fragte er ein wenig ungläubig. Als die Kellnerin unsere Bestellung an den Tisch brachte, saß ich einfach da und schaute sprachlos zu, wie er sich über ein riesiges Sandwich hermachte. Er verschlang es gierig, so als ob sein Leben davon abhinge, und stürzte den Kaffee hinunter, um es hinunterzuspülen. „Bist du so weit?" fragte er mich, als er von seinem leeren Teller hochblickte.

„Ah ... ja ...", erwiderte ich. „Laß mich nur noch meinen Orangensaft austrinken." Diese ganze Eskapade wurde von Minute zu Minute faszinierender. Ich trank also meinen Saft aus, und wir verließen das Lokal. „Wo gehst du hin?" fragte ich. Aber ich hatte schon so ein komisches Gefühl ...

„Die Hauptstraße hinunter", sagte er. „Ich kenne da ein kleines Lokal. Du hast doch nichts dagegen, oder?"

„Das ist ein Scherz, nicht wahr?" fragte ich zaghaft. Aber so etwas erlebt man nicht alle Tage, also riß ich mich zusammen und beschloß, mich nicht davon unterkriegen zu lassen. Und weiter ging's ins nächste Kaffeehaus. Die Kellnerin dort begrüßte ihn wie einen alten Bekannten und fragte strahlend: „Das Übliche?" Bald darauf stand eine prächtige Sahnetorte auf dem Tisch, neben einer Kanne Tee. „Was hättest du denn gerne?" fragte er mich.

„Na ja, diese Sahnetorte sieht gut aus."

„Für ihn auch eine, bitte", bestellte er. Ich bin normalerweise nicht so begierig auf Sachen wie Sahnetorte (besonders nach einer schönen Portion Nougattorte), aber meine Neugier war geweckt, also dachte ich mir, ich probiere es diesmal.

Wir besuchten an jenem Vormittag sieben Kaffeehäuser. Ich aß nicht in jedem etwas – das hätte ich nicht geschafft. Als wir im siebenten Kaffeehaus fertig waren, war es Mittag, und wir gingen in einen Schnellimbiß. Er ging hinein und bestellte eine Portion Fleisch und Pommes frites. Er machte kurzen Prozeß mit seiner Portion, und ich hatte gerade ein paar von meinen Pommes frites gegessen, als er sich krümmte und sich dabei den Magen hielt. „Oh Gott", stöhnte er, „ich habe wieder diese Schmerzen."

„Warum machst du das?" war alles, was ich fragen konnte. Aber er antwortete nur: „Ärgere mich nicht."

Ich beschloß, daß es Zeit für mich war, zu gehen. Ich bezahlte die Rechnung und verließ das Lokal.

Jetzt sagen Sie sich wahrscheinlich selbst: „Wie kann man sich nur so dumm verhalten? Ich bin froh, daß mir so etwas nicht passiert." Ich behaupte allerdings – voller Respekt –, daß wir alle in eine ähnliche Kategorie gehören. Es gibt Unterschiede, aber das Prinzip ist dasselbe.

Lassen Sie mich das näher erklären. So wie die Aufmerksamkeit meines Freundes auf die eine Sache, nämlich Essen, gerichtet war, kann es sein, daß Sie Ihre Aufmerksamkeit, wenn Sie sich in einem Supermarkt befinden, auf sieben verschiedene Dinge lenken. Es mag sich nicht immer um Essen handeln, aber Sie konzentrieren sich auf Dinge wie Kleidung, Essen, Trinken, etwas für das Haus, etwas zu lesen, etwas für das Auto, etwas für die Freundin. Ist das wirklich so anders?

Sie sagen, es sei unsinnig, daß jemand siebenmal in ein Café geht; können wir unser eigenes Tun nicht auf dieselbe Weise bewerten – nach sieben verschiedenen Dingen für uns selbst zu suchen? Freilich, niemand im Supermarkt denkt so. Aber zu wissen, daß die Mehrheit es nicht so sieht, ändert nichts an der Tatsache und macht es nicht richtig.

Ich möchte damit nicht sagen, daß Sie nichts für Ihr Heim brauchen. Natürlich gibt es bestimmte Dinge, die jeder braucht, aber ich will damit sagen, daß wir uns nicht ständig von unseren Sinnen antreiben lassen sollen. Es ist schon in Ordnung, das zu kaufen, was Sie brauchen, so wie es für meinen Freund in Ordnung war, so viel zu essen, wie er brauchte. Das Schlüsselwort lautet: Was braucht man?

Die Rolle des Lehrers

Das sind ganz wichtige Punkte, und wenn uns etwas daran liegt, unsere Gesundheit und unser Glück zu optimieren, bleibt uns wohl nichts anderes übrig, als sie sehr sorgfältig zu prüfen. Um aus unseren Lebenserfahrungen zu lernen, brauchen wir vielleicht jemanden, der uns fachkundig und liebevoll zur Seite steht.

Wir sind seit dem Tag, an dem wir geboren wurden, von ‚Lehrern‘ beeinflußt worden. Unser allererster Lehrer ist unsere Mutter, und wenn wir offen dafür sind, lernen wir von jedem, den wir an unserem Leben teilhaben lassen.

Sie sind vielleicht nicht gerade begeistert von der Idee, einen Lehrer zu haben, der Ihnen sagt, was Sie tun sollen und was nicht. Aber die Rolle eines Lehrers ist es nicht, Ihnen zu sagen, was Sie tun sollen. Seine Aufgabe ist es, all den Müll, den Sie in Form von unpassenden Verhaltensmustern angesammelt haben, loszuwerden, so daß Sie die Wahrheit sehen können. Das ist sein Fachgebiet. Wenn mein Fernsehgerät zu reparieren ist, dann hole ich mir einen

Fernsehtechniker. Ich hole keinen Klempner – es sei denn, ich möchte die Dinge verschlimmern.

Ein Lehrer agiert als Spiegel, indem er sein inneres Selbst reflektiert und nach außen bringt. Genau mit diesem Spiegel zeigt er uns unser Verhalten auf sehr realistische Weise. Aber hier bleiben viele von uns stecken, weil wir es völlig ablehnen, bestimmte Aspekte von uns selbst zu sehen. Wenn wir an diesem Punkt jedoch richtig reagieren, tut ein Lehrer sein Bestes, um zu reflektieren, was aus uns werden kann und wie wir am besten dort hingelangen. Dann liegt es an uns. Ihm ist es ziemlich egal, für welche Option wir uns entscheiden; er hat seine Aufgabe erfüllt und als wahrer Spiegel gedient.

Das Problem ist, daß die Menschen Angst davor haben, sich einzugestehen, daß andere in der Gesellschaft vielleicht eine etwas klarere Vision haben als sie selbst. Wir sind dahingehend erzogen worden zu glauben, uns von niemandem sagen zu lassen, daß er etwas besser weiß als wir. Es ist zum Teil eine Frage der Demut, aber auch eine Frage des Lernens. Außerdem besteht die Angst, daß eine solcher Mensch doch unweigerlich etwas von uns wollen muß.

Es ist wichtig zu verstehen, daß Sie einem Lehrer, der in sich selbst gefestigt ist, absolut nichts geben können, das irgend etwas bewirkt. Die schönste Eigenschaft eines guten Lehrers ist seine bescheidene Präsenz, die immer von Humor und Spaß erfüllt ist.

Als Gegenleistung für das, was Sie bekommen, werden Sie möglicherweise gebeten, etwas zu tun, das anderen dient – vielleicht kochen oder putzen oder jemanden pflegen helfen. Das nimmt zwar Ihre Zeit in Anspruch, aber es ist eine Möglichkeit, Ihnen ein wenig verstandenes universelles Gesetz näherzubringen, bei dem es darum geht, daß wir Güte und Großzügigkeit zeigen.

Wenn Sie jemandem helfen, dann geschieht etwas sehr Schönes in Ihnen. Sie nehmen die Veränderung vielleicht gar nicht wahr, aber Ihr Geist hat sich auf jeden Fall verfeinert. Je großzügiger und fürsorglicher Sie werden, desto sensibler wird Ihr Geist, und desto mehr öffnet er sich den Feinheiten des Lebens.

Kommen Sie mit mir

Wir können mit einem Lehrer auf viele verschiedene Arten verbunden sein. An diesem Punkt wird es bereits ganz klar sein, daß wir die Schule des Lebens nicht einfach ein paar Monate lang oder ein Jahr oder zwei besuchen; es handelt sich dabei um ein lebenslängliches Unterfangen. Wenn wir in eine langfristige Aufgabe involviert sind, sind wir für gewöhnlich viel glücklicher und erfolgreicher, wenn wir einen Gefährten an unserer Seite haben. Es geht zum Teil darum, daß zwei Köpfe klüger als einer sind, insbesondere, wenn einer dieser Köpfe bereits einen sehr klaren Blick und ein ausgeprägtes Urteilsvermögen hat. Ein Lehrer kann Sie davon abhalten, vom Weg abzuweichen oder einen unnötigen Umweg zu machen.

Wenn Sie Schritt für Schritt in Ihrem Abenteuer vorankommen und die Freude der Entdeckung genießen, ist es wunderbar, jemanden bei sich zu haben, mit dem Sie diese Entwicklung teilen können und der Sie ermutigt, noch einen Schritt weiter zu gehen. Das kann ein Lehrer für Sie tun.

Eines der größten Geschenke, die Ihnen ein Lehrer anbieten kann, ist der Schutzschild, den er um Ihr Leben schafft. Wenn Sie in diesen Schutzschild eingehüllt sind, erkennen Sie, daß es im Leben nichts gibt, was Ihnen schaden kann. Sie fühlen sich sicher; Ihre Angst löst sich auf und mit ihr das Haupthindernis für Ihre spirituelle Entwicklung.

Erinnern Sie sich an Ihre Fahrprüfung? Wie viele Fahrstunden haben Sie genommen, bevor Sie bestanden haben? Man muß oft mehrere Male antreten, gleich, was für ein guter Fahrer Sie bis zum Augenblick der Prüfung waren. Außerdem wird Ihre Leistung an diesem wichtigen Tag üblicherweise durch den damit verbundenen Streß beeinträchtigt.

Genau so ist es bei anderen Prüfungen. Sie erfüllen die Menschen mit einer solchen Angst, daß sie am Prüfungstag kaum noch ansprechbar sind. Ich kenne einen Mann, einen brillanten Geisteswissenschaftler, der beinahe vier Jahre brauchte, um sein Abitur zu bestehen. Es ist nicht so, daß er nichts weiß. Im Gegenteil, er weiß alles auswendig, doch in dem Augenblick, in dem er den Prüfungssaal betritt, ist er wie gelähmt, und all sein Wissen scheint ihn zu verlassen.

Umgekehrt ist es genauso. Wenn Sie sich in einer angenehmen und konstruktiven Atmosphäre befinden und das Gefühl haben, daß Sie auf sanfte Weise unterstützt werden, dann werden die Lektionen lebendig und interessant für Sie. Mit einem Lehrer, bei dem Sie sich sicher und geborgen fühlen, machen Sie viel schneller Fortschritte, und das Wissen dringt viel tiefer in Sie ein. Selbst wenn Sie nicht alles, was er tut, ganz verstehen, können Sie sicher sein, daß die Absichten Ihres Lehrers rechtschaffen sind. Wer auch immer Sie im Stich lassen mag, er wird es nie tun. Er ist der eine Freund, der auf der ganzen Reise bei Ihnen bleiben wird. Er wird Sie niemals verlassen, egal, wie mühsam der Weg auch sein mag.

Ein Lehrer verbringt sein ganzes Leben damit, sich auf dieses Treffen mit Ihnen vorzubereiten, in dem Wissen, daß er nichts von Ihnen empfangen kann, er kann nur geben. Das ist wahre Liebe, wahre Freundschaft, wahre Kameradschaft.

Der zweifelnde Verstand

„Der Zweifel ist ein Dieb, der uns oft davon abhält, den Weg zu beschreiten, auf dem wir vielleicht erfolgreich gewesen wären."
William Shakespeare

Das nächste Hindernis, das einen gewaltigen Stolperstein darstellen könnte, wenn man nicht darauf vorbereitet ist, ist das, was ich als den zweifelnden Verstand bezeichne. Sobald ein Zweifel Wurzeln schlägt, kann er wachsen und wachsen und all die gesunden jungen Setzlinge, die Sie gepflanzt und gehegt haben, ersticken.

Beim ersten Zweifel, der aufkommt, könnte es um Ihre eigenen Fähigkeiten gehen. Eines kann ich Ihnen ganz sicher sagen: Wenn Sie die Welt als solche herausfordern, mit Ihren Talenten und Fähigkeiten, so wie Sie diese jetzt einsetzen, dann können Sie auf keinen Fall gewinnen. Gleich, wie gut Sie sind, Sie sind niemals gut genug. Es wird immer Menschen geben, die besser sind als Sie (und natürlich solche, die schlechter sind als Sie). Sie werden wie ein Hund sein, der seinem eigenen Schwanz nachjagt. Wir hatten einmal einen solchen Hund ... er lief immer und immer wieder im Kreis, und dann in einem letzten, verzweifelten Versuch warf er seine Beine hoch, flog in die Luft, um ein letztes Mal nach seinem Schwanz zu schnappen, fing ihn beinahe und fiel dann der Länge nach auf den Boden! Kommt Ihnen das bekannt vor?

So fühlen Sie sich, wenn Sie die Welt herausfordern.

Sie sind deprimiert, weil Sie alles gegeben und dann doch nur als ein Häufchen auf dem Boden geendet haben. Wenn Sie Glück haben und mutig genug sind, werden Sie aufstehen und es nochmals versuchen. Machen Sie sich klar, daß die Menschen unten immer von jenen an der Spitze kritisiert werden und die Menschen an der Spitze immer von denen unten und neben ihnen kritisiert werden.

Es stimmt wahrscheinlich auch, wenn man sagt, daß Sie gar nicht wirklich wissen, wohin Sie im Leben gehen. Sie haben alle möglichen Stützen und Gerüste um sich herum errichtet, und Sie hoffen, daß diese nicht rosten oder verwittern und unter Ihnen zusammenbrechen. Und nur durch ihre reine Willensstärke halten Sie sich aufrecht.

Was meine ich mit ‚reiner Willensstärke'? Ich meine, daß Sie wegen der Stärke und Starre Ihrer Ideen und Vorstellungen aufrecht bleiben, denn daraus bestehen Ihre Gerüste. Daran ist nichts auszusetzen, solange diese Ansichten gültig sind. Es könnte sich jedoch herausstellen, daß Sie sich wie die Höhlenmenschen verhalten, die ihre Schatten an der Wand beobachten. Sie werden für gewöhnlich feststellen, daß die Schatten Ihre Vorstellungen darstellen; sie sind jene starren Ansichten, jene Ideale.

Das wunderbare Gefühl, etwas geschafft zu haben

Ich möchte hier ein Beispiel anführen. Sie denken vielleicht, daß Biochemie das einzige ist, das Ihnen etwas bedeutet. Wenn es das Einzige in Ihrem Leben ist, dann negieren Sie 99,9 % Ihres Lebens, indem Sie an diesen 0,1 % festhalten. Einfach durch Verleugnen können Sie Ihr restliches Potential nicht erfahren. Das ist eine sehr einfache und offensichtliche Schlußfolgerung.

Manchmal wachen Sie auf und denken: „Ich muß jemanden finden, der mit mir einen Spaziergang macht." Sie denken ständig daran, doch es taucht niemand auf, und der Spaziergang findet niemals statt. Eines Tages haben Sie genug davon, auf andere Menschen zu warten, und Sie sagen sich: „Was kümmern mich die anderen, ich gehe einfach alleine spazieren."

Das Gefühl, etwas geschafft zu haben, indem Sie Ihre Ängste und Einschränkungen beiseite gelegt haben, gibt Ihnen so viel Auftrieb, wie Sie es kaum für möglich gehalten hätten. Sie haben beschlossen, etwas einfach aus Ihrem Selbstvertrauen und Ihrer Stärke heraus zu tun. Dieser Beschluß gibt Ihnen zusätzliche Kraft, er verleiht Ihnen Stärke und Anerkennung und ein Gefühl der Befreiung.

Stellen Sie sich jemanden vor, dessen größte Angst es ist, etwas zu Papier zu bringen. Jetzt versetzen Sie sich in die Lage dieses Menschen, wenn er in einer Situation ist, in der er nicht umhin kann, etwas aufzuschreiben. Spüren Sie, was für ein Erfolgserlebnis es für ihn ist, wenn er seine negative Einstellung in etwas Positives verwandelt? Das kann Ihnen passieren, wenn Sie das hier Gesagte in sich aufnehmen – solange Sie keine Zweifel aufkommen lassen.

Das Problem ist, daß wir jedesmal, wenn wir Informationen erhalten, sei es praktischer oder intellektueller Art, nur etwa 5 % davon aufnehmen. Um die restlichen 95 % kümmert sich voll und ganz unser zweifelnder Verstand, der ständig mit einer kritischen Bemerkung nach der anderen auftaucht. „Das stimmt nicht", sagt er mit Nachdruck. „Verwerfen wir diese Idee", oder „darüber werde ich morgen nachdenken". „Was für eine seltsame Ansicht; vielleicht besteht zwischen uns ein kultureller Unterschied." Die Vorbehalte sprudeln nur so heraus. „Ich weiß schon, warum er das sagt; er hat ja studiert." „Nun ja, er kommt damit durch, denn er kann sich so gut ausdrücken." So geht es immer weiter.

Das Endergebnis dieser unaufhörlichen Zweifel ist, daß die Menschen gleich fest an ihren Ängsten, ihren Depressionen und ihrer Unruhe festhalten, statt aus dem, was sie lernen, an Stärke zu gewinnen.

Die einzige Möglichkeit

Alles in Frage zu stellen und anzuzweifeln scheint zu einem natürlichen Nebenprodukt unserer Erziehung geworden zu sein. In der Schule, an der Universität, bei der Arbeit haben Sie immer um Ihren Platz kämpfen müssen. Sie mußten immer kämpfen, andernfalls hätte man Sie zurechtgestutzt. Es wird also ganz selbstverständlich für uns zu denken, daß wir immer Widerstand leisten, über alles debattieren und unsere eigene Meinung vorbringen müssen. Vom spirituellen Standpunkt her trifft dies allerdings nicht zu. Genau gesagt, ist es sogar äußerst kontraproduktiv. In jener Welt sind Ihre Seele und meine miteinander verbunden. Wir können nicht getrennt sein, und Sie können es sich nicht leisten, jemanden zu bekämpfen, der ein Teil von Ihnen ist.

Was können Sie letzten Endes mitnehmen, wenn Sie diese Welt verlassen? Nichts, außer dem, was Sie gelernt haben. Sie sind nackt auf diese Welt gekommen, und nackt werden Sie sie wieder verlassen. In dieser Nacktheit können Sie Erkenntnisse und Lehren mitnehmen – nichts anderes. Wie oft Sie im Streit mit anderen Menschen recht gehabt haben, ist irrelevant. Das können Sie nicht mitnehmen.

Wenn Sie die Lehren bekämpfen, die Ihnen begegnen, und wenn Sie die Tür vor ihnen verschließen, damit sie Sie nicht erreichen können, dann werden Sie am Ende des Tages feststellen, daß Sie, abgesehen von sachlichen Informationen und ein paar neuen Techniken, nichts gelernt haben. Wie ehrlich können Sie mit sich selbst sein, wenn Ihnen neue und andere Ideen begegnen? Können Sie einen ehrlichen Blick auf sich selbst werfen und sagen: „Also, ich glaube, in mir gibt es eine Menge Widerstand. Ich dachte, ich wäre allem gegenüber ziemlich offen, aber meine Ansichten über bestimmte Aspekte meines Lebens sind ziemlich starr. Vielleicht weiß ich doch nicht allzu viel."

Natürlich wissen Sie eine Menge über die erfaßbare Welt, die objektive Welt. Wenn ich Sie frage: „Kennen Sie einen Baum namens Kokaya, der in Kenia wächst?", dann antworten Sie vielleicht: „Nein, kenne ich nicht." Aber Sie machen sich deswegen wahrscheinlich keine großen Sorgen. Es gibt Tausende von unterschiedlichen Baumarten, die im Amazonasgebiet wachsen, von denen Sie und ich noch nie etwas gehört haben, aber wir sterben nicht unglücklich, weil wir ihre Namen nicht kennen.

Wir dachten, es würde uns glücklich machen, den höchsten Berg zu erklimmen, wir meinten, die tiefste Stelle im Ozean, den entlegensten Fleck im Wald oder den entferntesten Punkt im Weltall zu erreichen würde uns zufrieden machen und das Gefühl geben, etwas erreicht zu haben. Mittlerweile sind wir darüber hinausgegangen. Wir sind zum Mond und wieder zurück gereist. Was aber hat das für den Planeten bewirkt? Hat es wirklich für einen von uns einen Unterschied gemacht?

Der Boden ist vorbereitet ...

Jedesmal, wenn sich ein Zweifel anschleicht, grübeln Sie noch einmal über diese Fragen nach; bringen Sie eine enorme Willensstärke auf – und legen Sie ihn beiseite. Wenn Sie sich diesen Ideen öffnen, bereiten Sie Ihr Herz und Ihren Verstand darauf vor, weitere Aspekte der Wahrheit, die Ihnen andere Menschen zeigen, aufzunehmen. Sie werden Ihnen nicht völlig seltsam erscheinen. Jemand hat Sie bereits darauf vorbereitet, bevor Sie dieses Stadium in Ihrem Leben erreicht haben, in dem Sie nach Antworten auf die Schwierigkeiten suchen, denen Sie begegnen. Sie sind sich dieser Vorbereitungsphase vielleicht gar nicht bewußt, an der eventuell andere Lehrer und andere Bücher beteiligt waren. Vielleicht war es ein bestimmtes Gebet, das Sie zutiefst berührt hat, oder möglicherweise war es ein Bild von Christus oder sogar vom Erzengel Gabriel, das Sie nicht mehr losließ. Was immer es auch war, der Boden wurde vorbereitet, und jetzt, da Sie hier sind, gehen die Vorbereitungen weiter und immer tiefer.

... und der Baum ist gepflanzt

Diese Anfangsphase der Vorbereitung macht Sie zu einem Gefäß, in das andere etwas einfüllen können. Doch wenn Sie über dieses Stadium hinaus wachsen, können wir jetzt damit beginnen, den Boden zu nähren, auf dem die Samen gedeihen. Sobald Sie diesen Punkt erreicht haben, sind Sie nicht mehr davon abhängig, von anderen etwas zu lernen. Sie werden einen Baum pflanzen, der eigene Früchte trägt, von denen andere essen.

Die andere Alternative ist, daß Sie Ihr ganzes Leben damit verbringen, nach den Früchten anderer Menschen zu greifen. Ein Lehrer kommt Ihres Weges, und Sie fragen: „Was wächst denn auf Ihrem Baum?"

„Kiwis", antwortet er vielleicht.

„Könnte ich wohl ein paar davon haben?" fragen Sie eifrig. Und Sie genießen die Früchte eine Zeitlang, bis der nächste Lehrer vorbei kommt.

„Was haben Sie denn zu bieten?" fragen Sie erneut.

„Bananen", mag seine Antwort lauten.

„Die schmecken wunderbar. Bananen sind sicher eine schöne Abwechslung", denken Sie. „Ich glaube, diesmal möchte ich Bananen haben." Dann kommt vielleicht ein anderer vorbei mit Orangen oder Birnen oder Melonen... Zuerst ist es schön, Mansukhs Orangen zu probieren, solange Sie dabei nicht Ihr endgültiges Ziel im Leben aus den Augen verlieren, nämlich innerlich jenen Baum zu pflanzen und zu sich selbst zu sagen: „Ich habe noch dreißig Jahre vor mir. Ich züchte meinen eigenen Baum, damit die anderen meine Früchte probieren können." Verschwenden Sie keine Zeit, und warten sie nicht damit. Folgen Sie dem Rat meines Sohnes, wenn er sein liebstes Dankgebet vor einer Mahlzeit spricht: „Auf die Plätze, fertig, los."

Die Ruhephase

Viele der Dinge, die Sie auf diesen Seiten gelesen haben, haben vielleicht eine Resonanz in Ihnen erzeugt. Sie haben vielleicht die Wahrheit in ihnen erkannt und gespürt, daß sie auf Ihr Leben anwendbar sind. Eine Zeitlang sind Sie voller Begeisterung und suchen nach Möglichkeiten, sie alle in die Praxis umzusetzen. Doch nach einer Weile lenkt Sie die Hektik des Alltagslebens von dieser neu entdeckten Wahrheit ab, und wenn Sie nicht aufpassen, verfallen Sie wieder in Ihr altes Denken und Handeln.

Die Neugeburt

Wenigstens ist der Boden vorbereitet, so daß Ihnen in zehn Jahren, wenn Sie sich in einer mißlichen Lage befinden und jemand auftaucht, um Ihnen zu helfen, die Lehren vertraut sind. Sie müssen vielleicht darauf warten, bis Sie ein persönliches Trauma erleben, aber wenigstens sind Sie empfänglich und können alles in die Praxis umsetzen. Sie werden für sich selbst erkennen, daß diese Phase des Kämpfens und der Veränderung eine wohlgenutzte Zeit war. Sie werden sich daran erinnern, daß Sie beinahe weggefahren wären, um eine Woche in der Sonne zu verbringen. Statt dessen beschlossen Sie zu bleiben und die ersten Schritte zu tun, um zu lernen, wie Sie Ihr wahres Selbst und Ihre echten Fähigkeiten auf richtige und profunde Weise ausdrücken können. Und Sie werden sich selbst dafür dankbar sein, daß Sie sich die Mühe gemacht haben.

Gestalten Sie Ihre Zukunft

Wir haben vergessen, wie wichtig es ist, unsere Zeit und unsere Talente in praktische und konstruktive Bahnen zu lenken. So selten machen wir uns Gedanken über unser Handeln und unsere Interaktionen, daß wir es kaum bemerken, wenn wir uns unbedachten Gesprächen und nachlässigen Verhaltensmustern hingeben. Wenn wir uns wieder einmal auf eine Diskussion eingelassen haben, vergessen wir, daß unsere Worte die Realität, in der wir leben, gestalten. Die Wahrheit wurde wieder einmal vom Zweckdenken verdrängt.

„Meditieren Sie?" werden wir vielleicht gefragt.

„Oh ja", erwidern wir freudig. Daß die Frage eigentlich lautete, ob wir es wirklich tun, wird uns dabei gar nicht bewußt.

„Glauben Sie an Gott?"

„Ja. Ich glaube an Gott. Ich glaube an Gott. Ich glaube an Gott."

Aber tun Sie das wirklich? Oder schaffen Ihre Worte nur die Realität, daß Sie an Gott glauben, ohne Gott wirklich zu kennen?

Manchmal entscheiden Sie sich absichtlich dafür, die Wahrheit etwas zu verdrehen. „Ja, ich meditiere jeden Abend", verkünden Sie glücklich einem gleichgesinnten Freund. Bei jemand anderem, der dieser Idee nicht so offen gegenübersteht, lautet die Antwort vielleicht ganz anders: „Ich verbringe gerne einen ruhigen Abend mit einem Buch" oder vielleicht auch: „Ich führte gestern abend ein wirklich anregendes Gespräch mit einem Freund, der Meeresbiologe ist." Die Konversation entwickelt sich entsprechend den Interessen der Person, mit der Sie sich unterhalten. Leider steht das in genauem Widerspruch zu den Prinzipien der Wahrheit, die Sie in Ihr Leben einbringen möchten. Ich biete Ihnen hier ein paar Überlegungen an, die es Ihnen erleichtern, das zu verstehen.

Wenn Sie möchten, daß Ihre Vorstellung von der Wahrheit lebendig und kraftvoll bleibt, dann ist es wichtig, daß Sie es vermeiden, ein Thema zu diskutieren, bei dem Sie in die Defensive gehen müssen.

Halten Sie Ihre Gedanken klar und rein, und gehen Sie Gesprächen mit Menschen aus dem Weg, die sich auf einer oberflächlichen Wellenlänge befinden. Seien Sie aus einem guten Grund mit Menschen zusammen; tun Sie das, was Sie tun, mit einem bestimmten Zweck. Wenn Sie laufen gehen wollen, dann gehen Sie laufen. Wenn Sie in das nächste Café gehen wollen, um eine Tasse Tee zu trinken, dann tun Sie nur das, aber lassen Sie nicht zu, daß Ihr Geist einfach lose herumschwirrt.

Wenn der Geist nämlich lose herumschwirrt, dann sagt man das Erstbeste, das einem in den Sinn kommt. Ob es sich nun um Wut, Haß, Freude oder Komplimente handelt, man läßt einfach alles heraus. Weil sich die meisten Menschen ihre Worte nicht sorgfältig überlegen, bevor sie sprechen, werden wir so oft verletzt. Sie plaudern zwanzig Minuten mit jemandem. Während dieser ganzen Zeit wird nichts Außergewöhnliches gesagt, außer dem einen – und selbst das ist völlig harmlos. „Was für ein Haarspray verwendest du denn?" fragen Sie vielleicht. Und weil Ihre Freundin aus dieser Frage Kritik ableitet, ist das einzige, woran Sie sich nach diesem Gespräch erinnert, daß Sie ihr Haarspray nicht mögen!

Gefährliche Alarmzeichen

Die Menschen flattern zumeist wie Schmetterlinge von einem Ding zum nächsten, bis Sie versehentlich einen Knopf drücken, der in ihnen ein blinkendes Alarmzeichen auslöst. An dieser Stelle gebieten sie allem anderen – außer der vermeintlichen Drohung – Einhalt und lenken ihre ganze Aufmerksamkeit auf den Schmerz, der sich in Erwartung des Angriffs in ihnen aufbaut. Es passiert so leicht, daß wir andere Menschen unabsichtlich verletzen. Wenn wir nicht extrem darauf achtgeben, was wir sagen und tun, verbringen wir die meiste Zeit damit, zu versuchen, den Schaden, den wir durch ein unachtsames Wort oder durch einen Versprecher verursacht haben, wieder gutzumachen.

Alarmstufe eins! Achten Sie darauf, gefährliche Mißverständnisse zu vermeiden. Denken Sie, bevor Sie sprechen.

Weil irgend jemand äußert, daß sie sich in der Meditationsgruppe, in der Sie Ihre ganze Freizeit verbringen, zu Tode langweilen würde, beginnen Sie damit, alles noch einmal zu überdenken. Auf die eine oder andere Weise kommen Sie zu einigen seltsamen und unbegründeten Schlußfolgerungen. „Sie hat mich nie gemocht", denken Sie vielleicht verbittert. „Alles, was sie je tut, ist, sich zu beklagen und kritisieren." All die Erinnerungen an die glücklichen Zeiten, die Sie jahrelang miteinander verbracht haben, Ihre gemeinsamen Interessen und der gegenseitige Respekt, von dem Sie glaubten, er könne niemals erschüttert werden, sind in einem einzigen Augenblick verschwunden. Ein falsch verstandenes Wort oder ein Satz ist genug, um eine lebenslange Freundschaft zu zerstören.

Wenn Sie die Situation jedoch sorgfältig analysieren, werden Sie erkennen, daß die Wunde nicht durch das Wort selbst verursacht wurde, sondern durch die Verstärkung des Gedankens, den es vermittelte. Sie hörten es, verarbeiteten es und dachten schließlich, daß zwei und zwei zwanzig ergeben. Wann immer Sie sich müde oder erschöpft fühlen, kommt es viel eher zu dieser Verstärkung, so daß Sie die Dinge nicht mehr im richtigen Verhältnis sehen. Die Beziehung wird explosiv – beinahe radioaktiv. Letztlich vertrauen Sie niemandem, nicht einmal Ihren ältesten Freunden oder engsten Verwandten – und all das, nur weil Sie es an ein paar Tagen von dreihundertfünfundsechzig des Jahres zulassen, daß Ihre Gedanken mit Ihnen durchgehen.

Alarmstufe zwei! Damit Sie eine Verstärkung solcher Gedanken vermeiden, bewahren Sie stets eine ausgewogene und genaue Perspektive!

Ich könnte Ihnen zahllose Beispiele aus meiner Erfahrung geben, wo die unschuldigste Bemerkung auf derart dramatische Weise vom Empfänger falsch aufgefaßt wurde. Ich schlage vielleicht jemandem vor, der zu mir in die Klinik kommt, um sich beraten zu lassen, es wäre gut für sein Verdauungssystem, wenn er immer langsam und entspannt essen würde. Sofort geht er in die Defensive. „Er sagt, daß ich zu dick bin!" hört man ihn geradezu denken. „Er deutet an, daß ich zu viel esse. Wer glaubt er denn zu sein, daß er mir sagen will, wie ich essen soll, wo ich das doch schon seit vierzig Jahren erfolgreich mache?" So viel Groll und Wut wird aufgewirbelt, nur weil jemand versucht, einen hilfreichen Rat anzubieten.

Ehrliche Freundschaft

All das kann man vermeiden, wenn man lernt, völlig ehrlich miteinander umzugehen. Statt all die negativen Gefühle unter der Oberfläche gären zu lassen, wäre es da nicht einfacher, zu dieser Person hinzugehen, die Sie zutiefst beleidigt hat, und auf die netteste Weise zu fragen: „Übrigens, was hast du damit gemeint, als du mich gefragt hast, ob ich am Geschäft für Übergrößen vorbeikomme, wenn ich in der Stadt bin?" Stellen Sie sich vor, wie erleichtert Sie sind, wenn Ihre Freundin Ihnen erklärt, daß sie ein Geschenk für ihre Schwiegermutter kaufen will und sich fragte, ob Sie wohl etwas in einer Übergröße für sie mitbringen könnten, wenn Sie das nächste Mal einkaufen gehen. Sie hatte gar nicht bemerkt, daß Sie bei Ihrem letzten Urlaub drei Kilogramm zugenommen haben!

Wenn man sich auf diese Art und Weise unterhalten kann, dann ist das ein sicheres Zeichen dafür, daß Sie über das Stadium hinaus sind, in dem Sie blindlings auf Umstände und Ereignisse reagieren und sich mehr dafür interessieren, die Absicht hinter den Worten und Taten der Menschen zu erkennen. Sie beginnen damit, mit der Wahrheit zu arbeiten.

Herein, Kinder!

Wie das so oft der Fall ist, können uns Kinder auch in dieser Hinsicht eine Menge beibringen. Wenn Sie einem kleinen Kind sagen, daß es nicht so schnell essen soll, geht es nicht sofort in die Defensive, nicht wahr? Manchmal kommt eines meiner Kinder zu mir und sagt: „Papa ..." und dreht sich dann um und beugt sich nach vorne.

„Warum machst du das?" frage ich.

„Ich verdiene einen Klaps."

„Wofür?"

„Weil ich gerade Mamas beste Vase zerbrochen habe."

Es hat die Situation erkannt und akzeptiert. Und natürlich braucht es keinen Klaps, wenn es zu dieser Erkenntnis gekommen ist. Sie waren auch einmal ein Kind und genauso offen und ungezwungen, bis Sie erwachsen und damit verspannt wurden. Als Erwachsene meinen wir, daß wir nun kapiert haben, was richtig und falsch ist, und wir dulden es nicht, daß sich jemand in unsere Gewohnheiten und Verhaltensweisen einmischt. Wenn wir uns bedroht fühlen, zahlt es sich aus, unser eigenes Verhalten zu hinterfragen.

Durch die Meditation können Sie sich von dieser Art des Reagierens befreien. Was wird die Folge davon sein? Sie werden wunderschöne, ehrliche Freundschaften erleben – Freundschaften, die genau auf dieselbe Weise aufrecht erhalten werden können, in der sie sich entwickelt haben. Alles, was Sie tun müssen, ist, den Dingen, die wirklich wichtig sind, Bedeutung beizumessen und alles, was unwichtig ist, beiseite zu lassen. Schaffen Sie nie eine Situation, in der einer von Ihnen das Gefühl hat, sich oder seine Lebensweise verteidigen zu müssen. Achten Sie sich selbst und andere.

Eine Frage der Beziehung

Daraus ergeben sich natürlich ungeheure Auswirkungen. Um Konflikte in einer Freundschaft zu vermeiden, ist in erster Linie eine sorgfältige und kluge Auswahl erforderlich. Man muß seine Freunde unter jenen wählen, mit denen man etwas gemeinsam hat. Das ist etwas ganz Natürliches und geschieht auf der ganzen Welt. Gleichgesinnte Menschen werden voneinander angezogen und durch ihre gemeinsamen Interessen und Visionen zusammengehalten.

In jedem Heim und jeder Gemeinschaft werden sich Untergruppen bilden, Cliquen, wenn Sie so möchten, in denen sich Menschen mit ihren eigenen speziellen Interessen und Aufgaben zusammenschließen. Einige davon werden die Arme der Gemeinschaft sein, die „Macher". Sie sind die praktisch Veranlagten, die man immer zu Hilfe ruft, wenn etwas repariert werden muß. Dann wird es eine Gruppe geben, die man als die „Gefühlsmenschen" bezeichnen kann, die für die Emotionen und Bedürfnisse anderer außerordentlich sensibel sind. Sie stehen den anderen mit ihrer Fürsorge und ihrem Rat zur Seite. Die „Denker" bilden die dritte Kategorie. Das heißt übrigens nicht, daß die anderen nicht denken! Es ist nur so, daß diese Menschen besonders klug sind, wenn es darum geht, die Ressourcen der Gemeinschaft zu verwalten.

In den besten Gemeinschaften (und ich verwende dieses Wort im weitesten Sinne, um eine Gruppe zu bezeichnen, die zusammenarbeitet, sei es in den Bereichen Geschäft, Heim oder Freizeit) findet man ein paar Menschen, die auf allen drei Gebieten gut sind. Darum geht es bei jeder Art von Gemeinschaft. Es handelt sich einfach um eine Gruppe von Menschen, die erkannt haben, daß es effizient ist, gemeinsam zu leben, sich die Verantwortung zu teilen und sich zu unterstützen.

Es gibt einen weiteren, sehr deutlichen Vorteil, wenn man zu einer Gruppe oder Gemeinschaft gehört. Hier bleibt uns nichts anderes übrig, als etwas tiefer zu gehen und mit Bereichen in Berührung zu kommen, die wir oft und gerne verbergen, wenn wir uns zu sehr von anderen Menschen isolieren. Allein die Anwesenheit einer großen Gruppe von Menschen mit mannigfaltigen Talenten und Meinungen zeigt unweigerlich schwierige Bereiche in Ihrem Leben auf, mit denen Sie sich lieber nicht befaßt hätten, wenn Sie sich selbst überlassen wären. Durch das Zusammenwirken verschiedener Persönlichkeiten wird diese Auseinandersetzung unvermeidlich. Als erstes veranlaßt Sie die Gruppe dazu zuzugeben, daß Sie aus Ihrer gegenwärtigen Beengtheit ausbrechen müssen, und dann, daß Sie einen neuen Modus operandi, eine neue Lebensform, finden müssen, der Ihre wahre Natur als ein fürsorgliches, spirituelles Wesen widerspiegelt.

Das Ego

Ich bin immer wieder erstaunt darüber, wie wirksam meine Mutter ihr vorbildliches Verhalten dazu einsetzte, um mir die grundlegendsten Wahrheiten zu vermitteln. Als ich als Kind in Indien lebte, versäumten wir keine Gelegenheit, um irgend etwas zu feiern. Ich liebte das. Je größer das Fest, desto besser fand ich es. Bei allen größeren Anlässen holten wir die besten ansässigen Handwerker, um einen Tempel in der Mitte des Dorfes zu errichten. Zur festgelegten Zeit versammelten sich dort alle Frauen und Kinder, um zu singen und zu tanzen.

Es kam immer ein Zeitpunkt während der Feier, an dem meine Mutter mich aufspürte und mir zuflüsterte: „Schauen wir mal, ob du es diesmal schaffst. Ich möchte, daß du durch all die Leute hindurch auf die andere Seite gehst, ohne daß man dich bemerkt. Lasse dich überhaupt nicht ablenken. Kümmere dich nicht darum, was um dich herum vorgeht. Vergiß die ganze Tanzerei, und gehe ganz einfach ruhig und unauffällig zu dem Baum dort drüben." Es waren nur etwa zweihundert Meter, aber ich schaffte es nie. Irgend jemand zog mich immer in den Tanz hinein, bot mir eine Girlande an oder reichte mir etwas Köstliches zu essen.

„Es ist unmöglich, Mama", rechtfertigte ich mich immer, während ich wieder in den Trubel hineingezogen wurde.

„Nein, das ist es nicht", sagte sie lächelnd zu mir. „Schau her." Und sie glitt in die Menge hinein, um auf der anderen Seite aufzutauchen, ohne daß man ihren Körper oder ihren Geist berührt hatte. Es war beinahe so, als ob sie einen leeren Raum durchquert hätte.

„Wie macht sie das nur?" grübelte ich. Erst nach und nach wurde mir klar, daß es das Fehlen ihres Egos war, das sie unsichtbar machte. Da ich zu jener Zeit ein besonders ungestümer und ausgelassener Junge war, fiel mir das nicht gerade leicht. Es handelte sich definitiv um etwas, woran ich arbeiten mußte!

Sind Sie jemals die Hauptstraße entlang gegangen, und plötzlich tauchte jemand auf, dem Sie lieber nicht begegneten? Vielleicht sind Sie zu schüchtern, um sich mit ihm zu unterhalten. Sie wissen eventuell, daß er eine solche Plaudertasche ist, daß Sie nur „Hallo" sagen müssen, um in ein Gespräch über die letzten drei Generationen verstrickt zu werden! Oder es fällt Ihnen ein, daß Sie die Arbeit, die Sie ihm vor so langer Zeit versprachen, noch immer nicht erledigt haben. Was machen Sie? Sie versuchen, ihm zu entgehen, nicht wahr? Als erstes versuchen Sie mit allen Mitteln, unauffällig zu wirken. Dann schieben Sie sich ein wenig zur Seite und hoffen, unbemerkt an ihm vorbeizugleiten. Aber funktioniert es? Natürlich nicht! Irgendwie scheint er Sie immer zu bemerken und kommt gerannt, um Ihnen zu sagen, wie sehr er sich freut, Sie zu treffen. Es gibt kein Entkommen. Alles, was Sie machen können, ist, tapfer zu lächeln und sich zu denken: „Verfixte Kiste! Wieder erwischt!"

Das ist eine Erfahrung aus dem wirklichen Leben. So etwas passiert uns. Und es passiert deshalb, weil die Stärke unserer Persönlichkeit Dinge anzieht. Jene Person hätte Sie wahrscheinlich gar nicht bemerkt, wenn Sie ihn nicht zuerst gesehen hätten. Aber weil Sie ihn gesehen haben, kam Ihr Ego ins Spiel, und als Sie einander begegneten, erreichten ihn Ihre starken Gedankenwellen und lenkten seine Aufmerksamkeit auf Sie. *Es geht darum, da zu sein, wenn Sie es nicht sind, und nicht da zu sein, wenn Sie es sind!*

Vorstellungen von der Realität

Unsere falsche Vorstellung von der Realität engt uns ein und behindert unser Wachstum. Im Norden von Indien liegt eine Wüste. Wenn Sie weit genug in diese Wüste reisen, kommen Sie zu einer riesigen Metallbrücke, die mitten in der Einöde steht. Die eine Hälfte der Brücke ist rot gestrichen und die andere grün, und in der Mitte befindet sich ein wuchtiges Tor. Auf jeder Seite des Tores stehen Soldaten Wache. Warum? Weil die Brücke die Grenze zwischen zwei Staaten markiert. Das ist der einzige Grund für ihr Bestehen.

Es ist faszinierend zu beobachten, wenn jemand von einem Staat zum anderen passieren möchte. Wenn er sich der Grenze nähert, rufen die Soldaten auf seiner Seite den Soldaten auf der anderen Seite zu. Beide Gruppen von Soldaten gehen an das Tor, stecken den Schlüssel in das Schlüsselloch, öffnen das Tor und lassen ihn hindurch. Dann verschwindet er wieder in die Wüste – diesmal in einem anderen Land.

Unser Verstand investiert so viel in die Realität eines Ortes, daß die Situationen, die wir schaffen, vernünftig und objektiv betrachtet, sehr absurd sein können. Genau dasselbe passiert in diesem Teil der Welt. Sie sind vielleicht schon einmal von England nach Wales gereist. Während Sie so dahinfahren und die schöne Landschaft bewundern, taucht plötzlich ein Schild vor Ihnen auf. ‚Letzte Kneipe in England' verkündet das Schild. Sie fahren weiter und sehen ein weiteres Schild: ‚Willkommen in Wales'. „Wie nett", denken Sie sich, während Sie weiterhin dieselbe schöne Landschaft und Umgebung genießen.

Soweit ich anhand der Bilder, die aus dem Weltall von der Erde aufgenommen wurden, sagen kann, gibt es keine nationalen Grenzen. Dennoch haben wir Milliarden Mark und eine Menge unserer wertvollen Energie investiert, um sie zu unserer Realität zu machen. Wir haben unsere ganzen Bemühungen dahin gerichtet, etwas zu erschaffen, das völlig illusorisch ist.

Würde ich Sie in mein Labor einladen, um sich ein paar Kolibakterien unter dem Mikroskop anzusehen, wären Sie wahrscheinlich ziemlich überrascht. Doch wenn Sie Ihre Bedenken und Ihre Zweifel beiseitelegen würden, wären Sie vermutlich recht fasziniert von dem, was Sie sehen. Das Mikroskop würde Ihnen eine völlig neue Welt enthüllen, die dem bloßen Auge verwehrt bleibt. Erstaunt würden Sie die scheinbar so großen Organismen beobachten. Würde ich Sie dann nach draußen führen, um die prächtigen Snowdonia-Berge zu bewundern, wären Sie von deren Größe ebenso fasziniert. Größe und Standort sind etwas ganz und gar Relatives.

Auch die Entfernung ist ein relativer Begriff. Unlängst schrieb ich einer Freundin, um sie zu einem Kurs in unserem Zentrum einzuladen, das etwa fünfzehn Kilometer von ihr entfernt ist. „Es tut mir schrecklich leid", lautete die Antwort, „aber ich werde nicht kommen können. Es ist einfach zu weit weg." Ein anderer Freund von mir, der in den USA lebt, kam zum Kurs. Für ihn war die Entfernung kein Problem. Das heißt nicht, daß seine Kilometer kürzer waren als die britischen, sondern nur, daß ihm viel mehr daran lag, sich weiterzuentwickeln.

Für mich ist es durchaus akzeptabel, für die Sache des Friedens fünfundzwanzig Kilometer am Tag zu marschieren, aber für jemand anderen mit einer anderen Einstellung wäre das völlig verrückt. Weil wir so viel in Grenzen investiert haben, die unsere Städte und Länder voneinander trennen, werden wir von den Endprodukten unserer übertriebenen Phantasie geprägt und gefangen genommen.

Was ist ein Freund?

„Ein Freund ist dein zweites Selbst." Cicero

Ein weiterer Bereich unseres Lebens, der vielen falschen Vorstellungen unterliegt, ist jener der Beziehungen. Die Tiefe und Dauer der meisten unserer Freundschaften wird in erster Linie von unserer Fähigkeit, nett zu unseren Freunden zu sein, bestimmt. Wenn wir bemerken, daß wir unsere Seite des stillschweigenden Abkommens – daß wir immer fröhlich und stark sind – nicht erfüllen können, entdecken wir, wer unsere wahren Freunde sind. Nur wirklich außergewöhnliche Menschen sind immer da, wenn wir sie brauchen.

Als ich an der Universität war, beschloß ich, diese Theorie zu testen. „Warum bittest du deinen besten Freund nicht darum, dir hundert Mark für eine Woche zu borgen?" schlug ich einem meiner Studienkollegen vor. (Zu jener Zeit waren hundert Mark für jemanden, der von einem Stipendium lebte, eine Menge Geld.)

Mein Freund – nennen wir ihn Andy – war ganz zuversichtlich. „Kein Problem", erwiderte er. „Das tut er ohne weiteres für mich. Er ist mein bester Freund." Wie behauptet, kam Andy bald mit dem Geld zurück. „Er hat überhaupt nicht gezögert", verkündete er triumphierend. „Ist das kein Beweis für Freundschaft?"

„Warten wir mal ab", antwortete ich und nahm ihm das Geld ab.

Eine Woche später kam Andy in mein Zimmer, um das Geld abzuholen und es seinem Freund zurückzugeben. „Tut mir leid", erklärte ich ihm, „ich habe es momentan nicht." Er schaute mich ungläubig an.

„Du hast es nicht?" fragte er bestürzt. „Aber was soll ich meinem Freund sagen? Er ist schließlich mein bester Freund, und ich möchte keinen Ärger mit ihm haben."

„Wenn er dein bester Freund ist, wird es keinen Ärger geben", versicherte ich ihm. „Sag ihm einfach, du hast es jemand anderem gegeben – aber sag nicht, wem."

Es vergingen noch einmal drei oder vier Tage, bis Andy zurückkam und ganz aufgeregt war. Diesmal hatte er seinen Freund mitgebracht, um mir zu zeigen, wie aufgebracht dieser war. Und er war aufgebracht! Bei passender Gelegenheit flüsterte Andy mir zu: „Wann gibst du mir das Geld? Er ist wirklich wütend."

„Ich weiß noch nicht", erwiderte ich. „Warte noch etwas."

Am Ende der darauf folgenden Woche kamen die beiden wieder in mein Zimmer. Die Stimmung war wirklich aufgeheizt. Die Atmosphäre war spannungsgeladen. „Ich dachte, ihr wärt die besten Freunde", sagte ich zu Andys Kumpel. „Freundschaft ist eine Sache", erwiderte dieser wütend, „aber das ist etwas ganz anderes. Ich will mein Geld zurück. Was hast du damit gemacht?" rief er wütend und wandte sich Andy zu. Ich lehnte mich zurück und beobachtete das Geschehen noch eine Weile, bis die Situation ihren Höhepunkt erreichte und ich dachte, sie würden sich gleich prügeln. Ich streckte meine Hand aus und nahm das Geld unter meinem Kopfkissen hervor, wo ich es die ganze Zeit in einem kleinen Beutel aufbewahrt hatte. Ich nahm es heraus und gab es Andy, der es ohne Kommentar seinem Freund überreichte.

Ein wahrer Freund läßt dich niemals im Stich. Im Gegenteil, er wird alles für das Gedeihen der Freundschaft tun, indem er eine gemeinsame Grundlage für euch beide schafft. Diese Vorbereitungen für eine Freundschaft können schon Jahre vorher beginnen, bevor sich diese Menschen überhaupt begegnen. Wie man nicht an der Türschwelle auf einen eingeladenen Gast wartet, bevor man das Zimmer für ihn vorbereitet hat, so wartet man auch nicht darauf, jemanden zu treffen, um ihn dann zu fragen, wie man ihm helfen kann.

Ein Freund ist jemand, der das Feld pflügt und die Samen sät. Mit eigenen Händen bringt er die Ernte ein, trägt sie nach Hause und trennt die Spreu vom Weizen. Er holt Wasser aus dem Brunnen, füllt es in einen Topf und reibt zwei Holzstücke aneinander, um ein Feuer zu machen. Wenn das Wasser kocht, gibt er das Getreide in den Topf und kocht es. Und während Sie noch auf dem Heimweg sind, deckt er schon den Tisch für Sie. Und das geschieht, noch bevor er Sie getroffen hat. Das ist ein wahrer Freund.

Was wir in unserem Geist besitzen

Betrachten wir ein weiteres Hindernis, das sich uns so leicht in den Weg stellt: Habgier. Sie haben jahrelang hart gearbeitet und gespart oder sind durch einen glücklichen Zufall zu etwas Geld gekommen. In Ihrem Geist dreht sich alles um diesen Reichtum. „Ich habe 5000 Mark und werde dafür sorgen, daß sie mir niemand wegnimmt", sagt Ihnen Ihr Geist.

Nun gut, aber machen wir uns einmal klar, wo diese 5000 Mark eigentlich sind? In Ihren Händen oder in Ihrem Kopf? Genau gesagt, liegen sie wahrscheinlich auf der Bank. Wer verwendet sie? Höchstwahrscheinlich werden sie dazu verwendet, um jemanden in einem Land der Dritten Welt auszubeuten. Angenommen, Sie haben keine andere Wahl, als Ihr Geld auf der Bank zu lassen. Das ist kein Problem, solange Sie nicht die Vorstellung von jenem Stück Papier ständig bei sich haben. Wenn das passiert, sagen Ihnen Ihre Gedanken ständig: „5-Mark-Schein, 10-Mark-Schein, 50-Mark-Schein. Es gehört alles mir. Es gehört alles mir. Es gehört alles mir. ... Es ist weg!"

Jetzt läuft eine andere Schallplatte, und statt zu sagen: „Der 5-Mark-Schein gehört mir allein. Der 10-Mark-Schein gehört mir allein. Der 50-Mark-Schein gehört mir allein", sagt die Begierde: „Hol dir mehr." Sie machen sich also auf, mehr zu verdienen. „Sorge dafür, daß du genug hast", sagt die Stimme hartnäckig. „Sorge dafür, daß genug für deine Altersversorgung da ist, genug für dein Auto, genug für die Wohnung, genug Zinsen ..." Dabei bleibt dann keine Zeit, um zu sagen: „Gott, ich liebe dich. Gott, ich liebe dich. Margaret, ich liebe dich. Paul, ich liebe dich. Jane, ich liebe dich ..." Es ist einfach keine Zeit oder kein Platz in Ihrem Geist vorhanden, um das zu sagen.

Es geht dabei nicht um materielle Besitztümer, das ist unwichtig. Es geht darum, was Sie in Ihrem Geist besitzen.

Unlängst las ich ein Zitat, das all dies hervorragend beschreibt. „Du besitzt nur das, was bei einem Schiffbruch nicht verlorengeht." Das ist nur allzu wahr. Wir brauchen nur danach zu leben.

Überdenken Sie Ihr Leben

Unsere Wünsche ziehen und zerren in alle Richtungen und zerreißen uns. Sobald Sie das verstehen und als das ansehen, was es ist, werden Sie von Ihrem Leben nicht mehr unterjocht. Sie werden die Kontrolle haben. Warten Sie nicht so lange, bis Sie von einigen dieser Facetten des Lebens so sehr besessen sind, daß es fast unmöglich ist, sich davon zu befreien. In diesem Zustand, wenn die Menschen bereits Krankheiten, Süchte oder schwere Depressionen entwickelt haben, finden sie sich bei mir ein. „Können Sie mir bitte helfen", bitten sie mich eindringlich. „Ich weiß nicht mehr weiter."

Und ich antworte: „Natürlich, aber wo waren Sie die letzten zehn Jahre? Warum sind Sie nicht früher gekommen? Genau gesagt, warum haben Sie Ihr Leben nicht genau betrachtet und in Ordnung gebracht, bevor es so weit mit Ihnen gekommen ist?" Und für gewöhnlich erhalte ich sehr ehrliche Antworten. In diesem Zustand sind die Leute sehr ehrlich. Und der Grund, warum sie so ehrlich sind, ist, daß sie sie sich dessen bewußt sind zu sterben. Der Unterschied zwischen ihnen und uns besteht darin, daß wir nicht daran denken, daß wir sterben. Aber die Sache ist die, daß wir sterben, und wenn uns das einmal klar ist, ändert sich alles.

Möglicherweise sagen Sie im Augenblick nur: „Vielleicht, vielleicht", aber in ein paar Jahren werden Sie sagen: „Mein Gott, wie recht er doch hatte!" Etwas wird dazu führen, daß Sie anders denken. Vielleicht ist der entscheidende Faktor in Ihrem Leben auch eine Krankheit oder der Tod eines Ihnen nahestehenden Menschen. Wie dem auch sei, es wird einen Punkt in Ihrem Leben geben, an dem Sie zum gleichen Schluß kommen wie ich.

Worum es hier geht, ist, daß ich Sie dazu ermutigen möchte, Ihr Leben jetzt so zu überdenken, daß Sie gar nicht erst in jene Krise geraten. Leben Sie auf eine Weise, daß Ihre Sinne nicht ständig nach außen gelenkt werden. Was nützt es schon, wenn Sie dauernd aus sich heraus gehen und innen völlig leer sind?

Ein junges Mädchen geht die Hauptstraße entlang und kommt an einer Modeboutique vorbei und sagt: „Toll! Was für schöne Sachen es doch hier gibt. Schau sich einer diese wunderbaren Klamotten an." Ein Geschäftsmann geht dieselbe Straße entlang, schaut in dasselbe Schaufenster, kommt heim und sagt zu seiner Frau: „Denen geht es wirklich gut. Die machen gute Umsätze." Noch jemand kommt vorbei, ein Modedesigner, und denkt: „Die neuen Modelle, die sie dieses Jahr entworfen haben, sind wirklich brillant." Eine vierte Person kommt vorbei und sagt: „Es gefällt mir, wie die ihre Waren präsentieren. Phantastisch."

Es ist dasselbe Bild, aber jeder betrachtet es aus einer anderen Perspektive. Wer hat recht? Alle ihre Aussagen sind irrelevant, wenn nicht einer von ihnen sagt: „Weißt du, diese Kleidung zu betrachten hat in mir ein tiefes Gefühl des Friedens und der Zufriedenheit ausgelöst. Diese Farben haben in mir wieder die Liebe zu den prächtigen Farben der Natur entfacht." Das ist die einzige Weise, die Dinge zu betrachten.

Eine persönliche Bilanz

Statt Ihre inneren Ressourcen mit solch unnötigen Umwegen zu vergeuden, seien Sie sich lieber über Ihr Ziel im klaren. Das Leben ist voll von Gelegenheiten zu entdecken, wer Sie wirklich sind, wenn Sie den direkten Weg nehmen. Natürlich muß es ein Geben und Nehmen geben, aber wenn Sie sich auf der spirituellen Ebene bewegen, muß bei den ganzen Transaktionen kein Geld beteiligt sein. Solange es einen Energieaustausch zwischen Ihnen und dem Universum gibt, werden Sie feststellen, daß Sie Wunder vollbringen.

Mit diesem Wissen steht Ihnen nichts mehr im Wege, das spirituelle Leben ernsthaft zu untersuchen. Sie können Unternehmen, Lehrer und Lehren testen. Wie? Investieren Sie alles, was Sie haben. Ihr Haus und Ihre Besitztümer sind in Sicherheit, und Sie können Ihr gegenwärtiges Leben ruhig eine Weile hinter sich lassen und selbst entdecken, wie sich eine neue Lebensweise anfühlt. Probieren Sie es ein paar Wochen, ein paar Monate lang oder sogar für zehn Jahre. Am Ende dieser Zeit können Sie sicher sein, daß Ihre Schlußfolgerungen auf Tatsachen basieren und nicht auf Hörensagen oder Indizien.

Das ist ein sehr rationaler und vernünftiger Vorschlag – aber er verlangt ziemlich viel. Doch er wurde schon befolgt. Menschen mit dem echten Wunsch, sich weiterzuentwickeln, haben ihre anfänglichen Bedenken überwunden und den Sprung gewagt. Sie haben sich ernsthaft mit ihren Zweifeln auseinandergesetzt und alle vorhersehbaren und fadenscheinigen Ausreden beiseite gelegt. Sie sind nicht auf die üblichen Argumente hereingefallen:

‚Wie kann ich von jemandem etwas lernen, der jünger ist als ich?'

‚Er ist älter als ich, also muß er altmodische Ansichten haben.'

‚Er hat einen anderen kulturellen Hintergrund. Was er sagt, ist für unsere Gesellschaft nicht relevant.'

‚Er ist zu gebildet, um die Probleme, mit denen es gewöhnliche Menschen wie ich zu tun haben, zu verstehen.'

‚Er hat alle Zeit der Welt. Meine Zeit ist so begrenzt.'

‚Er beherrscht Yoga, deshalb kann er länger sitzen und meditieren. Für ihn ist das viel einfacher.'

‚Er hatte Eltern, die ihn in einem spirituellen Umfeld erzogen haben. Es ist unmöglich, daß ich nachholen kann, was mir als Kind an spiritueller Grundlage fehlte.'

Ich möchte auf einige Ihrer Einwände eingehen. Wenn Sie meinen, daß Sie nicht genug Zeit haben, brauchen Sie nur auf Ihre Uhr zu sehen, um festzustellen, daß Ihnen wie jedem anderen vierundzwanzig Stunden am Tag zur Verfügung stehen!

Sie richten vielleicht alle möglichen stummen Anschuldigungen an Ihre Eltern, weil sie zu wenig sensibel oder vorausschauend waren, aber ich möchte Ihnen versichern, daß Ihre Eltern genauso richtig für Sie waren wie meine für mich. Sie waren da, um Sie so zu erziehen, wie es damals am besten für Sie war, so wie das meine Eltern für mich und meinen Bruder und meine Schwestern getan haben. Wenn wir uns dafür entscheiden, uns diese perfekten Eltern nicht zunutze zu machen, dann sind wir selbst dafür verantwortlich.

Ich könnte zahllose Menschen aufzählen, die körperlich um vieles beweglicher sind als ich. Es gibt Menschen, die schneller, besser, stärker, intellektueller, kultivierter, jünger, älter, dicker, dünner, gebräunter ... sind. Ich könnte diese Liste endlos fortsetzen, aber Tatsache ist, daß ich mich dafür entscheide, mich nicht davon behindern zu lassen. Ich nutze die Fähigkeiten und Eigenschaften, mit denen ich gesegnet wurde, und weiß, daß dies alles ist, was ich brauche, wenn ich sie nur weise einsetze.

Wenn Sie das nächste Mal feststellen, daß die Unentschlossenheit Ihren Verstand übernommen hat, führen Sie doch ein Gespräch mit sich selbst. Versuchen Sie, sich mit dem Zweifel auseinanderzusetzen. „Zweifel, mit wem sprichst du denn?" könnten Sie ihn fragen.

„Mit dir!"

„Mit wem, mit mir?"

„Ja, mit dir!"

„Wer bist du?"

In dem Augenblick, in dem Sie fragen ‚Wer bist du?', verschwindet der Zweifel, weil es darauf keine Antwort gibt. Wenn er weiterbesteht oder zurückkehrt und Ihre innere Stimme Ihnen einreden will, daß er echt ist und daß sein einziger Zweck darin besteht, auf Sie aufzupassen, fragen Sie noch einmal: „Woher kommst du? Warum warst du nicht da, als ich zwei Jahre alt war? Was hast du während all der glücklichen Zeiten in meinem Leben gemacht? Warum belästigst du mich nur in schwierigen Zeiten?" Führen Sie mit Ihren Bedenken einen richtigen Dialog, und beobachten Sie, wie die inneren Einwände und Zweifel verschwinden, sobald Sie erkennen, daß sie völlig unbegründet sind.

Nachdem Sie nun die Phase erreicht haben, in der alle Hindernisse aus Ihrem Weg geräumt wurden, sind Sie in der Lage, die Richtigkeit der Fakten selbst zu überprüfen. Führen Sie eine Zeitlang ein spirituelles Leben, und wenn Ihnen das gefällt, was Sie dabei erleben, können Sie ja dabei bleiben.

Lassen Sie nicht zu, daß unbegründetes Mißtrauen Ihrem Wachstum im Wege steht. Wenn es Ihnen mit Ihrem Leben ernst ist, legen Sie alle inneren Konflikte beiseite, und machen Sie sich daran, Ihr wahres Selbst wiederherzustellen. Diese Aufgabe wird so viel Zeit und Energie in Anspruch nehmen, daß Sie bald feststellen werden, daß Geld das Unwichtigste in Ihrem Leben geworden ist. Wenn sich also diese verirrten, nagenden Zweifel in Ihren Geist einschleichen, fordern Sie sie heraus, und Sie werden feststellen, daß ihnen jegliche Grundlage fehlt.

Nehmen Sie Ihr Leben selbst in die Hand, und umarmen Sie es, während die Sonne scheint.

Werden Sie ein „Krieger"

„Wir müssen die Widerstandsfähigkeit der Schlange mit der Zartheit der Taube kombinieren, einen robusten Geist mit einem sanften Herzen."
Martin Luther King Junior

Jemand, der meditiert, führt das Leben eines Kriegers; eines Kriegers mit der Stärke und dem Mut durchzuhalten, gleich, welche Hindernisse ihm in den Weg gelegt werden; eines Kriegers, der loyal und gewissenhaft seine Pflicht erfüllt, auch wenn es dafür kein Lob und keine Anerkennung gibt; eines Kriegers, der Veränderungen und persönliche Krisen voller Gelassenheit und Zuversicht meistert; eines Kriegers, der niemals daran zweifelt, daß er die Schlacht gewinnt, und der den Sieg niemals aus den Augen verliert.

Durch die Meditation werden Sie diese wesentlichen Charaktereigenschaften gleichzeitig anwenden und stärken. Ein Krieger kämpft nicht für sich allein. Ihm geht es um jene, für die er verantwortlich ist, d. h. für die gesamte Gemeinschaft. Bei allem, was er tut, bei jedem Wort, das er ausspricht, geht es ihm um andere Menschen. Persönlicher Ruhm ist ihm unwichtig. Es genügt ihm zu wissen, daß er seine Pflichten nach besten Kräften erfüllt hat.

Mit dem Meditieren verhält es sich genauso. Man tut es nicht, um damit Ruhm oder öffentliche Anerkennung zu erwerben. Es gibt kein Zertifikat, das man sich an die Wand hängen kann, jedesmal wenn man seine tägliche Meditation um eine halbe Stunde erweitert hat. Man verkündet nicht Gott und der Welt: „Ich machte heute morgen eine wunderbare Meditationsübung. Ich bin fünfeinhalb Stunden lang gesessen. So lange wie nie zuvor." Das tut man einfach nicht, und das würde nur die innere Stärke mindern, die Sie langsam aufbauen. Das einzige, das Grund zur Freude geben sollte, ist, daß Sie aus eigenem Antrieb wieder allmählich aufleben.

Wenn Sie meditieren, müssen Sie sich selbst davon abbringen zu erwarten, daß Sie für das, was Sie tun, Komplimente und Anerkennung ernten, wie stark auch immer Ihr Verstand dagegen protestiert, denn das ist uns fest eingebleut worden. Wir sind innerhalb einer Kultur aufgewachsen, in der es einen guten Grund für alles geben muß, was man tut, und zwar in Form einer konkreten materiellen Belohnung. *‚Maximaler Profit'* lautet unser Motto.

In der Welt des Meditierens und des bewußten Lebens wird das jedoch nicht immer der Fall sein. Monatelang kann sich der erwartete Nutzen als schwer faßbar erweisen. Es kann sogar sein, daß Sie die ersten paar Jahre noch mehr Schwierigkeiten haben.

Wenn Sie sich in dieser Situation befinden, geben Sie die Hoffnung nicht auf. Es wird sich lohnen, wenn auch nicht auf die vielleicht erwartete Weise. Und wenn Sie im dunkeln tappen und den Lichtschalter nicht finden können, zögern Sie nicht, einen Lehrer um Hilfe zu bitten, der das selbst erlebt hat und all die Zeichen und Anhaltspunkte kennt. Die Antworten sind immer da, wir müssen nur an der richtigen Stelle danach suchen. Denken Sie daran, die Parole lautet *‚Suchet und Ihr werdet finden'* und nicht *‚Lehnt Euch zurück und gebt auf'*.

Meditation funktioniert

Die Leute erzählen mir oft, daß sie anfänglich so meditiert haben, wie man es ihnen beigebracht hat. Aber sie haben es nicht lange durchgehalten. Und der Grund dafür ist fast immer derselbe: Es kommt zu einem Umbruch in ihrem Leben. Als erstes wirkt es sich auf das Familienleben aus. Die Kinder haben vielleicht nichts dagegen, aber dem Ehemann oder der Frau macht es sicher etwas aus. Das gesellschaftliche Leben wird ebenfalls beeinträchtigt, zum Teil, weil sie weniger Zeit haben auszugehen, aber vorwiegend deshalb, weil sie feststellen, daß sich *ihre Wertvorstellungen ändern.* Ihre gegenwärtigen sozialen Aktivitäten und Tätigkeiten scheinen ihnen nicht mehr relevant. Zur Krise kommt es für gewöhnlich, wenn sie erkennen, daß sie sich in einem Vakuum befinden und nicht wissen, wie sie ein bestimmtes Sozialverhalten durch ein anderes ersetzen sollen. Sie können an sich selbst keine für sie vorteilhafte Veränderung entdecken, also geben sie einfach auf.

Die ersten paar Monate oder Jahre, nachdem Sie zu meditieren begonnen haben, erkennen Sie vielleicht keinen Nutzen, den Ihre Mitmenschen schätzen oder überhaupt bemerken, es sei denn, Sie gehen sehr bewußt vor und sind sehr offen. Der Nutzen wird sich jedoch nach und nach einstellen.

Wenn Sie zuvor sehr müde waren, werden Sie eventuell feststellen, daß Sie ein wenig mehr Energie haben. Wenn Sie zuvor deprimiert oder ängstlich waren, wird sich das ein wenig bessern. Wenn Sie ungeduldig waren, nicht klar denken konnten oder wenig Selbstvertrauen besaßen, wird das besser werden.

Und das wird Ihnen sicher zusagen. Wenn Sie aber keine derartigen Probleme hatten, dann, fürchte ich, haben Sie ein Problem! Das Meditieren wird nicht sofort offensichtliche und spektakuläre Ergebnisse liefern. Es ist ein langsamer, reaktiver Prozeß.

Meditation funktioniert jedoch, wie die nachfolgende Geschichte belegt.

Nachdem Sie von den Vorzügen der Meditation gehört hatte, wagte eine junge Frau den entscheidenden Schritt und nahm an einem Meditationswochenende teil. Sie entdeckte dabei etwas, nach dem sie ihr Leben lang gesucht hatte, und sie war fest entschlossen, daran festzuhalten.

Als sie nach Hause kam, war ihr Mann erfreut darüber, wie glücklich und zufrieden sie aussah. „Was habt Ihr denn beim Kurs gemacht, Liebling?" fragte er.

„Sie haben uns ein spezielles Wort, das man Mantra nennt, beigebracht", erwiderte sie eifrig.

„Ein spezielles Wort?" fragte ihr Mann. „Es hat dir offenbar sehr gut getan. Ich möchte es auch lernen. Wie heißt dieses Wort?"

„Ich fürchte, das kann ich dir nicht sagen. Sie haben uns gesagt, daß wir es niemals irgend jemandem preisgeben sollen", erläuterte sie.

„Aber mir kannst du es doch sicher sagen?" meinte er und wurde dabei ein wenig ungeduldig. „Schließlich bin ich doch dein Mann."

„Tut mir leid, ich darf es dir nicht sagen. Sie sagten, es gäbe keinerlei Ausnahmen", erwiderte sie standhaft.

Der Mann war jetzt wirklich verärgert. „Ich muß darauf bestehen, daß du mir dieses Wort sagst", erklärte er, „sonst bleibt mir nichts anderes übrig, als wegzugehen."

„Tut mir leid, ich habe auch keine andere Wahl", kam die endgültige Antwort. „Meine Lippen sind versiegelt."

Nach dem dramatischen Weggang ihres Mannes hörte sie, wie er die Türen des Kleiderschranks zuknallte. Dann vernahm sie seine Schritte auf der Treppe, und schließlich schlug er die Eingangstür hinter sich zu. Es folgte Stille.

Langsam breitete sich ein Lächeln auf dem Gesicht der Frau aus. Sie faltete ihre Hände und seufzte erleichtert und voller Dankbarkeit auf. „Das Mantra funktioniert!" flüsterte sie sich selbst begeistert zu.

Ziehen Sie den größtmöglichen Nutzen daraus

Wenn Sie beharrlich meditieren, werden Sie gewiß inneren Frieden erfahren – vorausgesetzt, daß Sie vernünftig vorgehen. Eine Frage, die mir oft gestellt wird, lautet: ‚Warum werde ich nach dem Meditieren so wütend?' Das ist ein häufiges Symptom, und Sie können sich dagegen schützen, wenn Sie sich dessen bewußt sind.

Es ist eine weithin bekannte Tatsache, daß man sich leicht verkühlt, wenn man von einem sehr warmen Haus hinaus in den Schneesturm geht. Schlimmer noch, man kann an einem Herzanfall sterben, wenn man in der warmen Sonne ist und dann in einen eisigen Swimmingpool springt. Ebenso verhält es sich mit dem Meditieren. Wenn Sie plötzlich aus einem friedlichen und ruhigen Bereich auftauchen und sich mitten in eine hektische Umgebung stürzen, dann schwindet der Frieden, den sie gerade gefunden hatten, um so leichter.

Nicht jeder erlebt das, so wie wir nicht jedesmal eine Grippe bekommen, wenn wir uns im Winter aus dem Haus wagen. Es ist jedoch eine kluge Vorsichtsmaßnahme, daran zu denken, daß man sich nach dem Meditieren wieder schön langsam an seine Umgebung anpassen muß.

Sie lassen sich Zeit, um in die Meditation zu versinken, also kommen Sie auch langsam wieder daraus hervor, werden Sie sich wieder Ihres Körpers und Ihres Geistes bewußt, dehnen und strecken Sie sich, und massieren Sie sanft Ihr Gesicht, lächeln Sie (die beste Maßnahme überhaupt) und stehen Sie langsam und bedächtig auf.

Sie finden es vielleicht auch angenehm, ein paar sanfte Bewegungsübungen oder Yoga zu machen, bevor Sie Ihren Meditationsraum verlassen.

Unser Bewußtsein entdecken

Wenn Sie regelmäßig meditieren, arbeiten Sie auf zwei Ebenen.

Erstens erhalten Sie Informationen auf der physischen Ebene in Form von Worten und Emotionen. Das ist eine Realität, die für Sie greifbar ist. Dann kommen Sie auf eine zweite und tiefere Ebene: die Bewußtseinsebene. Diese zweite Ebene nehmen Sie überhaupt nicht wahr, und dennoch hat sie einen weit stärkeren Einfluß als jedes gesprochene oder geschriebene Wort. Bevor Sie das Stadium erreichen, in dem das Seelenbewußtsein für Sie zur Realität wird, müssen Sie sich mit dem Wissen begnügen, daß es sich entwickelt, obwohl Sie sich dessen nicht bewußt sind.

Wie können Sie das Vorhandensein dieses Bewußtseins wahrnehmen, das für Ihre Weiterentwicklung so wichtig ist?

Ich möchte Ihnen ein Beispiel dafür geben. Wenn ich meinen Arm bewege, was bewegt sich dann? Mein Arm. Aber was ist mein Arm? Muskeln und Knochen. Bewegen sich Knochen von selbst? Bewegen sich Muskeln von selbst? Wenn Sie eine Hühnerkeule essen, wären Sie sicher überrascht, wenn diese plötzlich von Ihrem Teller springt. Welcher Unterschied besteht zwischen einer Hühnerkeule auf einem Teller und einer Hühnerkeule an einem Huhn? Sie sagen wahrscheinlich, daß es mit dem Nervensystem verbunden ist. Natürlich ist es das, aber auf einem Teller tanzen die Nerven nicht herum. Sie behaupten vielleicht, daß das Blut Leben verleiht, aber Blut ist auch nicht dynamisch. Wie bewegt sich mein Arm also?

Es besteht ein energetisches Bewußtsein, das die ganze Zeit über in Bewegung ist. Wenn sich das Bewußtsein bewegt, dann bewegt sich mein Arm. Die Bewegung erfolgt simultan. Sobald Sie das verstehen, verstehen Sie auch die Realität des Bewußtseins, das Ihrem Wesen zugrunde liegt. Sie interagieren auf einer bewußten Ebene. Das ist das Medium, durch das ein Energieaustausch erfolgt. Und dieses erweckte Bewußtsein lernen Sie beim Meditieren erkennen. Mit dieser Erkenntnis wird sich Ihre Wahrnehmung ändern. Sie werden sich nicht mehr mit dem Fühlen eines Knochens oder eines Muskels auseinandersetzen, sondern das Bewußtsein selbst wird zu einem ‚Gefühl'.

Wenn Sie diese Wahrheit erkannt haben, werden Sie nicht mehr nach externer Belohnung suchen. Alles, was Sie brauchen, wird aus Ihrem Inneren kommen. Sie sind zu einem „Krieger" geworden.

Wertvolle Gaben – Meditation

Wenn ich zu meinem eigenen Selbst heimkehre, akzeptiere ich meinen Körper, ich akzeptiere meinen denkenden Verstand und alles, was er mit mir teilt, ohne daß ich irgend etwas bereue. Ich akzeptiere die Emotionen meines Herzens. Ich akzeptiere alles, was mir widerfahren ist, und alles, was ich für mich selbst bin. Ich akzeptiere, ich akzeptiere, ich akzeptiere.

Durch dieses Akzeptieren spüre ich die Gegenwart aller Menschen, mit denen ich gelebt und mit denen ich mein Leben geteilt habe. Ich danke ihnen für ihre Geduld und ihre Güte. Ich danke ihnen für ihre Liebe, für das Essen, das sie mir angeboten haben, und für die Freude und das Lachen, das sie mir geschenkt haben. Bedingungslose Liebe ist so schwer zu finden. Sie ist noch wertvoller als dein Herzschlag und dein Atem. Bedingungslose Liebe kann man nicht kaufen. Sie entspringt der Seele. Ich bedanke mich für dieses wertvolle Geschenk, das man mir gemacht hat.

Frieden und Liebe wirken. Sie sind die höchsten Gaben, die wir einander zukommen lassen können. Nur durch das Geben entsteht Leben, und nur durch das Verständnis wird das Vergeben selbstverständlich. Es gibt nicht viel, das ich für das, was ich bekommen habe, zurückgeben kann. Es gibt nicht viel, das ich sagen kann, außer mich für meinen Körper und meine Gesundheit zu bedanken.

Ich möchte auch meine Dankbarkeit ausdrücken für die Tausende Stunden von Licht, die mir geschenkt wurden, für die Tausende Mundvoll Essen, die ich meinem Körper zugeführt habe, für die zahlreichen Freunde, Gefährten, Brüder, Schwestern und die Menschen, die ich liebe, für den Schutz vor Tausenden von Unfällen, vor zahlosen Mißgeschicken, die mir hätten zustoßen können.

Ich bedanke mich für all das, aber wie kann ich auch nur damit beginnen, etwas davon zurückzuzahlen? Der universelle Geist des Lebens verlangt keine Vergeltung. Er klopft nur an die Tür deines

Herzens und fragt: „Wer bist du?" Er interessiert sich nicht dafür, ob du reich oder berühmt bist, gebildet oder angesehen. Wenn er anklopft, lautet die einzige Antwort, die er hören möchte: „Ich bin ein Instrument des Friedens."

Die Macht der Dankbarkeit

Diese Gedanken tauchen vielleicht nur selten in unserem Bewußtsein auf, aber wenn wir täglich ein paar Minuten darüber nachdenken, werden wir feststellen, daß sich der ganze Schwerpunkt unseres Bewußtseins verändert. Wir erkennen, daß es Zeit für uns ist, wenigstens bis zu einem gewissen Grad all die Reichtümer, die uns gewährt wurden, zurückzuzahlen. Wenn es uns gut geht und wir glücklich sind, ist es leicht, zu geben, aber großzügig zu sein, wenn es uns nicht so leicht fällt oder sogar schmerzt, das erst ist wahres Geben.

Dieses Prinzip ist unserer Gesellschaft irgendwie fremd geworden. Nicht nur das, sein Fehlen wird allgemein akzeptiert. Aber so muß es nicht sein, und um das herauszufinden, ist es am besten, wenn Sie es selbst ausprobieren. Beginnen Sie damit, die Kunst des selbstlosen Gebens und der Großzügigkeit auszuüben, und warten Sie ab, was passiert.

Lassen Sie sich von Ihrem Herzen leiten

Unser ganzes Leben lang wurde uns eingebleut, nichts unbesehen zu glauben. Alles muß gründlich untersucht und wissenschaftlich belegt werden, bevor wir damit etwas anfangen können. Das ist aber nicht der Fall.

Nehmen wir an, ein Mann liegt im Krankenhaus. Seine Welt ist vorübergehend in Dunkelheit gehüllt, weil dicke Verbände nach einer Operation zur Rettung seiner Sehkraft seine Augen bedecken. Während er so daliegt, vernimmt sein geschärfter Hörsinn die Schritte und Stimmen des Arztes und der Krankenschwester, die durch die Station gehen. An seinem Bett verstummen die Geräusche.

„Guten Morgen, Herr Müller", begrüßt ihn der Arzt freundlich. „Heute nehmen wir Ihren Verband ab. Nach all der Zeit wird es wieder hell für Sie."

„Doktor, sagen Sie mir bitte eines, bevor Sie ihn abnehmen. Können Sie mir garantieren, daß die Operation erfolgreich war?"

„Wie Sie wissen, kann niemand eine hundertprozentige Garantie für so etwas abgeben. Ich kann Ihnen aber versichern, daß die Operation äußerst gut verlaufen ist und es wirklich gut aussieht. Ich bin so sicher, wie ich nur sein kann, daß Sie Ihre volle Sehkraft wiedererlangen."

„Aber Doktor, ich habe wirklich Angst davor, mir Hoffnungen zu machen, daß ich wieder sehen kann, und wenn der Verband abgenommen wird, bin ich dann enttäuscht. Welchen Beweis können Sie mir geben, daß das nicht passieren wird?"

„Ich fürchte, das einzige, was wir machen können, ist, den Verband abzunehmen und nachzusehen. Sollen wir das tun?"

„Nein, ich glaube nicht, Herr Doktor. Sehen Sie, ich bin mit Ihrer Erklärung nicht zufrieden. Ich glaube, ich warte bis jemand kommt, der mir einen echten Beweis bieten kann."

Und so verweilte er in Dunkelheit, gefangen in einem Käfig, den er sich selbst gebaut hat.

Während Sie mit Ihren Meditationsübungen Fortschritte machen, werden Sie feststellen, daß Ihr Herz Sie dazu auffordert, in einer bisher nie dagewesenen Weise zu handeln, die womöglich im Gegensatz zu den allgemein gültigen Normen der Gesellschaft steht. Wenn Sie darauf warten, daß Ihr Kopf Ihnen beweist, daß Ihr Herz recht hat, enden Sie eventuell wie der Mann im Krankenhaus – in einem Verband für den Rest Ihres Lebens.

Wenn es je einen Konflikt zwischen Ihrem Kopf und Ihrem Herzen gibt, lassen Sie sich von Ihrem Herzen leiten. Haben Sie Vertrauen, wagen Sie den Schritt, und die Welt wird sich Ihnen in all ihrer Herrlichkeit offenbaren.

Der richtige Zeitpunkt

Versuchen Sie, mit Ihrer Suche nach der Wahrheit niemals auf perfekte Voraussetzungen zu warten, denn diese treten nie auf. Wenn Sie Ihre Hand ausstrecken möchten, um anderen zu helfen, warten Sie nicht auf genau den ‚richtigen' Augenblick, darauf, daß Sie eine Situation völlig verstehen, oder auf eine optimale Beziehung, bevor Sie handeln. Genau auf diese Weise werden gute Absichten auf unbestimmte Zeit verschoben.

Perfektion heißt nicht: keine Mühe oder Probleme, keinen Schmerz oder Widerstand. Für gewöhnlich vollziehen sich Veränderungen nicht auf diese Weise. Das Leben verlangt von uns, daß wir ein Risiko eingehen, wo und wann immer wir gebraucht werden. Wir werden feststellen, daß die Hilfe, die wir brauchen, genau zur richtigen Zeit auftaucht.

Die Wahrheit spricht immer für sich selbst und manifestiert sich selbst. Sie läßt uns nie im Stich.

„Morgen" kommt niemals

Wenn Sie sich den Arm gebrochen haben, wird es eine Zeitlang dauern, bis er wieder geheilt ist. Warten Sie nicht, bis Sie völlig geheilt sind, bevor Sie mit dem Meditieren beginnen. Es ist besser, gleich zu beginnen, statt darauf zu warten, daß Sie beide Arme genau an der richtigen Stelle völlig symmetrisch auf ihre Knie legen können.

Es gibt zahllose Gründe dafür, das Meditieren aufzuschieben. Ich höre sie dauernd, und keiner davon ist gerechtfertigt. Die üblichen Gründe sind folgende:

„Ich warte, bis ich den Meditationsraum neu tapeziert habe." – „Ich arbeite so lang im Büro, und wenn ich nach Hause komme, muß ich mich um die Kinder kümmern." – „Ich muß mir einen Tisch besorgen, der die richtige Höhe für meine Kerze hat. Ich habe gehört, bei Ikea sollen sie demnächst welche bekommen. Ich bin sicher, dort finde ich den richtigen." – „Wir haben für nächsten Monat einen Urlaub gebucht. Es ist so viel vorzubereiten, daß ich keinen freien Augenblick habe, um etwas anderes zu tun. Ich beginne, sobald wir zurück sind und ich den Garten in Ordnung gebracht habe."

All das kann sehr lange dauern!

Ich lerne oft am Sonntag Leute kennen, weise sie in die Meditation ein und ersuche sie, mit dem Üben zu beginnen. Wenn ich sie ein paar Tage später zu Hause besuche und frage, wie sie vorankommen, stelle ich fest, daß sie noch gar nicht begonnen haben.

„Warum nicht?" frage ich sie.

„Ich komme erst am Samstag zum Einkaufen."

„Was hat Einkaufen mit Ihrer persönlichen Entwicklung zu tun?" frage ich.

„Ich muß mir eine Kassette mit dieser schönen, entspannenden Musik kaufen und all die anderen Sachen, die Sie erwähnt haben."

Aber keines dieser Dinge ist wirklich notwendig. Sie können mit dem Meditieren warten, bis Ihre Kinder erwachsen sind, aber Kinder werden in den Augen ihrer Eltern nie erwachsen.

Man muß mit diesem Prozeß beginnen, sobald sich Ihnen der erste Schimmer an Wahrheit offenbart. Dasselbe gilt auch für alles andere in Ihrem Leben, ob das nun mit Ihrer Arbeit, Ihrem Privatleben oder Beziehungen allgemein zu tun hat. Die Umstände werden nie perfekt sein. Behindern Sie Ihr Wachstum nicht durch künstlich errichtete Barrieren.

Der richtige Ort

Es wurde in diesem Text bereits angedeutet, daß die richtigen Dinge zur richtigen Zeit passieren und daß Sie die Welt auf die richtige Weise sehen werden, wenn Sie sich mit den richtigen Leuten umgeben. Das haben Sie in Ihrem bisherigen Leben versucht, und das werden Sie auch weiterhin tun. Man zieht immer gleichgesinnte Menschen an. Manchmal scheint sich das von ganz alleine zu ergeben, aber in anderen Fällen scheint es, daß wir uns darum bemühen müssen, daß es sich ergibt. Auf welche Weise es auch passiert, *versuchen Sie, eine Gruppe von Menschen um sich zu scharen, die für Ihre Bedürfnisse zu dieser Zeit ideal sind.* Das ist ein fortwährender Prozeß in unserem Leben.

Was auch immer Sie in dieser Gruppe tun, ist genau richtig, ob Sie sich nun um andere kümmern oder einfach einen Witz erzählen, um die anderen zum Lachen zu bringen. Und die anderen Menschen tun natürlich genau das gleiche für Sie. Als Gegenleistung für diese Gnade scheint es kaum ausreichend, einfach nur ‚danke' zu sagen und sich dann umzudrehen. Man muß sich schon ein paar Gedanken darüber machen, wie wir unsere Dankbarkeit auf angemessene Weise ausdrücken können. Wir müssen etwas noch Größeres erwidern, damit ihre Liebe nicht verschwendet ist. Das ist eine Lektion, die ich als Kind gelernt habe, indem ich meine Eltern beobachtete. Es ist ein Brauch, den sie ohne Einschränkung ausübten, obwohl sie selbst nie allzu viel besaßen.

Nur ein Schritt

Als ich an der Universität studierte, lebten meine Eltern in einem kleinen Reihenhaus mit zwei Zimmern, und ich pflegte sie mit meinen Freunden am Wochenende zu besuchen. „Was habt ihr für Pläne?" fragte meine Mutter beim ersten Mal.

„Wir sind zum Meditieren gekommen", erwiderte ich. Und nun begann das Planen und Organisieren. Wir brauchten natürlich alle einen Platz zum Schlafen und einen separaten Raum zum Meditieren. Normalerweise ist es nicht so gut, das Zimmer, in dem man geschlafen hat, als Meditationsraum zu benutzen, wenn man es vermeiden kann. Wo sollten wir meditieren?

Als ob er meine Gedanken gelesen hätte, kam uns mein Vater zu Hilfe. „Macht euch keine Sorgen", sagte er. „Ihr könnt unser Schlafzimmer haben." Ein Problem war gelöst, da tauchte schon das nächste auf. Es stand ein Doppelbett drin – in einem Einzelzimmer. Wie sollten wir alle in dieses Zimmer passen?

Die einzige Lösung bestand darin, das Bett zu entfernen. Seit diesem Zeitpunkt haben meine Eltern immer auf einer kleinen Matte im Erdgeschoß geschlafen, und immer, wenn wir seit damals an ihrer Türschwelle aufgetaucht sind, haben sie uns ihr Heim großzügig zur Verfügung gestellt. Die zwei alten Menschen haben nach so vielen Jahren noch immer gegeben. Eines Tages fragte ich sie, warum sie das taten. Ihre Antwort war sehr demütig. „Wir haben beobachtet, wie du jede Nacht deinen Schlafsack auf dem Boden ausgebreitet hast", erwiderten sie, „und wir haben eine Menge von dir gelernt."

Indem sie mich als ihr Spiegelbild nahmen, brachten sie mir etwas bei und lernten gleichzeitig von mir.

Das nächste Mal forderte ich meine Eltern heraus, indem ich sie bat, eine Liste von allem, was sie im Haus hatten, anzulegen. Neben jedem Gegenstand sollten sie angeben, ob er unentbehrlich war oder nicht. Die Liste zu erstellen war erst der Anfang der Übung. Langsam, Woche für Woche, sollten alle unnötigen Gegenstände entfernt werden. Sie fanden jemanden, der diese Dinge wirklich brauchte, und verschenkten sie. Das erfordert sehr viel Mut und Stehvermögen, aber irgendwo muß man schließlich beginnen. Und sobald man sich darauf einläßt, wird man feststellen, daß sich alle Dinge wie von selbst fügen. Sie leiden keine Not, wie Sie befürchten mögen. Ihre eigenen Bedürfnisse werden stets gedeckt.

Wenn Sie einen Schritt auf Gott zugehen, dann geht Er Hunderte auf Sie zu.

Leben im Gleichgewicht

Im Lauf der Jahre haben mir Menschen, mit denen ich gelebt und gearbeitet habe, auf vielfache Weise geholfen. Jedesmal, wenn jemand etwas für mich tut, öffnet sich mein Herz in einem Ausmaß, daß ich zwanzig oder sogar hundert weiteren Menschen helfen kann. Das ist das Ergebnis einer funktionierenden Gemeinschaft. Auch wenn die Auswirkungen Ihrer Taten nicht immer offensichtlich sind, so bestehen sie dennoch. Was man hier sieht, ist auch als ‚Karma' oder ‚das Gesetz' bekannt – nicht einfach ‚Gesetz', sondern ‚das Gesetz' –, und es ist eines der wichtigsten Prinzipien, die Sie begreifen müssen, wenn Sie das, was in Ihrem Leben geschieht, verstehen wollen.

Auch in Ihrer eigenen Gemeinschaft legt jeder sein Herz und sein Leben in die Hände der anderen. Sobald Sie das Gesetz verstehen, werden Sie dafür sorgen wollen, daß all Ihre Handlungen ausgewogen sind. Jeder einzelne wird etwas anderes in die Gruppe einbringen, weil jedem andere Talente zur Verfügung stehen, aber wenn ein Wachstum stattfinden soll, dann sollte alles im Gleichgewicht sein.

Tun Sie ihr Bestes, um im Fluß zu bleiben. Überprüfen Sie täglich Ihre Bilanz!

Der Weg vor uns

Mit zunehmender Übung im Meditieren ist es eine gute Idee, sich von Zeit zu Zeit Situationen auszusetzen, die eine Herausforderung für Sie darstellen. Wenn Sie immer nur Dinge tun, die Ihnen leicht fallen, ist es zu einfach, sich auf Ihren Lorbeeren auszuruhen und zu meinen, daß Sie es geschafft haben.

Was Sie anstreben, ist weder etwas, das man in fünf Minuten erreichen kann, noch ist es etwas, für das es eine Abkürzung gibt, bloß weil Sie studiert, eine Menge Bücher gelesen, ein großes Haus gekauft oder sechs Kinder großgezogen haben. Es ist etwas, woran man ständig arbeiten muß, ansonsten kommt es zum Stillstand, und Sie verlieren die Tatsache aus den Augen, daß Sie erst am Anfang stehen und noch einen weiten Weg vor sich haben. Das ist nicht negativ gemeint, es bedeutet nur, daß wir manchmal daran erinnert werden müssen, um die Herausforderung ernst zu nehmen. Es ist nicht falsch, sich selbst zu achten, im Gegenteil, das ist sogar wünschenswert, solange Sie sich davor hüten, dies auf Kosten der Realität zu tun.

Die Dinge so sehen, wie sie wirklich sind

Stellen Sie sich vor, Sie wären von Geburt an blind und ich würde Sie durch eine schöne Parkanlage führen. Während wir herumgehen, gebe ich ständig Kommentare von mir. „Da sind so viele wunderschöne Blumen ... dieses satte Rot und Purpur und Gelb ... Und die Schmetterlinge! Ich habe noch nie so viele verschiedene Arten gesehen, die einfach von Blume zu Blume flattern ... Kannst du dir Dutzende Pfauen vorstellen, wie sie umherstreifen und ihre prächtigen Schweife geöffnet haben ...? Ich wünschte, du könntest die niedlichen Eichhörnchen sehen, die überall die Bäume rauf und runter laufen; sie haben gar keine Angst davor, sich von irgend jemandem füttern zu lassen."

Was würden Sie davon halten? Sie würden sich fragen, wovon ich denn da rede. Sie hätten keine Ahnung von all dem, und vor allem wäre Ihnen gar nicht klar, was Sie aufgrund Ihrer Blindheit versäumen. Sie wüßten zwar vage, daß sie hinderlich ist, aber Sie könnten sich das volle Ausmaß Ihrer Behinderung gar nicht vorstellen. Ich kann es mir vorstellen, weil ich genau sehe, was Ihnen entgeht.

Dasselbe passiert, wenn Sie aus dem Urlaub heimkehren. Voller Begeisterung erzählen Sie Ihren Freunden, was für einen wunderbaren Ort Sie besucht haben und wieviel Spaß Sie hatten. Wahrscheinlich springen diese aber nicht in das nächste Flugzeug, um aufgrund dessen, was Sie ihnen erzählt haben, dorthin zu fliegen, denn so sehr Sie sich auch bemühen, Sie können die wunderbare Erfahrung, die Sie gemacht haben, unmöglich in Worte fassen. Weil Ihre Freunde nicht dabei waren, verstehen sie nicht, worum es geht.

Ebenso ist es unmöglich, durch Ihr ‚Wissen' die Macht des Friedens zu beurteilen, denn das ist etwas, das man nicht mit dem Verstand begreifen kann.

Wenn Sie prächtige Farben nur von den bunt eingewickelten Süßigkeiten im Süßwarengeschäft kennen, dann wird diese Erinnerung Sie in Zukunft immer beeinflussen, wenn Farben erwähnt werden. Wenn ich Ihnen dann erzähle, daß ich aus einem Paradies komme, in dem Hunderte und Hunderte von wunderschönen Vögeln mit unbeschreiblich prächtigem Gefieder herumfliegen, dann würden Sie in Ihrem Geist sofort an jene Süßigkeiten erinnert – weil Sie nichts anderes kennen. Wie sonst könnten diese Kreaturen wohl aussehen? Ich sagte nicht, daß dieser herrliche Pfau wie jene Süßigkeiten aussieht. Sie sind ganz von selbst zu dieser Schlußfolgerung gekommen und haben dabei sofort nicht nur die Größe und Herrlichkeit dessen, was Sie zu begreifen versuchen, sondern auch Ihr eigenes Potential begrenzt.

Wenn ich Ihnen also erzähle, daß die Meditation die mächtigste und befreiendste Erfahrung darstellt, die es gibt, wovon spreche ich dann? Sie denken vielleicht: „Das muß wie Eis essen sein." Sie werden es mit einer Erfahrung verbinden, die Ihnen vertraut ist, weil das alles ist, was Sie sich vorstellen können. In Wahrheit ist das Meditieren aber überhaupt nicht so. Selbst wenn Sie tausendmal Eis essen und tausend von Ihren bedeutungsvollsten und tiefschürfendsten Erfahrungen zusammennehmen und sie mit einer Million multiplizieren, kämen Sie damit dem Erleben von spiritueller Zufriedenheit nicht annähernd nahe. *Deshalb kann die Schönheit, die Sie kennen, die Schönheit dessen, was Sie wirklich sind, beschränken.*

Das ist das Leben

Um diese angeborene Schönheit zu entdecken, müssen wir damit beginnen, das Leben wirklich zu erleben. Eine der besten Möglichkeiten herauszufinden, ob Sie wirklich die gewünschten Fortschritte machen, ist, Ihre Gedanken ständig zu überwachen. Man könnte das beinahe als persönlichen Kreuzzug betrachten. Überprüfen Sie Ihre Gedanken sehr sorgfältig, damit Ihnen wirklich klar ist, wie Sie tatsächlich auf das Leben reagieren.

Immer wenn Sie etwas lernen, können Sie sicher sein, daß sich sofort eine Gelegenheit bietet, um diese neuen Informationen in die Tat umzusetzen. Ihre Reaktion auf diese Herausforderung wird auf sehr deutliche Weise zeigen, wieviel von dem Gehörten Sie so verinnerlicht haben, daß es zu einem Lebensprinzip wird. Wenn Sie die Herausforderung annehmen, werden weitere Aspekte des Gelernten enthüllt, die Sie weiter in die richtige Richtung bringen werden.

Sie werden auch bemerken, daß Sie in Ihren Bemühungen sanft unterstützt werden. Wie eine Mutter ihr Baby stützt, wenn es lernt zu sitzen, dann aufrecht zu stehen und schließlich zu laufen, werden Sie feststellen, daß unsichtbare Hände sich auszustrecken scheinen, um Sie aufrecht zu halten und Sie zu ermutigen, den nächsten aufregenden Schritt zu machen. Nach diesen ersten zögernden Schritten werden Sie entdecken, daß Sie schon bald zuversichtlich weitergehen und die neue Welt, die sich Ihnen eröffnet, erforschen.

Das ist das Leben. Es geht nicht darum, den Weg einfach nur vorherzusehen oder ihn sich vorzustellen. Es geht nicht darum, davon zu träumen, ihn zu visualisieren oder sich zu fragen, ob man das erreichen kann oder nicht. Es geht darum zu wissen, daß etwas genau hier, vor Ihnen, geschieht – es ist etwas Lebendiges.

Wenn Sie lautere Absichten haben, dann verschwenden Sie keine Zeit. Sie werden sich voll und ganz darum bemühen, aus jeder Gelegenheit optimale Ergebnisse zu erzielen. Es ist sehr leicht, sich selbst gegenüber zu erklären, nachdem Sie etwas gelernt haben, daß Sie den Rest Ihres Lebens damit verbringen werden, dieses Prinzip in die Tat umzusetzen, wenn sich Ihnen die Chance bietet. Doch wie lange dauert es, bis Sie wieder in Ihre alten Gewohnheiten verfallen?

Wie viele von Ihnen wissen, hat Gandhi sein Leben damit verbracht, nach zwei wunderbaren Prinzipien zu leben: Wahrheit und

Gewaltlosigkeit. „Wenn das bei Gandhi funktioniert hat", meinen die Leute, „dann muß es etwas Gutes sein." Sie beschließen also zum Beispiel, sich dem Prinzip der Großzügigkeit zu widmen. Um diese Werte jedoch wahrhaft zu entdecken und umzusetzen, müssen sie ständig auf sinnvolle und intensive Weise auf die Probe gestellt werden. Denken Sie an Mutter Teresas Maxime: „Geben Sie, bis es weh tut, und dann geben Sie noch ein wenig mehr."

Der vierte der drei Weisen

Wir alle kennen die Geschichte von den drei Weisen. Weniger bekannt ist, daß es einen vierten gab. Diese Geschichte wurde uns zuteil, nachdem sie eines Nachts jemandem im Traum übermittelt wurde. Ein Freund hat sie mir erzählt.

Der vierte Weise war ein Priester aus dem Osten, der von der Prophezeiung gehört hatte, daß ein Kind mit wunderbaren Fähigkeiten zur Welt kommen würde, das die Welt erlösen sollte. Sobald er diese Nachricht hörte, regte sich etwas tief in seinem Innern, und er mußte handeln. „Ich würde gerne nach diesem Kind suchen", sagte er zu seiner Frau. „Ich habe diese Sehnsucht in meinem Herzen, ihn einmal zu sehen, bevor ich sterbe. Bitte, gib mir deinen Segen."

„Du warst mir ein guter Ehemann", erwiderte sie. „Du hast immer deine Pflichten erfüllt, und unsere Kinder sind erwachsen. Laß mir nur ein kleines Stück Land, und ich weiß, daß deine Brüder mir helfen werden, mich zu versorgen. Du hast meinen Segen." Er verkaufte also alles, was sie nicht brauchten, und mit dem Geld kaufte er drei Geschenke: einen Rubin, einen Smaragd und einen Diamant. Er steckte sie in einen kleinen Beutel und verließ seine Frau, seine Familie und die Gemeinschaft, in der er sein ganzes Leben verbracht hatte, um nach dem heiligen Kind zu suchen.

Nach vielen Wochen kam er an dem Ort an, von dem er gehört hatte, daß Christus hier geboren war, nur um festzustellen, daß das Kind nicht mehr da war. Damit begann seine Reise, auf der er den Spuren des kleinen Kindes folgte. Diese Reise führte ihn zuerst einmal durch eine riesige Wüste. Tief hinein in die Wildnis reiste er.

Nach vielen Tagen begegnete er einem Mann, der allein gelassen worden war, der krank war und zu verhungern und zu verdursten drohte. Er tat, was er konnte, und es gelang ihm, ihn wiederzubeleben, indem er ihm von seinem eigenen Essen und Trinken gab. Der Mann brauchte jedoch dringend medizinische Hilfe, aber ihre Ziele lagen in entgegengesetzter Richtung.

Während er sorgsam überlegte, was wäre, wenn er seinen neuen Freund im Stich ließe und welche Folgen es hätte, wenn er seine eigene Reise verzögerte, wurde sein unausgesprochenes Gebet erhört, und eine Karawane mit Kamelen und Händlern tauchte in der Ferne auf. Als die Kaufleute anhielten, um ihn zu begrüßen, wandte er sich deren Anführer zu. „Dieser Mann braucht dringend einen Arzt", sagte er zu ihm. „Würden Sie ihn wohl mitnehmen?"

Seiner Bitte wurde mit eisiger Stille begegnet. Den Anführer schien die Notlage des kranken Mannes nicht zu kümmern, und er wollte schon weiterziehen. Was sollte der Priester tun? Er wollte seine Suche nicht unterbrechen, aber er wollte den Mann auch nicht sterben lassen. Dann fiel ihm der Rubin ein, den er als Geschenk für das Christuskind mit sich trug. Er langte in seinen Beutel und nahm ihn heraus. „Wenn Sie versprechen, sich um diesen Mann zu kümmern", sagte er zum Anführer, „ihm zu essen geben und zum nächsten Arzt bringen, gebe ich Ihnen das." Es bedurfte keiner weiteren Worte. Der Rubin wurde übergeben, der Mann auf ein Kamel gesetzt, und der Priester konnte seine Reise wieder aufnehmen.

Eines Nachts, als er nach Essen und einer Unterkunft suchte, klopfte er in einem Dorf an die Tür eines bescheidenen Heims und wurde von einer jungen Frau mit einem kleinen Baby aufgenommen. Nachdem er gegessen und sich am Feuer aufgewärmt hatte, ließ er sich dankbar zur Nachtruhe nieder. Plötzlich wurde er durch das Klappern von Pferdehufen und dem darauf folgenden verzweifelten Geschrei und Gekreische von Frauen und Kindern aufgeweckt. Die Frau, die ihm Unterkunft gewährt hatte, eilte in sein Zimmer: „Das sind Männer von König Herodes!" schluchzte sie voller Entsetzen. „Sie sind gekommen, um alle Kinder zu töten. Bitte! Laßt sie mir mein Baby nicht wegnehmen!"

In diesem Augenblick ertönte ein ungestümes Klopfen, denn ein Soldat schlug mit seinem Schwert gegen die Tür. Bevor der Priester etwas sagen oder tun konnte, wurde die Tür aufgestoßen, und der

Soldat marschierte herein. Der Priester stellte sich rasch zwischen das Kind und den Soldaten. „Glaub' nicht, daß du mich von der Erfüllung meiner Pflicht abhalten kannst", sagte der Soldat verächtlich. „Beiseite, oder ich muß dich und das Kind töten." Ohne zu zögern nahm der Priester den Smaragd heraus und zeigte ihn dem Soldaten. „Ist das genug, um das Leben des Kindes zu retten?" fragte er. In den Augen des Soldaten blitzte die Habgier auf. Er schnappte sich den wertvollen Stein, versteckte ihn in einem Beutel, den er um seinen Hals trug, und zog sich rasch zurück, ohne dem Baby etwas zu tun. Zwei Geschenke waren nun weg.

Viele Monate vergingen. Immer wieder folgte er den Anweisungen, die ihm die Leute gaben, nur um festzustellen, daß er Christus gerade wieder verpaßt hatte. Man sagt, daß er an die dreißig Jahre nach seinem Erlöser gesucht hat. Niemals gab er seine Suche auf, niemals hörte er auf, nach seinem Herrn zu fragen, doch überall, wo er hinkam, hatte er ihn gerade verpaßt. Doch seine Entschlossenheit geriet niemals ins Wanken. Niemals gab er auf oder verlor er die Hoffnung.

Seine Reise führte ihn eines Tages in eine Stadt, von der man ganz sicher behauptet hatte, daß Christus sich dort aufhalte. Er wußte nicht, wo er mit seiner Suche beginnen sollte, und ging über den Marktplatz. Plötzlich drangen Schreie durch die Luft. Es war die Stimme einer jungen Frau, die verzweifelt um Hilfe rief. Er eilte in die Richtung, aus der die Schreie kamen, und sah, wie ein junges Mädchen, heftigen Widerstand leistend, von Männern weggezerrt wurde. Offensichtlich handelte es sich um Sklavenhändler, die sie verkaufen wollten. Als sie den Priester erblickte, schaute sie ihm direkt in die Augen: „Vater, bitte helft mir!" rief sie.

„Warum nennst du mich Vater?" fragte er erstaunt.

„Ich erkenne an eurer Kleidung, daß Ihr aus demselben Land kommt wie ich. Ich betrachte Euch als meinen Beschützer. Diese Männer haben mich geraubt und versuchen, mich als Sklavin zu verkaufen. Ihr wißt genauso gut wie ich, was für ein Leben das sein wird, wenn das geschieht. Bitte überlaßt mich nicht einem solchen Schicksal!"

Der Priester war zutiefst bewegt von ihrer Not, und er wußte, daß er die Mittel hatte, um ihr zu helfen. Er wußte aber auch, daß er seinem Herrn nichts mehr zu schenken hätte, wenn er ihm begegnete und nun sein letztes Geschenk weggab – und er war noch immer sicher, daß er ihn eines Tages finden würde. Aber er hatte wirklich keine Wahl. Er langte in seinen Beutel und nahm das letzte Geschenk heraus: einen wunderschönen, funkelnden Diamant. „Nehmt Ihr das als Bezahlung für das Mädchen an?" fragte er die Männer, die sie gefangen hielten. Nachdem sie den Stein untersucht hatten, willigten die Männer bereitwillig ein, das Mädchen der Obhut des Priesters zu überlassen.

„Vater, ich gehe überall mit Euch hin. Ich werde alles tun, um Euch zu dienen!" schluchzte das Mädchen und warf sich voller Dankbarkeit vor seine Füße. „Sagt mir einfach, was ich tun soll."

„Ich habe dich nicht befreit, um dich als Sklavin zu halten", sagte der Priester und schaute sie mitfühlend an. „Ich habe dir die Freiheit geschenkt, damit du zu deiner Familie zurückkehren und dein altes Leben wieder aufnehmen kannst." Er gab dem Mädchen seinen Segen, schickte sie auf ihren Weg und setzte wieder einmal seine Suche fort.

Während er sich seinen Weg durch die engen Gassen bahnte, bemerkte er, daß nicht weit weg Aufregung herrschte, und er ging dorthin, um nachzusehen, was los war. „Habt Ihr es nicht gehört?" sagte ein Mann hastig, als er vorbeieilte. „Sie haben den Mann, den man Jesus nennt, gekreuzigt."

Sie hatten Christus gerade gekreuzigt! Den Erlöser, nach dem er über dreißig Jahre lang gesucht hatte! Nach der langen Suche hatte er ihn verpaßt, und er würde niemals seinen Christus sehen. Eine derartige Verzweiflung überkam ihn, als ihm das bewußt wurde. Seine ganze Mission war fehlgeschlagen. Er fiel auf seine Knie und weinte.

Genau in diesem Augenblick erhellte ein greller Blitz den Himmel, und es ertönte ein ohrenbetäubender Donner. Der Priester brach zusammen und sank auf den Boden. Doch als er sterbend dalag, erschien ihm Christus in einer Vision. Durch seine geschlossenen Augen hindurch sah er das Leuchten seines Herrn, der vor ihm stand, und er ließ sich in das warme Licht sinken, das in einzuhüllen schien. Während er zu ihm herabblickte, lächelte Christus.

„Du hast mich nicht im Stich gelassen", versicherte er dem Priester. Seine Augen leuchteten voller Liebe und Mitgefühl, und seine sanfte Stimme beruhigte den besorgten Priester. „Dreimal war ich in Not und habe dich gerufen, und jedesmal hast du geantwortet.

Das erste Mal kamst du zu mir, als ich in der Wüste im Sterben lag. Das zweite Mal rettetest du mich vor den Soldaten des Königs Herodes, die mich töten wollten, und schließlich hast du mich davor bewahrt, als Sklavin verkauft zu werden. Nicht einmal hast du mich im Stich gelassen, und ich werde dich auch nicht im Stich lassen. Ich bin jetzt gekommen, um dich mitzunehmen." Und es heißt, daß der einfache, treue Priester mit seinem geliebten Christus in den Himmel aufstieg.

Folgen Sie dem Ruf des Lebens

Diese Geschichte rührt mich immer zu Tränen. Die Welt ruft uns alle so oft. Hören wir hin? Wie oft hat Ihnen Ihr Verstand gesagt, sich doch nicht mit dem Meditieren herumzuquälen?... Sie sind wirklich nicht ganz auf der Höhe, und wahrscheinlich wäre es weit besser, sich heute einfach auszuruhen! Hat Ihnen Ihr Verstand jemals gesagt, daß Sie keine Zeit haben, um der alten Dame, die allein in der nächsten Straße lebt, zu helfen? Wann hat er Ihnen das letzte Mal gesagt, daß Sie einfach nicht die Erfahrung oder die Ausrüstung haben, um für einen Freund eine einfache Aufgabe zu erledigen?

Wenn Ihr Verstand solche Einwände vorbringt, halten Sie inne, und stellen Sie diese in Frage? Wie viele Stunden dauert es, um diese kleine Aufgabe auszuführen? Ein paar? Denken Sie nur daran, welchen Nutzen der Priester daraus hatte, daß er ein wenig Zeit damit verbrachte, jenen drei Menschen, denen er begegnete, zu helfen. Sind zwei Stunden viel im Vergleich zur lebenslangen Zufriedenheit, die Sie als Gegenleistung erhalten?

Der Priester gab mit jenen drei Geschenken alles, was er hatte. Er hätte jeden einzelnen Hilferuf überhören können mit der Begründung, daß seine Suche die wichtigste Mission in seinem Leben sei, aber er tat es nicht. Er wußte, daß unsere irdischen Güter uns nicht geschenkt werden, damit wir sie mit uns wieder in den Himmel nehmen können (sie haben dort ohnehin alles, was sie brauchen!). Sie sind nur Leihgaben, die wir dazu verwenden sollen, anderen zu helfen. Geben Sie Ihre Geschenke weiter, und befreien Sie sich.

Lernen Sie sich selbst kennen

Vor Jahren führten ein Kollege und ich in Indien einen zehntägigen Meditationskurs durch. Dreihundert Menschen versammelten sich in einem wunderschönen Zentrum, um die Ablenkungen des Alltags hinter sich zu lassen und ihr wahres Selbst zu entdecken.

Die Teilnehmer wurden im Zentrum begrüßt, doch bevor man ihnen ihre Zimmer zeigte, wurden sie ersucht, all ihre Bücher, Süßigkeiten und sonstigen Sachen abzugeben. (Ich fand es so amüsant zu beobachten, wie dreihundert Hände heimlich in die Tasche gesteckt wurden, um sich zu versichern, daß man die Schokoriegel nicht sieht!) Sie wurden auch gebeten, während der ganzen Meditationstage still zu sein – selbst die Mahlzeiten wurden schweigend eingenommen. Des weiteren wurden sie darüber informiert, daß am vierten Tag unseres Beisammenseins das Essen eingeschränkt würde. Statt drei Mahlzeiten am Tag würden Sie nur eine Hauptmahlzeit zu Mittag einnehmen und in der Frühe nur etwas Einfaches wie Haferbrei und Chai (einen Tee nach indischer Art) bekommen. Ihr Lächeln fror ein bißchen ein!

Der erste und zweite Tag der Meditation verlief ganz gut. Am dritten Tag machten sich bereits die ‚Küchenschaben' bemerkbar. Die meisten Teilnehmer bissen die Zähne zusammen und machten tapfer weiter, aber einer oder zwei beschlossen, genug sei genug. Die Leute geben das nicht gerne offen zu. Das ist, als würde man öffentlich eine Niederlage eingestehen. Statt dessen warteten sie bis nach der abendlichen Sitzung, wenn alle bereit waren, zu Bett zu gehen, dann schlichen sie auf Zehenspitzen, mit ihrem Koffer in der Hand, hinaus. „Unter dreihundert Leuten wird mich keiner vermissen", sagten sie sich hoffnungsvoll.

Weil ich wußte, was in ihnen vorging, versuchte ich ihnen zuvorzukommen und unternahm immer zu dieser Zeit am Abend einen Spaziergang auf dem Gelände. Immer wenn ich jemanden mit einem Koffer sah, der sich vergeblich darum bemühte, unauffällig zu wirken, ging ich zu ihm hin und begrüßte ihn sehr freundlich: „Wo gehen Sie denn hin?" fragte ich unbekümmert.

„Ich probiere nur eine Art der Meditation im Gehen", war eine der wenig überzeugenden Antworten.

„Was für eine gute Idee! Ich komme mit!" antwortete ich und versuchte damit ihre Pläne zu vereiteln, ohne sie direkt zu beschuldigen.

Natürlich hätte ich sie gehen lassen können, aber wie lange kann man vor sich selbst weglaufen? Die einfache Antwort lautet, daß Sie es nicht können, und manchmal ist es eine gute Idee, wenn Sie jemand daran hindert und dafür sorgt, daß Sie sich mit sich selbst auseinandersetzen. Das gefällt Ihnen natürlich nicht. Niemandem gefällt das, aber es ist ein unerläßlicher Schritt auf dem Weg zur Selbstfindung.

Sie stehen also vor einer Herausforderung – keiner großen, sondern einer gewaltigen –, und sie lautet, daß Sie sich selbst nichts darüber vormachen sollen, wer Sie sind und was Sie erreichen möchten. Selbsttäuschung führt zu gar nichts.

Die Quelle der Zufriedenheit

Wenn man den Weg nach vorne wahrhaft erkennt, so ist das erst der Beginn der Herausforderung. Wenn dieses Wissen dann weise eingesetzt wird, kann es zum Ausgangspunkt für die Reise werden, die vor Ihnen liegt.

Betrachten wir einmal einige der Themen, an denen Sie vielleicht gerade arbeiten, und die Art und Weise, wie Sie Prioritäten setzen. Die Gedanken der meisten Menschen lauten in etwa wie folgt:

„Ich muß den Hund ausführen."

„Ich sollte mich lieber beeilen und die Fenster putzen, bevor es zu regnen beginnt."

„Ich sollte lieber alles für die Arbeit bereitlegen, damit ich morgen früh ausschlafen kann."

„Toll, das Cup-Finale steht bevor. Das würde ich um nichts in der Welt verpassen wollen."

„Ach ... und wenn ich Zeit habe, dann möchte ich heute wirklich gerne ein paar Minuten meditieren. Es ist schon so lange her, daß ich es geschafft habe, na ja, bei all den Anforderungen, die das Alltagsleben an mich stellt!"

Es ist interessant zu beobachten, in welcher Reihenfolge diese Aufgaben bewältigt werden. Das Meditieren wird am Ende der anderen Verpflichtungen eingeschoben, die als viel dringender angesehen werden. Nur wenige Menschen betrachten etwas als nützlich oder wichtig, wenn es nicht einen bestimmten und offensichtlichen Zweck erfüllt. Wenn Sie der Meditation nicht die Chance geben, etwas in ihnen zu bewirken, weisen sie ihr eine sekundäre Rolle zu. Dabei nehmen sie der Wahrheit, die sie zu praktizieren versuchen, die ganze Macht.

Die Menschen greifen lieber auf konventionelle Methoden zurück, um ihre Konflikte zu bewältigen. Sie planen verschiedene Möglichkeiten, wie sie mit einer Person oder einer Situation umgehen, die ihnen Probleme bereitet, und erwarten dann, daß sie das Ergebnis glücklicher macht. Aber so funktioniert es nicht. Selbst wenn Sie sich genau überlegt haben, was Sie sagen wollen, was Sie tun wollen und wie Sie es tun werden, können Sie noch immer enttäuscht werden, weil es keine Garantie für das Ergebnis einer Handlung gibt, wie sorgfältig Sie auch geplant haben. Sich etwas zu überlegen und zu planen kann Ihnen niemals Zufriedenheit bringen. *Nur Zufriedenheit schafft Zufriedenheit, und der einzige Weg, dies zu entdecken, führt über die Meditation.* Ein Problem der linken Gehirnhälfte erfordert eine Lösung durch die rechte Gehirnhälfte. Denken Sie eine Weile darüber nach.

Halten Sie voller Entschlossenheit und Standhaftigkeit an Ihren Vorsätzen fest, und begegnen Sie jeder Herausforderung mit offenem Verstand und offenem Herzen, denn Sie wissen nie, wo sie hinführt. Der vierte Weise gab die wertvollsten Dinge, die er besaß – genau genommen, die einzigen Dinge, die ihm gehörten – Menschen, die er gar nicht kannte. In Ihrem Fall besteht die Herausforderung gar nicht darin, daß Sie alle Ihre Besitztümer weggeben. Alles, was von Ihnen verlangt wird, ist, nicht völlig Fremden, sondern den Menschen, mit denen Sie leben, etwas Zeit zu schenken. Versuchen Sie es. In manchen Fällen wird das schwierig sein, aber gleichzeitig werden Sie entdecken, welche Freude es bereitet, spontan und voller Liebe zu leben.

Als eine Gruppe von uns Maristowe House kaufte, unser Zentrum in der Nähe von Birmingham, von dem aus wir unsere Arbeit betreiben, hatte keiner von uns auch nur einen Pfennig in seiner Tasche.

Wir wußten nur, daß wir den Menschen helfen wollten und einen Platz brauchten, von dem aus wir arbeiten konnten. Wir wußten nicht einmal, wem wir helfen wollten. Wir wußten nur, daß wir einfach für alle da sein wollten, die Hilfe brauchten. Und so begann das Zentrum – mit Vertrauen und harter Arbeit.

Tausende von Menschen waren mittlerweile in unserem Zentrum, und das nur, weil ein halbes Dutzend Menschen entschlossen und mutig genug waren, um einen Anfang zu machen. Es gab keine Ausreden wie zu wenig Zeit oder familiäre oder geschäftliche Verpflichtungen. Natürlich hatten all diese Menschen enorme eigene Verpflichtungen, die für sie zur Last hätten werden können, aber sie beschlossen, dies nicht geschehen zu lassen.

Diese Menschen waren völlig ausgeglichen und fest entschlossen, so daß sie nie zu beschäftigt waren, um anderen Menschen zu helfen, nie zu sehr von persönlichen Anliegen in Anspruch genommen, um jemanden in Not zu empfangen. Sie waren – und sind – auch auf einer anderen wesentlichen Ebene aktiv. Diese Menschen strahlen die mächtigen Schwingungen des Friedens aus, wenn sie meditieren, und sie helfen damit, die ‚Stabilität' der Erde aufrecht zu erhalten.

Vielleicht vermittelt Ihnen die nachfolgende Geschichte einen Eindruck vom Ausmaß der Stabilität, das wir erreichen können, wenn wir uns etwas in den Kopf setzen. Es ist die wahre Geschichte über die Standhaftigkeit eines Mönchs, der eine ganze Armee anhielt.

Die Macht der Überzeugung

Als die chinesische Armee in Tibet eindrang, heißt es, daß sie durch das Land marschierte und dabei alles niedermachte, was ihr in den Weg kam. Tausende von Menschen wurden getötet, Häuser und Klöster wurden geplündert und niedergebrannt. Jahrhundertealte Traditionen und Kulturen gingen praktisch über Nacht verloren. Die verängstigten Bewohner flüchteten vor der herannahenden Armee.

Als die Armee in die Nähe eines bestimmten Dorfes kam, fand sie dieses völlig verlassen vor. Es gab keinen Widerstand, als sie den ganzen Ort plünderten und einen Posten errichteten. Der Kommandant hatte sich bereits in seinem neu errichteten Hauptquartier niedergelassen, als seine Männer zurückkamen, um Bericht zu erstatten. „Wir haben den Ort eingenommen", verkündete der Feldwebel. „Es gibt nur ein Problem, das wir noch nicht ganz gelöst haben. Da ist ein Mann, der aussieht wie ein Mönch, der einfach in der Mitte des Dorfes steht und sich wegzugehen weigert."

„Tötet ihn einfach", erwiderte der Kommandant ungeduldig. Er hatte überhaupt keine Zeit für irgend jemanden, der ihm in die Quere kam oder versuchte, seine Pläne zu vereiteln.

„Tut mir leid", sagte der Feldwebel etwas zögernd, „aber das können wir nicht. Der Mann hat etwas an sich, daß wir es einfach nicht fertigbringen, ihn zu erschießen."

„Kann ich mich nicht einmal mehr auf Sie verlassen?" brüllte der Kommandant, als er wütend aus seinem Zimmer stürmte und in sein Auto sprang. Er preschte durch das Dorf in die Richtung, in die ihn sein Feldwebel wies. Dort fand er den Mönch vor, der in ein einfaches braunes Gewand gekleidet war und gelassen in der Mitte des Dorfes stand.

Der Kommandant verschwendete keine Zeit mit Höflichkeiten. „Wenn Sie nicht verschwinden, erteile ich meinen Männern den Befehl, Sie zu erschießen", brüllte er. Es kam keine Antwort. „Sind Sie taub oder was?" rief der Kommandant, der immer wütender wurde. „Wenn ich den Befehl gebe, werden meine Leute keine Sekunde zögern, Sie zu erschießen. Warum sind Sie nicht vernünftig und gehen weg, solange Sie können?" Der Mönch blieb noch immer regungslos stehen. Jetzt war der Kommandant so zornig, weil er keine Antwort erhielt, daß er sein Schwert zog und es dem Mönch an den Hals hielt. „Wissen Sie nicht, wer ich bin?" schrie er. „Ich habe bereits Tausende von Ihren Landsleuten getötet. Es macht mir überhaupt nichts aus, dieses Schwert in Ihren Körper zu stoßen. Ich könnte es tun, ohne mit der Wimper zu zucken."

Zum ersten Mal sprach der tibetische Mönch. „Und wissen Sie, wer ich bin?" fragte er ruhig. „Ich könnte hier stehenbleiben, und aus Liebe zu meinem Volk könnte ich Sie dieses Schwert in meinen Körper stoßen lassen, ohne mit der Wimper zu zucken." Der Kommandant war daraufhin so perplex und sprachlos, daß er sich umdrehte, in sein Auto sprang und wegfuhr. Was sollte er gegen eine solche Unverschämtheit und Aufsässigkeit machen? In jedem wachen Augenblick waren seine Gedanken von dieser resoluten Figur erfüllt, die noch immer dort stand, wo er sie zurückgelassen hatte, und in seinen schlaflosen Nächten erschien ihm immer wieder dieses Bild. Er konnte diesen trotzigen Mönch nicht aus seinen Gedanken verbannen.

Ein paar Tage später tauchte er wieder an derselben Stelle in der Mitte des Dorfes auf. Der Mönch war noch immer da, und die Soldaten behielten ihn aus sicherer Entfernung im Auge. Langsam und bedächtig stieg der Kommandant aus seinem Auto und ging auf den Mönch zu. Er schaute ihn an, faltete seine Hände und sagte: „Bitte unterrichten Sie mich." Von diesem Tag an wurde er zum Schüler des Mönchs.

Lassen Sie Ihren Baum Früchte tragen

Derselbe Geist, der den Mönch aufrecht erhielt, ist auch in Ihnen vorhanden, aber er wurde noch nicht ausreichend gehegt und gepflegt, als daß er sich im selben Ausmaße offenbaren könnte. Wenn das geschieht, erleben Sie den Höhepunkt all ihres bisherigen Strebens und Hoffens. All Ihr bisheriges Leben wird Früchte tragen, weil Sie dann imstande sind, anderen wahrhaft zu dienen. Wenn Sie Ihre Gabe mit der Welt teilen möchten, halten Sie sich nicht zurück. Vielleicht müssen Sie sich noch um Ihre Familie, Ihr Haus und Ihren Job kümmern, aber selbst mit diesen Verpflichtungen können Sie noch immer selbstlos sein.

Je mehr Sie zögern, desto mehr sperren Sie Ihre Seele in einen Käfig ein. Das wirklich Traurige daran ist, daß es sich um ein von Ihnen selbst errichtetes Gefängnis handelt, das in Wahrheit gar nicht besteht. Sobald die Gefängnismauern durch die Macht des Meditierens zu bröckeln beginnen, werden Sie die Stärke finden, mehr als nur ein Lippenbekenntnis über die Wahrheit abzulegen.

Zur Zeit nutzen Sie Ihre Kapazitäten bei weitem nicht aus. Genau genommen, arbeiten Sie wahrscheinlich nur mit Gedanken, ohne fähig zu sein, die Gedanken in Taten umzusetzen. Ihre Absichten werden auf der physischen Ebene nicht ausgedrückt. Das kann ein absolutes Chaos in Ihrem Leben verursachen, weil Sie nicht verstehen, warum die Leute Sie weiterhin falsch beurteilen. Sie begreifen nicht, warum sie Ihre inneren Werte und Ihre Tugenden nicht erkennen.

Leider ist das Wissen darum, was Sie erreichen wollen, nicht gleichbedeutend damit, es auch zu erreichen. Es ist nur der erste Schritt. Nachdem wir das Ziel erkannt haben, müssen wir dann eine Menge harter Arbeit einsetzen, um es zu erreichen. Vielleicht habe ich den Traum, eines Tages ein Stück Land zu kaufen und darauf den schönsten Garten anzulegen, den die Welt je gesehen hat. Es wäre ein paradiesischer Garten. Das kann ich aber nicht alleine machen. Um dies zu verwirklichen, werde ich Hilfe brauchen, also rufe ich meine Freunde zusammen und teile ihnen meinen Traum mit. Sie sind begeistert von der Idee meines Gartens und lauschen fasziniert meinen Plänen. Als ich erwähne, daß ich Hilfe brauchen werde, verblaßt das Licht, das in ihren Augen geleuchtet hatte.

„Er will, daß ich ihm helfe?" denkt einer von ihnen. „Weiß er nicht, daß ich selbst einen Garten habe, um den ich mich kümmern muß? Das erfordert meine ganze Zeit." Solche Gedanken schränken sein eigenes Potential erheblich ein, aber wenigstens wirkt es sich nur auf ihn aus. Wenn er seine Meinung auch noch ausspricht, dann wird sie auch noch die Begeisterung eines anderen zerstören. Jener andere, der eventuell gerade seine Hilfe anbieten wollte, zögert vielleicht und überlegt es sich noch einmal. Zweifel machen sich breit, und er fragt sich, warum wir einen weiteren Garten brauchen, wo es doch schon so viele davon gibt, an denen sich die Leute erfreuen können. Und bevor man sich's versieht, sind alle meine Helfer anderweitig beschäftigt.

Wenn man Gedanken ausspricht, die einer eingeschränkten Vision statt der Weisheit entstammen, bringen sie als allererstes Zweifel in den anderen hervor (und es gibt bereits genug Menschen, die Zweifel in der Welt erzeugen). Aber die Auswirkungen gehen weit darüber hinaus. Ihr eigenes spirituelles Leben leidet darunter. Es wird unter einem Berg von Verwirrung und Zweifel begraben; und die Aufräumarbeiten können lang und anstrengend sein. Wenn Leute zögern, lautet meine Antwort immer: „Versuchen Sie es zuerst, und Sie werden die Macht des Gebens entdecken." Jede Art von Widerstand, wie logisch und berechtigt die Gründe auch sein mögen, ist nur ein Trick unseres gerissenen Verstandes. Fallen Sie nicht darauf herein! Auf der spirituellen Reise sagt man nur: „Ja! Ja! Ja!"

Leben Sie jeden Augenblick

Um die Macht der Wahrheit zu entdecken, müssen Sie spontan sein. Diese Spontaneität darf nicht durch rationales Denken verwässert werden, sondern sie muß Ihnen erlauben, ohne Zögern zu handeln.

Stellen Sie sich vor, Sie stehen allein vor einem brennenden Haus. Durch das Fenster im oberen Stock hören Sie ein Kind um Hilfe rufen. Sie stehen da und stellen Ihre strategischen Überlegungen an. Das Feuer scheint seit etwa zwanzig Minuten zu brennen, und die Flammen sind bereits fünf Meter hoch und werden von Minute zu Minute höher. Sie stehen dreißig Meter vom Haus entfernt. In wenigen Minuten werden die Flammen so und so viele Meter hoch sein, und die Hitze wird so und so viel Grad betragen. Wie schnell müssen Sie nun laufen, um das Kind rechtzeitig zu erreichen? Bis Sie all das ausgerechnet haben (selbst mit einem Taschenrechner), wird es zu spät sein.

Deshalb sind die stärksten Anhänger der Wahrheit immer spontan. Sie wissen, daß nicht ihr Wille, sondern der Wille des Heiligen Geistes am Werk ist. Und genau dasselbe trifft auf uns alle zu. Sie brauchen überhaupt nichts zu tun, die Dinge passieren einfach durch Sie. Wessen Zeit ist das, in der wir leben? Wessen Körper bewohnen wir? Durch wessen Gnade bleiben wir am Leben? Sie meinen vielleicht, all das gehört Ihnen, aber früher oder später entdecken Sie, daß es nicht so ist. Machen Sie jetzt Ihres eigenen Seelenfriedens wegen diese Entdeckung.

Was werden Sie machen, wenn Sie dieses Buch zu Ende gelesen haben? Werden Sie sich einfach mit einer Tasse Tee hinsetzen? Was wird der weise Teil in Ihnen tun? Was auch immer Sie tun, werden Sie ein wenig daraus lernen? Werden Sie ein klein wenig vorankommen? Werden Sie die nächsten Minuten aufgrund dessen, was Sie gelesen haben, sinnvoller nutzen? Denken Sie darüber nach, wie Sie das in Ihr Leben integrieren können. Warten Sie nicht darauf, daß die Gelegenheiten an Ihre Tür klopfen, denn sie machen sich nur selten so stark bemerkbar. Sie müssen sich Ihre eigenen Gelegenheiten schaffen, um Gutes zu tun. Warten Sie nicht bis morgen.

Seien Sie jetzt hier! Handeln Sie jetzt! Leben Sie jetzt!

Über den Autor

Dr. Mansukh Patel widmet sein Leben dem Studium und der Lehre von der wahren Natur des Individuums und dessen Bedeutung für die Welt. Als Lehrer, Philosoph, Wissenschaftler, Autor und Therapeut ist er ein ungewöhnlicher und hochangesehener Mann.

Schon in seiner Kindheit im Rift Valley in Kenia, wo er geboren wurde, unterzog sich Dr. Patel einer intensiven Ausbildung durch seinen eigenen Lehrer. Er tauchte tief in die verborgenen Regionen seines eigenen Selbst ein und entdeckte dabei die Menschlichkeit, die uns innewohnt und die unser wahres Wesen ausmacht. Als er sich diese innere Kraft zunutze machte, bemerkte er, daß nichts unerreichbar ist; alle unsere Träume und Hoffnungen lassen sich erfüllen.

Im Alter von zwölf Jahren kam er nach Großbritannien. Sein Studium der Biochemie, seine Forschungen auf dem Gebiet der Krebstoxikologie und seine Ausbildung zum Osteopathen rundeten das Bild ab, indem er seinem bereits tiefschürfenden Wissen und Verständnis noch einen modernen, wissenschaftlichen Rahmen hinzufügte.

Mit äußerster Sensibilität nutzte er das Beste aus allen möglichen Traditionen und entwickelte seine eigene, einzigartige und praktisch anwendbare Lebensformel.

Dr. Patel gründete die Life Foundation School of Therapeutics in der Absicht, den Menschen zu zeigen, wie sie ihr Leben auf freudige, kreative und erfolgreiche Weise leben können.

Dabei wendet er überwiegend die Meditation, holistische Therapien, Streßbewältigungstechniken und therapeutischen Yoga an. Er führte diese Yogaform im Westen ein und entwickelte die Body-Heart-Mind-Methode(BHM), eine Synthese der besten Selbsthilfe-Techniken aus Ost und West. Mittlerweile wird BHM auch in der Traumabewältigung sehr erfolgreich angewandt.

Auf vielfachen Wunsch hin bereist Dr. Patel die ganze Welt, hält Seminare und schafft auf diese Weise ein immer größer werdendes globales Netzwerk von Zentren und Lehrern.

In diesem Buch lädt er uns alle dazu ein, an seinem Traum, eine stabile und friedliche Welt zu schaffen, teilzunehmen. Es ist eine mächtige Botschaft der Hoffnung und des Optimismus, die seinem eigenen grenzenlosen Enthusiasmus und seiner Leidenschaft für das Leben entspringt und sie reflektiert.

Anhang 1

Wie Sie Ihre Ernährung für sich arbeiten lassen

Man sagt, daß man ist, was man ißt. Mittlerweile wissen wir, daß es weit darüber hinausgeht und daß Sie, wie Sie in diesem Buch feststellen werden, nicht nur ein Produkt dessen sind, was Sie denken und fühlen, sondern auch ein Produkt dessen, was Sie essen. Die Beziehung zwischen Ihren Gedanken, Ihrer Ernährung und Ihnen selbst ist sehr kompliziert. Die hier vorgestellten Richtlinien werden Ihnen dabei helfen, einige der Fäden zu entwirren, die das Gesamtbild ergeben, und sie werden es Ihnen erlauben, ein individuelles Ernährungsprogramm zu entwickeln, das für Ihre persönlichen Bedürfnisse geeignet ist.

In meiner Tradition gliedert sich Nahrung in drei Kategorien, abhängig davon, wie sie auf Körper, Geist und Gefühle wirkt. Es gibt reine Nahrungsmittel, die einen Zustand der Ausgeglichenheit, Gesundheit und Ruhe in Körper und Geist schaffen (wir nennen sie sattvisch). Andere Nahrungsmittel haben einen stimulierenden Effekt, der physische und geistige Ruhelosigkeit hervorrufen kann (rajasische Nahrungsmittel), während die Nahrungsmittel der letzten Gruppe als schwer oder tamasisch bezeichnet werden und eine dämpfende Wirkung auf alle Ebenen des Seins haben.

Wenn Sie ernsthaft daran arbeiten, Ihre Meditationspraxis zu entwickeln, dann müssen Sie Ihren Körper und Ihren Geist in einen klaren, friedvollen und ausgeglichenen Zustand bringen. Die optimale Ernährung für diesen Zustand ist die sattvische Ernährung. Sie besteht aus einer ausgeglichenen, vollwertigen vegetarischen Ernährung, die so frisch und organisch wie möglich sein sollte. Ihre Nahrungsmittel sollten roh oder leicht gekocht sein und können ganze Körner, Gemüse, Hülsenfrüchte, Obst, Nüsse und Samen enthalten und auch in ausgeglichenen Anteilen kleine Mengen an Milch, Honig und natürlichen, nicht raffinierten Ölen. Sattvische Mahlzeiten sollten angenehm und schmackhaft sein, und sie sollten auf gesunde Weise vorbereitet, gekocht und gegessen werden.

Eine stimulierende (rajasische) Ernährung beinhaltet Nahrungsmittel, die vorwiegend fetthaltig und stark gewürzt sind. Auch frisches Fleisch, Fisch und Geflügel fallen in diese Kategorie, ebenso wie Zucker und Salz. Viele Kräuter und Gewürze, die aus medizinischer Sicht ausgezeichnet sind – wie Knoblauch und Chili –, können zu anregend wirken, wenn sie regelmäßig verzehrt werden. Das gleiche gilt für anregende Getränke wie Tee, Kaffee und Alkohol. Rajasische Lebensmittel sind verantwortlich für viele der verbreiteten degenerativen Krankheiten des Körpers. Sie beeinflussen das Nervensystem, wodurch Körper und Geist angeregt werden, so daß es schwierig wird, ein tiefes Gefühl von Frieden und Stille zu erlangen.

Jedes Nahrungsmittel, das schal, überreif und geschmacklos ist und dem die Lebensenergie fehlt, wird tamasisch genannt und sollte vermieden werden. Alte, aufgewärmte und haltbar gemachte Lebensmittel fallen in diese Kategorie, ebenso wie jedes Nahrungsmittel, das künstliche Zusätze enthält. Fleisch, das älter ist als einen Tag, wird tamasisch und stellt eines der größten Hindernisse für eine erfolgreiche Meditation dar. Alle tamasischen Nahrungsmittel schaffen einen trägen und unbeweglichen Geist und einen ungesunden, lethargischen Körper.

In dem Maße, in dem sich Ihre Meditationspraxis entwickelt, werden Sie sensibler gegenüber den individuellen und sich verändernden Bedürfnissen Ihres Körpers. Genießen Sie es, mit neuen Ideen und neuen Nahrungsmitteln zu experimentieren.

Anhang 2

Bewegung für Körper, Herz und Geist

Unser körperliches, emotionales und intellektuelles Wohlbefinden ist abhängig von einer störungsfreien Funktion aller wichtigen physiologischen Systeme und Organe im Körper. In vielen östlichen Traditionen weiß man seit langem, daß eine Fehlfunktion in einem Teil des Körpers, des Geistes oder der Gefühle jeden anderen Aspekt Ihres Seins beeinträchtigen kann. Diese Tatsache findet auch im Westen immer mehr Anerkennung. Mittlerweile wird zum Beispiel allgemein anerkannt, daß ein Ungleichgewicht im endokrinen System äußerst unangenehme Auswirkungen auf physiologischer, emotionaler und mentaler Ebene haben kann. Aus diesem Grund ist es sehr wichtig, ein regelmäßiges und ausgeglichenes Bewegungsprogramm in Ihr tägliches Leben zu integrieren. Dadurch heben Sie Ihr Energieniveau, haben einen ausgeglichenen Ausblick auf Ihr Leben, erhöhen Ihre mentale Wachsamkeit und betrachten Ihr Leben gelassener.

Die Wirbelsäule ist einer der wesentlichen Schlüssel für Ihr gesamtes Wohlbefinden, denn sie ist direkt oder indirekt mit allen größeren Organen im Körper und auch mit dem zentralen Nervensystem verbunden. In der Yogatradition weiß man, daß alle menschlichen Funktionen durch Energiezentren reguliert werden. Diese Zentren sind im gesamten Körper verteilt, aber die Hauptzentren liegen im Bereich der Wirbelsäule. Eine gesunde Wirbelsäule ist auch für eine erfolgreiche Meditation wichtig. Wenn Sie Ihre Wirbelsäule nicht aufrecht halten können, wird es Ihnen schwerfallen, konzentriert zu bleiben. Dies bedeutet, daß Sie bereits einen großen Teil auf dem Weg zur Erhaltung Ihrer Gesundheit auf allen Ebenen zurückgelegt haben, wenn Sie Ihre Wirbelsäule gesund erhalten können.

Auf jeden Fall sollten Sie zumindest versuchen, Ihre Wirbelsäule jeden Tag in alle Richtungen zu bewegen. Dies beinhaltet Dehnen, Beugen in alle vier Richtungen und Drehen. Wenn Sie an körperliche Übungen nicht gewöhnt sind, seien Sie bitte vorsichtig, damit

Sie sich keine Zerrung zuziehen oder Ihren Körper über seine natürlichen Grenzen hinaus belasten. Hier ist das richtige Motto: langsam, aber sicher. Eines der umfassendsten Systeme zum Ausgleich des Körpers ist Yoga, das systematisch mit jeder Ebene Ihres Seins arbeitet. Es ist für jeden geeignet, unabhängig von Alter oder körperlichem Zustand, und ich kann es nur empfehlen. Auf dem Markt gibt es viele gute Bücher über Yoga, aber am besten ist es, wenn Sie die Hilfe eines erfahrenen Lehrers suchen.

Jeder Form der Übung – oder jeder Art von Streß – sollte eine Periode der Entspannung folgen. Ohne diese Entspannung kann das parasympathische Nervensystem nicht aktiviert werden, und Sie bleiben in einem permanenten Zustand der Aktivität. Dies resultiert dann letztlich in einem der vielen durch Streß verursachten Zustände, die heute so weit verbreitet sind. Vor dem Fernseher zu sitzen oder ein Buch zu lesen hilft Ihnen nicht, sich auf tiefgreifende Weise zu entspannen. Auch Schlaf kann weniger wirksam sein als eine Periode bewußter Entspannung. Für alle, die nicht mit einer Entspannungstechnik vertraut sind, gibt es viele Bücher und Kassetten; noch besser ist freilich, an einem Yogakurs oder einem Entspannungskurs teilzunehmen. Versuchen Sie, die Entspannung jeden Tag zu üben.

Eine detailliertere Erklärung zu Bewegungen, die für Menschen aller Altersklassen geeignet sind, finden Sie in meinen Büchern *Krisen sind Tore zur Freiheit* und *Der Tanz zwischen Freude und Schmerz,* erschienen im Genius Verlag Aach, 87534 Oberstaufen.

Anhang 3

Richtige Atmung

Die meisten Menschen haben keine Vorstellung davon, wie sehr ihre Atmung jeden Aspekt ihres Lebens beeinflußt. Richtiges Atmen ist eine Kunst, die in der westlichen Welt beinahe ganz in Vergessenheit geraten ist. Wenn wir einfach wieder neu lernen, richtig zu atmen, könnten wir die Funktionen unseres physischen Körpers dramatisch verbessern, unsere Lebensspanne verlängern, unseren turbulenten Geist beruhigen und unseren Intellekt stimulieren. Noch viel aufregender ist aber, daß der Atem die Brücke zwischen Körper und Geist ist. Die Fähigkeit, den Atem zu kontrollieren, wird also zu einer wesentlichen Fähigkeit in der Meditationspraxis.

Unser hauptsächliches Problem liegt darin, daß wir dazu neigen, sehr flach zu atmen und dabei nur einen kleinen Teil unserer Lungen zu benutzen. Dies bedeutet, daß das Blut nicht hinreichend mit Sauerstoff versorgt wird und giftige Abfallstoffe nicht wirksam beseitigt werden. Dadurch kann es zu körperlicher und geistiger Erschöpfung, zu Spannung, Ängsten und Depressionen kommen. Durch volles und tiefes Atmen kann all dies verhindert werden. Üben Sie das Atmen regelmäßig so lange, bis es sich natürlich für Sie anfühlt.

Sitzen oder liegen Sie in einer bequemen Position. Legen Sie die Hände auf den Bauch, und fühlen Sie, wie er sich mit jedem Atemzug hebt und senkt. Wenn Sie einen Rhythmus gefunden haben, legen Sie Ihre Hände auf den Brustkorb, und fühlen Sie, wie er sich mit jedem Ein- und Ausatmen hebt und senkt. Lenken Sie zum Schluß Ihre Aufmerksamkeit auf Ihre Schultern, und fühlen Sie, wie diese sich mit jedem Atemzug leicht heben und senken.

Wenn Sie einmal mit jedem Stadium der Tiefatmung vertraut sind, können Sie sie miteinander zu einem vollständigen Atem verbinden. Fühlen Sie beim Einatmen, wie sich zunächst der Bauch und dann der Brustkorb dehnen und wie sich dann die Schultern heben. Zum Ausatmen lassen Sie die Schultern fallen, und drücken Sie dann sanft die Luft aus dem Bauchraum und der Brust heraus.

Wiederholen Sie diesen Zyklus einige Minuten lang. Wenn Sie sich müde fühlen, machen Sie eine Pause, und atmen Sie eine Weile normal, ehe Sie mit der Übung fortfahren. Zwingen Sie sich nicht, über den Punkt hinauszugehen, an dem es Ihnen unangenehm wird. Üben Sie diese Technik, sooft Sie können, insbesondere an der frischen Luft.

Weitere Bücher aus dem Verlag Via Nova:

Deine persönliche Friedensformel
für ein neues Jahrtausend
Mansukh Patel
160 Seiten, Broschur, 2 Graphiken, 32 Fotos – ISBN 3-928632-55-8

Es wird Augenblicke geben, in denen der Mensch eine Gelegenheit erhält, den Verlauf seines Lebens zu ändern, einen Sprung nach vorne zu tun. Während des letzten halben Jahrhunderts hat die Welt so viele Veränderungen und Krisen erlebt, daß es sehr klar geworden ist, daß wir an einem Punkt angelangt sind, wo sich etwas ändern muß. Wenn wir uns als menschliche Wesen entwickeln und entfalten wollen, haben wir keine Wahl. Es muß eine Revolution geben – eine innere Revolution. Nur durch eine innere Transformation unserer selbst werden wir in der Lage sein, Veränderungen in der Welt zu bewirken.
Dieses Buch bietet faszinierende neue Möglichkeiten, die jedermann helfen, diese höchsten Träume und Potentiale zu verwirklichen. Es liefert einen einfachen Sieben-Punkte-Plan, um harmonische Beziehungen zu sich selbst und zu anderen aufzubauen, damit eine Welt des Friedens entsteht.

Der Weg des Propheten
In Berührung mit der Macht des Lebens
Thomas Hartmann
336 Seiten, gebunden – ISBN 3-928632-71-X

In dieser wunderbaren, aus dem Leben gegriffenen spirituellen Abenteuergeschichte beschreibt Thomas Hartmann die verwickelten Fortschritte eines Pilgers am Rande des Chaos, sozial, politisch, psychologisch und spirituell. Der Leser entdeckt, daß es genau dort ist, wo das Leben am intensivsten erfahren wird und wir der Gegenwart Gottes am vollständigsten gewahr werden und wo sogar unsere einfachsten und geheimsten Aktionen, in einer Art von göttlichem Schmetterlingseffekt, die Welt transformieren können. In den Begegnungen mit dem international bekannten Gründer der in vielen Teilen der Welt entstandenen Salem-Kinderdörfer, Gottfried Müller, hat der Autor all dies erleben können. Hartmann beschreibt dabei seine eigenen, im alltäglichen Leben getesteten praktischen Techniken, wie man zum wahren Leben und der göttlichen Gegenwart erwachen, und wie man seine alltäglichen Aktionen mit weltverändernder Kraft aufladen kann. Das ist es, worum es wirklich geht. Dieses Buch zu lesen, kann das Leben verändern.

Finde deine Ganzheit wieder
Mind Bridging – die Dynamik Holographischer Psychologie
Maria de Rocha Chevalley
416 Seiten, gebunden – ISBN 3-928632-58-2

Wir können unsere Ganzheit wiedererlangen, indem wir Teilstücke unseres Geist-Körpers wieder miteinander verbinden. Das geschieht durch den kreativen Umgang mit unseren Geist-Hologrammen, unseren Bewußtseins-Brücken. So stellen wir die Verbindung zu Unschuld, Spontaneität, Liebesfähigkeit, Mut und echter Lebensfreude wieder her. So entsteht wahrer Frieden in unserem Geist!
Indem die Verfasserin aus ihrer therapeutischen Arbeit heraus die Tiefe des holographisch-analytischen Geist-Körpers mit Hilfe ihrer intensiven persönlichen Erfahrungen durch zahlreiche praktische Übungen und hilfreiche Erklärungen auslotet, erklärt sie auf verständliche Art und Weise, was *Holographische Psychologie* und *Mind-Bridging-Dynamik* bedeuten. So ist dies nicht nur ein Buch für Psychologen, sondern für alle, die auf dem Weg zu sich selbst sind. Dieses Buch beschreibt einen neuen Weg.

Wir sind alle eins
Die Bestätigung der mystischen Erfahrung durch die Vernunft
Anton Neuhäusler
160 Seiten, gebunden – ISBN 3-928632-27-2

Wie kann man als naturwissenschaftlich geprägter, aufgeklärter, moderner Mensch über Dinge reden, die unser Erkennen übersteigen? Letzte Sinnfragen kann die Wissenschaft nicht beantworten. Doch als nachdenkende Wesen können wir sie nicht verdrängen, wollen und müssen wir darüber reden: Woher kommen wir? Wohin gehen wir? Was kommt nach dem Tod? Was ist der Mensch? Was ist der Kosmos? Das Buch stellt sich diesen Fragen auf einer philosophisch, naturwissenschaftlich und argumentativ anspruchsvollen Ebene. Das „Ursein" ist philosophisch begründbar. Es gibt eine kosmische Religiosität ohne Grenzen und Begrenzung. Die Regeln des strengen Denkens bestätigen die von den Mystikern erlebte Wahrheit des Einsseins: „Wir sind alle eins". Es gibt eine Mystik der Vernunft, die religio/Spiritualität/Seinsgeborgenheit des freien, kritischen, liebenden, lust- und lebensvollen Menschen.

Der Weg zum idealen Partner
30 Schritte zu einer erfüllten Partnerschaft
Chuck Spezzano
168 Seiten, gebunden – ISBN 3-928632-70-1

Dieses Buch richtet sich an diejenigen, die auf der Suche nach ihrem wahren Partner sind. Aber auch an all jene, die ihren Partner bereits gefunden haben und Unterstützung auf dem eigenen Beziehungsweg suchen. Dem Leser werden viele Heilungsprinzipien an die Hand gegeben, mit Hilfe derer sich Beziehungen in einen persönlichen Wachstumspfad verwandeln können. Laut Chuck Spezzano sind Beziehungen der schnellste Weg zu persönlichem Wachstum und Entwicklung.
Der Autor macht deutlich, daß es nicht damit getan ist, den richtigen Partner zu finden, es bedarf auch des Wunsches, mit diesem Partner zusammen glücklich zu werden. „Wenn du deinen Partner gefunden hast, geht die Reise erst richtig los!", so Chuck Spezzano. Aufgrund der universalen Gültigkeit der vorgestellten spirituellen Prinzipien, lassen sich diese auch auf andere Lebensbereiche übertragen. Ob der Leser einen neuen Arbeitsplatz oder Unterstützung beim nächsten Schritt in seinem Leben sucht oder ob er sich allgemein mehr Erfolg, Glück und Gesundheit wünscht – immer wieder kann er dieses Buch zur Hand nehmen.

Karten der Erkenntnis
auf dem Weg nach innen
Das Buch der Erkenntnis
Chuck Spezzano
48 künstlerisch gestaltete Karten, Buch: 144 Seiten, **3. Aufl.,**
ISBN 3-928632-32-9

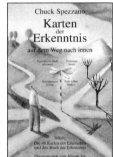

Wollen Sie mehr Selbsterkenntnis gewinnen, persönliche Ziele und verborgene Wünsche erkennen, die Beziehungen im Privat- und Berufsleben verbessern, Ursachen für Probleme herausfinden und auflösen, Hindernisse auf dem Weg nach innen beseitigen? Dann sind die Karten der Erkenntnis und deren Erklärung eine große Hilfe. Sie sind einfach zu benutzen, hilfreich und inspirierend. Ganz gleich, ob Sie „sofortige Antworten" auf alltägliche Fragen oder langfristige Lösungen für die großen Herausforderungen des Lebens suchen, es wird Ihnen und Ihren Freunden helfen, positive Entscheidungen zu fällen und Veränderungen für eine bessere Zukunft herbeizuführen. Im beiliegenden Buch der Erkenntnis findet der Leser den Schlüssel zum Verständnis und zur Verwendung der Erkenntnis-Karten. Chuck Spezzano erläutert im einzelnen die Bedeutung aller 48 Karten und erklärt eine Vielzahl von Möglichkeiten, mit ihnen zu arbeiten und sie zu deuten. Außerdem werden über zehn verschiedene Legesysteme beschrieben.

Liebe und werde, der du bist

Erfahrungen, Einsichten, Hinweise, Übungen

Axel Klimek

256 Seiten, Broschur – ISBN 3-928632-73-6

„Wenn es etwas zu verändern gibt, dann kann ich die Verantwortung dafür übernehmen und es ändern." Dieses Buch hat das Potential, ein Leben zu verändern. Liebe, nicht als Gefühl, sondern als Verständnis, als Weg zu Ganzheit und Entfaltung: Was damit gemeint ist, beschreibt der Autor einfühlsam und klar. Eine neue innere Haltung wird entwickelt, in welcher der Mensch sich als Teil des Ganzen begreift. Schritt für Schritt führt der Autor – mit dem Fokus Trennendes zu überwinden – den Leser durch die wichtigsten Themen des menschlichen Lebens. Angefangen vom Annehmen eigener ungeliebter Anteile bis hin zur Erfahrung, mit der Welt ganzheitlich verbunden zu sein. Eine Fülle praktischer Übungen, die jeder für sich machen kann, und die das Gelesene konkret werden lassen, bilden einen aufeinander aufbauenden Übungsweg hin zu der Gewißheit von Liebe als stets vorhandener Kraft von Heilung und Erweiterung.

Wie eine Nahtod-Erfahrung mein Leben veränderte

Vom Tod fürs Leben lernen

Klemems J. P. Speer

208 Seiten, Broschur, 28 ganzseitige Bilder – ISBN 3-928632-77-9

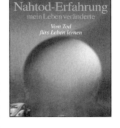

Durch einen schweren Autounfall ausgelöst, beschreibt der erste Teil des Buches den äußeren Hergang und das persönliche innere Erleben bei einer Nahtod-Erfahrung. Die persönliche Licht- und Schattenerfahrung wird an Hand allgemeiner, wissenschaftlicher Kriterien für Nahtod-Erfahrungen dargestellt. Es werden Ähnlichkeiten und Unterschiede hervorgehoben.
Im zweiten Teil werden einschneidende Auswirkungen auf die persönliche Lebensgeschichte beschrieben, die dazu drängen, die gemachte Erfahrung ernst zu nehmen und zu integrieren.
Im dritten Teil wird die spannende Suche nach Wegen zur Mitte beschrieben, die zur Entdeckung der „Zwölf heiligen Schwerter" führt und damit Wege zum Ganz-Sein aufzeigt. Sie können eingesetzt werden, um auf dem eigenen Lebensweg zum Ganz-Sein voranzuschreiten, den eigenen Lebenssinn zu erkennen und seine eigene Lebensvision zu leben.

Der innere Schrei nach Erlösung

Befreiung von innen

François Brune

256 Seiten, gebunden,
ISBN 3-928632-44-2

Die Welt als Hologramm – Erlösung von innen

Während viele das Ende des Christentums voraussagen, unterstreicht der Verfasser die absolut einzigartige Bedeutung des Christus für die Entwicklung der Menschheit. Anders als die philosophische Theologie ist die mystisch-holographische Theologie darauf ausgerichtet, von innen heraus wirksam zu werden. Brune versteht die Welt als ein Hologramm, in dem alles mit allem verbunden ist, also auch jede Seele mit jeder anderen – und mit Christus, der aus der Tiefe einer jeden Menschenseele als Mittelpunkt des kosmischen Hologramms erstrahlt. Unfaßbar? Aber wie, wenn es wahr wäre? Das gilt es in diesem Buch zu entdecken, das so fesselt wie eine Abenteuerreise – die Reise in die mystische Erfahrung.

Das Vaterunser
Ein Weg für die persönliche und die globale Transformation

C. G. Weeramantry

272 Seiten, Paperback – ISBN 3-928632-63-9

Dieses Buch ist eine zupackende Darstellung richtungsweisender Lebensregeln und zugleich eine Antwort, wie in einer Zeit ohne verbindliche Orientierung religiöse – und das heißt für den Autor: in allen Kulturen wirkende Prinzipien und Werte im praktischen, alltäglichen Leben und auf dem Gebiet der Rechtsprechung verwirklicht werden können. Im christlichen Kulturkreis sind diese in allen Weltreligionen gültigen Prinzipien besonders prägnant im Vaterunser zusammengefaßt. Es ist faszinierend, dem Autor zu folgen, wie er in diesem logisch-sachlich aufgebauten Werk zeigt, daß das Vaterunser nicht nur **das** Gebet des Christentums ist, sondern zugleich auch eine unerschöpfliche Schatzkammer an allgemein menschlichen und juristisch faßbaren Regeln und Rechten enthält. Ziel des Autors ist es, die hohen und zugleich einfachen Prinzipien des Vaterunsers in Regeln praktischen Verhaltens umzusetzen.

Gott, Mensch und Welt
Die Drei-Einheit der Wirklichkeit

Raimon Panikkar
Herausgegeben von Roland R. Ropers

224 Seiten, gebunden – ISBN 3-928632-40-X

Einer der großen Wegweiser der Menschheit in das neue Jahrtausend ist Raimon Panikkar. R. Ropers würdigt in diesem Buch das Werk des universalen Gelehrten, des hochangesehenen Philosophen und spirituellen Meisters und bringt dem Leser die bahnbrechende Theologie und Spiritualität für ein neues Verstehen der *einen* Wirklichkeit nahe, die sich in Zeit und Ewigkeit, in Diesseits und Jenseits manifestiert. Der in drei Fächern promovierte Wissenschaftler, Gastprofessor an mehr als hundert Universitäten, hat mehr als 40 Bücher in sechs Sprachen geschrieben. In diesem Buch kommt in den hochaktuellen Beiträgen und Ausschnitten aus dem Lehrwerk Panikkars die genialintegrative Dialogfähigkeit zum Audruck, die östliche und westliche Spiritualität miteinander verbindet.

Die bedeutende Grundidee des genialen Wissenschaftlers und spirituellen Lehrers Raimon Panikkar sind eine Hilfe und geistige Wegbegleitung für die Herausforderungen des Menschen im kommenden Jahrhundert und des Christentums im dritten Jahrtausend.

Transpersonale Psychologie und Psychotherapie

104 Seiten, Paperback, zwei Ausgaben: Frühjahr und Herbst
ISSN 0949-3174

Transpersonale Psychologie und Psychotherapie ist eine unabhängige Zeitschrift. Sie verbindet das Wissen spiritueller Wege und der Philosophia perennis mit moderner Psychologie und Psychotherapie, leistet Beiträge zur wissenschaftlichen Fundierung des Transpersonalen.

Transpersonale Psychologie und Psychotherapie ist eine Zeitschrift, die sich an Fachleute und Laien wendet mit einem Interesse an transpersonalen Themen. Aus einem schulen-, kultur- und religionsübergreifenden Verständnis heraus bietet sie ein Forum der Verbindung von Psychologie und Psychotherapie und deren theoretischen Grundlagen mit spirituellen und transpersonalen Phänomenen, Erfahrungen und Wegen, Welt- und Menschenbildern. Sie dient dem Dialog der verschiedenen Richtungen, fördert integrative Bemühungen und leistet Beiträge zur Forschung und Theoriebildung. Sie bietet Überblick, Orientierung und ein Diskussionsforum auf wissenschaftlichem Niveau.